THE ORDER OF CANADA IN 50 STORIES

L'ORDRE DU CANADA EN 50 HISTOIRES

Desiderantes Meliorem Patriam

Lawrence Scanlan
translation / traduction : Daniel Poliquin, O.C.

THEY DESIRE A BETTER COUNTRY

ILS DÉSIRENT UNE PATRIE MEILLEURE

Figure.1
Vancouver / Berkeley

CONTENTS

---+---

TABLE DES MATIÈRES

ESSAYS / VIGNETTES

MESSAGE FROM
HER MAJESTY QUEEN ELIZABETH II

———+———

MESSAGE DE
SA MAJESTÉ LA REINE ELIZABETH II

I was proud to establish the Order of Canada, the first Canadian honour, in 1967. Five decades later, the Order has fulfilled its promise as a fitting way to honour those whose contributions and service have enriched the nation.

The Order itself is rooted in the highest principles of merit and highlights the richness of human endeavour. From coast to coast, Canadians are embodying the spirit of its motto, DESIDERANTES MELIOREM PATRIAM.

As Sovereign of the Order, I hope that this collection of stories will serve to inspire others to make theirs a greater country. In Canada's 150th anniversary year, I am pleased to join with all Canadians as we celebrate this milestone anniversary of the Order of Canada, a treasured symbol of excellence.

J'ai eu l'honneur de créer l'Ordre du Canada, la première distinction honorifique canadienne, en 1967. Cinq décennies plus tard, l'Ordre a tenu ses promesses dans la mesure où l'on a su honorer ceux et celles dont les états de service ont enrichi le pays.

L'Ordre a pour raison d'être de valoriser le mérite exemplaire et d'illustrer la grandeur de l'entreprise humaine. D'un océan à l'autre, il se trouve des Canadiens qui incarnent l'esprit de sa devise, DESIDERANTES MELIOREM PATRIAM.

En ma qualité de souveraine de l'Ordre, j'espère que ce recueil de récits donnera à d'autres le goût de contribuer à la grandeur de leur pays. À l'occasion du 150e anniversaire du Canada, j'ai le plaisir de me joindre à tous les Canadiens dans la célébration de cet anniversaire emblématique de l'Ordre du Canada, ce précieux symbole d'excellence.

INTRODUCTION:

THE FIRST FIFTY YEARS

———+———

INTRODUCTION :

CINQUANTE ANS PLUS TARD

TWICE A YEAR, in summer and in winter, appointments to the Order of Canada are announced by the Governor General and then published in media across the country. On December 30, 2015, for example, sixty-nine accomplished Canadians were either named to the Order or promoted within it. These included film maker Atom Egoyan, pianist Angela Hewitt, historian Margaret MacMillan, and author Dany Laferrière, along with many other accomplished writers such as Joseph Boyden, Wade Davis, Rohinton Mistry, Erna Paris, and Helen Fogwill Porter.

The list also included community and labour activists, a scientist, an economist, a painter, an actor/director, a water steward, a polar explorer... The range of professions represented was dizzying, but there were common themes in the choices: excellence, service to the nation, passion, innovation, dedication, brilliance. There were luminaries and there were unheralded wave-makers—of every age from coast to coast to coast.

DEUX FOIS PAR AN, en été et en hiver, le gouverneur général annonce les nominations à l'Ordre du Canada, qui sont ensuite publiées dans les médias du pays. Le 30 décembre 2015, par exemple, soixante-neuf Canadiens accomplis y ont été nommés ou ont gravi un échelon de plus au sein de l'Ordre. Parmi eux, le cinéaste Atom Egoyan, la pianiste Angela Hewitt, l'historienne Margaret MacMillan, l'auteur Dany Laferrière et, avec ce dernier, d'autres écrivains chevronnés comme Joseph Boyden, Wade Davis, Rohinton Mistry, Erna Paris et Helen Fogwill Porter.

L'on dénombrait aussi des militants sociaux et syndicaux, un scientifique, un peintre, un acteur et metteur en scène, un défenseur de l'eau, un explorateur des régions polaires... L'éventail des professions formant ce groupe avait de quoi donner le tournis, mais l'on dégageait tout de même des thèmes communs dans les choix qui avaient été faits : l'excellence, le service à la nation, la passion, l'innovation, le dévouement, l'intelligence.

2

Choosing recipients for the Order of Canada is an elaborate process, and it may start a year or more in advance of any announcement. Any citizen can nominate another citizen, and every year between four hundred and six hundred names are filed with the Chancellery of Honours, the branch of the Office of the Secretary to the Governor General that oversees the process. A team of analysts exhaustively researches every case, and a dozen or more of each nominee's peers are contacted over the course of the next six to ten months as a confidential dossier is created on each individual. A thirteen-person Advisory Council—chaired by the Chief Justice of the Supreme Court of Canada—meets in the spring and fall to whittle the list down to between seventy and one hundred people. The Governor General must then approve the recommendations. All new appointees are contacted well in advance of the investiture ceremony at Rideau Hall.

The Order of Canada is a well-oiled machine. Since its inception fifty years ago, almost seven thousand Canadians have received the award. *Members* of the Order are recognized for their contributions at a local or regional level. *Officers* of the Order earn it for service or accomplishment at the national level. And *Companions* of the Order are recognized for pre-eminent service with international impact.

Although the colour of the insignia of the Order varies depending on the level of appointment—the central maple leaf is red enamel for Companions, gold for Officers, and silver for Members—all three levels have the same hexagonal, snowflake shape.

But in 1967, when the prize was in its infancy, both the design and the selection process had yet to be imagined. Robert Blackburn is now retired from a long career as a Canadian diplomat and businessman. Fifty years ago, he was just twenty-three, with an MA in history from the University of Toronto and a new job in Ottawa—to establish the Order of Canada.

"We were flying by the seat of our pants," he remembers. "We had no office, no budget, no precedent to follow. I was a green, young kid and it was challenging, but we had a lot of energy in those days."

Eventually, Blackburn and another new Foreign Affairs recruit, Tony Smyth, were given space in the basement of the residence of then Governor General Roland Michener. Michael Pitfield, himself only twenty-nine and then an assistant secretary to the Cabinet in the Office of the Privy Council, oversaw the project, along with Esmond Butler, Michener's principal secretary. Pitfield had previously been to a dinner with then Prime Minister Lester B. Pearson and a long-time diplomat, Norman Robertson, where Pearson had apparently lamented the absence of any means of recognizing distinguished Canadians such as Robertson, other than by academic honours. That conversation eventually led to legislation in 1967, the year the Order of Canada got rolling.

"Under the general direction of Pitfield and Butler," Blackburn recalls, "Smyth and I had to invent the entire Order, from the ground up." They had to create a letter and a brochure to describe the Order, devise a nomination form, mail the forms to groups and individuals who might make nominations, and receive nominations while creating background files on the nominees.

These were pre-Internet days, so that meant what Blackburn called "hand searching." They consulted the *Canadian Almanac, Who's Who in Canada*, university associations, business groups, and community organizations, and then sent people within those organizations the nomination forms. The team created punch cards so they could track regional, occupational, and gender balance as names came in.

On y trouvait des sommités aussi bien que des héros méconnus, de tous les âges, de toutes les régions, d'un océan à l'autre.

La sélection des récipiendaires de l'Ordre du Canada est un processus abouti qui peut commencer un an ou plus avant l'annonce d'une nomination. Tout citoyen canadien peut proposer la candidature d'un compatriote, et la Chancellerie des distinctions honorifiques, soit le service du Bureau du secrétaire du gouverneur général qui voit à ces formalités, reçoit chaque année entre quatre et six cents noms. Une équipe d'analystes examine attentivement chaque cas, sonde une douzaine de collègues du candidat ou davantage dans les six à dix mois qui suivent, et crée un dossier confidentiel pour chacun. Le Conseil consultatif de l'Ordre, qui compte treize membres et est présidé par le juge en chef de la Cour suprême du Canada, se réunit au printemps et à l'automne pour réduire la liste à moins d'une centaine de noms. Le gouverneur général doit enfin avaliser les recommandations. Toutes les personnes nommées sont contactées bien à l'avance de la cérémonie d'investiture qui a lieu à Rideau Hall.

L'Ordre du Canada est une machine bien rodée. Depuis sa création il y a cinquante ans de cela, près de sept mille Canadiens ont reçu cette distinction. Les *membres* de l'Ordre sont reconnus pour leur contribution à l'échelle locale ou régionale. Les *officiers* de l'Ordre ont à leur actif leur service ou leurs réalisations d'envergure nationale. Enfin, les *compagnons* ont pour eux leur contribution éminente au rayonnement international.

La couleur centrale de l'insigne de l'Ordre varie selon le grade : la feuille d'érable au centre est faite d'émail rouge pour les compagnons, d'or pour les officiers et d'argent pour les membres. Les trois insignes ont la même forme hexagonale représentant un flocon de neige.

Mais au début, en 1967, le concept et le processus de sélection n'étaient qu'abstractions. Robert Blackburn vient de prendre sa retraite après une longue carrière en diplomatie et dans le monde des affaires. Il y a cinquante ans, il avait tout juste vingt-trois ans; il détenait une maîtrise en histoire de l'Université de Toronto et venait d'entrer dans la fonction publique à Ottawa. C'est à lui qu'on a confié le soin d'imaginer l'Ordre du Canada.

« Nous nagions dans l'improvisation totale, se souvient-il. Nous n'avions pas de bureau, pas de budget, ni aucun précédent. J'étais un petit jeunot, et c'était exaltant, mais nous avions de l'énergie à revendre en ce temps-là. »

Blackburn et une autre recrue des Affaires étrangères, Tony Smyth, ont fini par se loger au sous-sol de la résidence du gouverneur général d'alors, Roland Michener. Michael Pitfield, qui n'avait que vingt-neuf ans et était secrétaire adjoint du Cabinet au Bureau du Conseil privé, pilotait le projet avec le concours d'Esmond Butler, secrétaire principal de M. Michener. Pitfield avait quelque temps auparavant dîné avec le premier ministre de l'époque, Lester B. Pearson, et un diplomate de carrière, Norman Robertson, où Pearson avait, dit-on, déploré le fait qu'il n'y avait pas moyen d'honorer des Canadiens éminents comme Robertson autrement qu'en leur conférant des honneurs académiques. C'est cette conversation qui avait conduit à l'adoption de la loi habilitante de 1967, l'année où l'Ordre du Canada a vu le jour.

« Sous la direction générale de Pitfield et de Butler, se rappelle Blackburn, Smyth et moi avons dû inventer l'Ordre du Canada à partir de rien. » Ils durent composer la lettre et la brochure décrivant l'Ordre, mettre au point le formulaire de candidature, poster les formulaires aux groupes et aux personnes susceptibles de proposer des candidatures et prendre acte de celles-ci en ouvrant des dossiers pour chaque candidat.

4

THEY HAVE ENRICHED OUR LIVES. That can be said of all recipients of the Order of Canada. The Order's motto effectively captures the generous and selfless spirit of these people: *Desiderantes meliorem patriam* ("They desire a better country").

Honouring excellence is an established idea that dates back to Greek and Roman times, when soldiers who had shown valour in battle would have insignia embossed on their breastplates. Over time, the notion of states bestowing a medal or badge for service, bravery, or accomplishment became almost universal. Britain has its Order of the Garter. France has its Légion d'honneur. Japan has its Order of the Rising Sun. Canada would have its Order of Canada.

Simple, right? Not quite. The idea was first broached at the time of Confederation, when Her Majesty Queen Victoria was Canada's head of state and her vice-regal representative was Viscount James Monck. He believed that the new nation deserved its own honour system, but bureaucrats, prime ministers, and circumstance (two world wars) all got in the way.

For decades—from the 1930s to the 1960s—individuals (including Governor General Vincent Massey during the 1950s) urged the federal government to create a distinctively Canadian honours system and to forgo the British scheme deployed in Canada since the nineteenth century. Two prime ministers, Louis St. Laurent and John Diefenbaker, ignored Massey's counsel. Lester B. Pearson would heed it. Pearson had the red ensign replaced with the red-and-white flag he wanted for Canada in 1965, though the boisterous debate in the House of Commons left everyone battle-scarred. A year later, he set his sights on creating the Order of Canada.

Pearson and his allies in Ottawa had to do some stickhandling to get Cabinet on side, but clearly there was a public appetite for nation-building symbols—especially given that 1967 would mark Canada's centennial year. Slow to build, though, was consensus on what the new medal should look like.

As Christopher McCreery notes in his book *The Order of Canada: Its Origins, History and Development*, designers had been wrestling with concepts for an all-Canadian honour since the Second World War. One busy design idea from 1943 featured a nine-pointed star (to represent each of the then nine provinces) and, between each point, a symbol "associated with Canadian life": beaver, pinecone, fish, trillium, dove, maple leaf, sheaf of wheat, shovel and pick, and microscope. "Each symbol on its own was appropriate," McCreery wrote, "but the result more resembled the hood ornament on a 1938 Cadillac LaSalle than a national order!"

John Matheson—an MP who was also Pearson's parliamentary secretary and who would play a critical role in developing the Order of Canada just as he had in the creation of the Canadian flag—thought at first that a simple image (white oval, crown, red maple leaf) might work, but he rejected that in favour of one that featured, as he wrote in a letter to Pearson, "under a Crown a blazing North Star bearing a single red maple leaf." The problem was that a Swedish medal, the Royal Order of the Northern Star, looked strikingly similar to the image that Matheson was proposing. They were at an impasse.

Prime Minister Pearson subsequently sent for Flight Sergeant Bruce Beatty of the Royal Canadian Air Force. At that time, Beatty was a graphic designer with the Directorate of Ceremonial at Ottawa's Canadian Forces headquarters.

"We're going to create a new national order," Pearson told Beatty, "and you're the man who is going to design its insignia. But don't tell anyone, not even

C'était l'époque pré-Internet, ce qui obligea Black-burn à procéder à ce qu'il a appelé des « recherches manuelles ». Son collègue et lui consultèrent le *Canadian Almanac* et le *Who's Who in Canada*, les associations universitaires, des groupes d'affaires et des organisations communautaires, après quoi ils adressèrent des formulaires de candidature à des personnes de ces organisations. L'équipe créa des cartes perforées pour s'assurer d'avoir un équilibre régional, professionnel et hommes-femmes au fur et à mesure qu'ils recevaient des noms.

ILS ONT ENRICHI NOS VIES. On peut le dire de tous les récipiendaires de l'Ordre du Canada. La devise de l'Ordre capte l'esprit de générosité et d'altruisme de ces personnes : *Desiderantes meliorem patriam* (« Ils désirent une patrie meilleure. »).

L'idée d'honorer l'excellence remonte à l'époque des Grecs et des Romains, quand les soldats qui avaient prouvé leur valeur au combat se voyaient remettre des insignes qui étaient gravés dans leur armure. Avec le temps, presque tous les États ont pris pour coutume de récompenser le service, la bravoure ou un exploit quelconque en décernant une décoration ou une médaille. La Grande-Bretagne a l'Ordre de la Jarretière. La France, sa Légion d'honneur. Le Japon a l'Ordre du Soleil levant. Le Canada aurait son Ordre du Canada.

Simple, non? Eh bien non. L'idée fit son apparition chez nous au moment de la Confédération quand Sa Majesté la reine Victoria était le chef d'État du Canada et son mandataire vice-royal, le vicomte James Monck. Ce dernier estimait que ce pays nouveau méritait d'avoir son propre système de distinctions honorifiques, mais les bureaucrates, les premiers ministres et les circonstances (dont deux guerres mondiales) firent obstacle au projet.

Dans les décennies qui suivirent – des années 30 aux années 60 –, ils furent quelques-uns (notamment

le gouverneur général Vincent Massey) à presser le gouvernement fédéral de créer un système de distinctions honorifiques spécifiquement canadien et de rompre avec les traditions britanniques que le Canada faisait siennes depuis le 19ᵉ siècle. Deux premiers ministres, Louis St-Laurent et John Diefenbaker, firent la sourde oreille. Lester B. Pearson, lui, l'écouta. Pearson était après tout le même homme qui avait fait substituer l'unifolié au Red Ensign en 1965 au terme d'un débat houleux à la Chambre des communes qui avait épuisé tous les parlementaires. Un an plus tard, Pearson décidait de créer l'Ordre du Canada.

Pearson et ses alliés à Ottawa durent manœuvrer pour obtenir l'aval du Cabinet, mais il était évident que le public avait désormais soif de symboles marquant l'émergence de la nation, surtout que 1967 allait être l'année du centenaire de la Confédération. Plus lent à naître fut le consensus sur l'apparence qu'aurait la nouvelle médaille.

Comme l'écrit Christopher McCreery dans son livre *The Order of Canada: Its Origins, History and Development*, les concepteurs se débattaient avec l'idée d'une distinction spécifiquement canadienne depuis la Seconde Guerre mondiale. L'un des concepts les plus populaires, apparu en 1943, mettait en vedette une étoile à neuf pointes (chaque pointe représentant une province canadienne) et, entre chacune, un symbole « associé à la vie canadienne » : castor, pomme de pin, poisson, trille, colombe, feuille d'érable, gerbe de blé, pic et pelle, et microscope. « Chaque symbole en soi convenait, écrit McCreery, mais le résultat ressemblait davantage au bouchon de radiateur de la Cadillac LaSalle 1938 qu'à un ordre national! »

John Matheson – le député qui était aussi le secrétaire parlementaire de Pearson et devait jouer un rôle capital dans l'avènement de l'Ordre du Canada, comme cela avait été le cas dans la conception du drapeau canadien – pensait au début qu'une simple

your commanding officer or your wife." Beatty did as he was told, taking sick leave to keep the project secret from his colleagues and family. The only other instruction from the prime minister was that the ribbon attached to the medal should mirror the red and white of the new flag.

Beatty was a nervous wreck as he pondered this weighty assignment. But inspiration can strike in unexpected ways. On the afternoon of November 25, 1966, as he was walking from his office towards the warrant officers' and sergeants' mess, it started to snow. As every Canadian knows, it is impossible to walk through falling snow without snowflakes hitting one right in the eye. "I should base it on a snowflake," Beatty thought.

He came up with three designs, all involving the snowflake motif. Her Majesty the Queen finally gave her consent to the new honour and the design of the medal on March 21, 1967. However, the Royal Canadian Mint was unable to produce medals in time for the inaugural ceremony, so for that first investiture the task of creating them fell to the British crown jeweller in London.

The first person to receive the Order of Canada was Governor General Roland Michener, who was made a Companion on July 6, 1967. On November 24 of that same year, seventy-three individuals were invited to Rideau Hall, including three writers (Gabrielle Roy, Hugh MacLennan, and F.R. Scott), an artist (Arthur Lismer), a singer (Maureen Forrester), a hockey coach and a hockey player (Father David Bauer and Maurice Richard), and a women's rights advocate (Thérèse Casgrain).

That evening, the newly invested members of the Order and their guests were bussed to the Confederation Room in the West Block of Parliament for a banquet. As McCreery notes, "The entire affair had the air of a school trip, not the founding event of the nation's premier honour."

NOT ALL Order of Canada insignia are bestowed at Rideau Hall. Other venues, such as the ballroom at Government House in St. John's, Newfoundland, and the Citadelle of Quebec, have also hosted ceremonies. On occasion, the Governor General will travel to the bedside of an ailing or aged recipient. When scheduling or urgency are an issue, or when the distance is too great, the Lieutenant Governor takes on that responsibility.

Such was the case in the spring of 2015 when Frances Kelsey received the Order of Canada at her daughter's home in London, Ontario, at the age of 101. This Canadian doctor had bravely raised red flags about thalidomide in the 1960s when she was working as a reviewer for the U.S. Food and Drug Administration. Her concerns about the safety of the anti-nausea drug blocked its entry into the United States (despite intense pressure from the drug manufacturer), thereby largely preventing the tragic birth defects and deformities that occurred elsewhere in the world, including Canada.

Ontario's Lieutenant Governor, Elizabeth Dowdeswell, later told the CBC what a privilege it was to present Kelsey with the Order of Canada.

"We knew that death was imminent," she said, "and I sat beside her bed, held her hand, told her why I was there and why it was so important that we have the opportunity to recognize her, and took the medal and had an opportunity to put it in her hands. She immediately woke up and she was clearly aware that I was there. She didn't speak but she tried to speak and she got animated immediately. It was just such an honour. This was a person who dedicated

image (un ovale blanc montrant une couronne et la feuille d'érable rouge) suffirait, mais il délaissa cette idée en faveur d'un autre dessin qui montrerait, comme il l'écrivit à Pearson, « sous une couronne, une étoile polaire flamboyante arborant une seule feuille d'érable rouge ». Le problème ici, c'était qu'une médaille suédoise, l'Ordre royal de l'Étoile polaire, avait un air de parenté frappant avec l'image que proposait Matheson. C'était l'impasse.

Le premier ministre Pearson convoqua donc le sergent-chef Bruce Beatty de l'Aviation royale du Canada. Beatty était à l'époque graphiste à la Direction du cérémonial au quartier général des Forces canadiennes à Ottawa.

« Nous allons créer un nouvel ordre national, dit Pearson à Beatty, et vous êtes l'homme qui va en concevoir l'insigne. Mais pas un mot à âme qui vive, pas même à votre commandant ou à votre femme. » Beatty obtempéra, se faisant mettre en congé de maladie pour ne rien révéler de sa mission à ses collègues et sa famille. La seule autre instruction qu'il avait du premier ministre était de faire en sorte que le ruban de l'insigne reprenne le rouge et le blanc du nouveau drapeau.

Beatty était très nerveux à l'idée de la lourde tâche qui l'attendait. Mais l'inspiration prend parfois d'étranges détours. Dans l'après-midi du 25 novembre 1966, alors qu'il se rendait de son bureau au mess des adjudants et des sergents, il se mit à neiger. Tout Canadien le sait, il est impossible de marcher quand il neige sans prendre un flocon dans l'œil. Beatty se dit alors : « L'insigne devrait rappeler un flocon de neige. »

Il finit par imaginer trois concepts, tous basés sur le motif du flocon. Sa Majesté la reine approuva la création de la nouvelle distinction et le concept de l'insigne le 21 mars 1967. Cependant, la Monnaie royale du Canada fut incapable de produire les insignes à temps pour la première cérémonie d'investiture, et l'on dut s'adresser pour cela au joaillier de la couronne britannique à Londres.

La première personne à recevoir l'Ordre du Canada fut le gouverneur général Roland Michener, qui fut fait compagnon le 6 juillet 1967. Le 24 novembre de la même année, soixante-treize personnes furent invitées à Rideau Hall, dont trois écrivains (Gabrielle Roy, Hugh MacLennan et F.R. Scott), un artiste (Arthur Lismer), une cantatrice (Maureen Forrester), un entraîneur et un joueur de hockey (le père David Bauer et Maurice Richard) et une militante des droits de la femme (Thérèse Casgrain).

Ce soir-là, les membres nouvellement investis de l'Ordre et leurs invités furent conduits en autobus à l'Édifice de l'Ouest du Parlement où eut lieu le premier banquet de l'Ordre à la Salle Confédération. « Toute l'affaire avait l'allure d'un voyage de classe, écrit McCreery, et non de l'événement fondateur de la première distinction du pays. »

LES CÉRÉMONIES d'investiture n'ont pas toujours lieu à Rideau Hall. La salle de bal de Government House à St. John's, Terre-Neuve, et la Citadelle de Québec en ont également été le théâtre. Il arrive aussi que le gouverneur général se rende au chevet d'un récipiendaire malade ou âgé pour lui remettre son insigne. S'il se pose un problème sur le plan du calendrier ou s'il y a urgence, ou encore si la distance est trop grande, cette responsabilité est déléguée au lieutenant-gouverneur de la province.

Ce fut le cas au printemps 2015 quand Frances Kelsey, qui avait 101 ans, s'est vu remettre l'Ordre du Canada au domicile de sa fille à London, en Ontario. Cette médecin canadienne avait eu le courage d'alerter la population au danger que posait la thalidomide

her life to public service and for me to be able to say words of thanks, words of gratitude, it was so important to her family."

A number of other centenarians have received the order. Newfoundland's Dr. Nigel Rusted got his at 104 and Ontario's Edra Ferguson at 103. Maybe what goes around *does* come around, so that largesse and longevity are somehow connected. The youngest person ever to receive the Order was Olympic swimmer Ann Ottenbrite, who was just eighteen. Terry Fox, the courageous marathoner, earned his when he was only twenty-two.

Before the investiture ceremony, every individual recipient must be notified by telephone—a tradition begun with Blackburn and honoured ever since. (Though he does note that his calling individuals in the summer of 1967 was as much about explaining the award as it was about breaking the news. "Nobody knew what the Order of Canada was," he says, "so I'm not sure they were bowled over. Today it's very different, since the Order is well known and appreciated.") Jacqueline Barton has been a program analyst with the Order of Canada for some fourteen years, and one of her jobs is to make some of those calls. "It's a life moment for some people," she says. "You get every possible reaction. Some say, 'Oh great, thanks' and some are extremely emotional, saying things like, 'Oh, I wish my mother were still alive to hear this.'"

Likewise, there can be a great deal of emotion expressed at the investiture ceremony, with up to 250 people in attendance. Some individuals have never stood in front of that many people. The citation read aloud during the ceremony is generally a hundred words or less, and sometimes, says Barton, "there's a wow factor," times when the particular accomplishment or level of excellence is just off the

charts, and the applause is prolonged when that candidate goes up to receive his or her insignia.

The mood is formal and even solemn, but some recipients are more relaxed than others. Jaymie Matthews, an astrophysicist at the University of British Columbia, was appointed to the Order of Canada in 2006. He showed up wearing black running shoes, a T-shirt emblazoned with the space telescope that he had helped develop, a necktie sewn onto the T-shirt (to honour the dress code, which stipulated "business attire"), and a snakeskin blazer. In 2014, writer Douglas Coupland accepted the Order and then took a selfie of himself with the Governor General to capture the moment.

And when the Order goes to musicians, there may be music. In November of 2015, Blue Rodeo founders Jim Cuddy and Greg Keelor gathered at Glenn Gould's piano in Rideau Hall to sing some of their songs—joined by opera singer Gerald Finley, trumpet virtuoso Jens Lindemann, and astronaut Chris Hadfield.

EACH APPOINTMENT to the Order has its own story. The famously scrappy Mordecai Richler refused the honour twice, arguing that since fellow writer Margaret Laurence had earlier been offered a higher Order, he was being put at what he called "the kids' table." He finally accepted a third offer, in 2001, shortly before he died. He was made a Companion, just as Laurence had been.

Richler's biographer, Charles Foran, received the Order in 2014. "I felt randomly plucked," he says. "I was touched and amused and bemused by the randomness of it." This is a typical response. First Nations advocate Édith Cloutier says, "I couldn't believe that I was on the list with all those famous people. I thought it was some kind of mistake."

dans les années 60 quand elle était examinatrice à la U.S. Food and Drug Administration. Ses réserves sur l'innocuité de ce médicament anti-nausée eurent pour effet d'en interdire l'entrée aux États-Unis (malgré les fortes pressions exercées par le fabricant), avec pour conséquence que l'on put largement prévenir les malheureuses malformations congénitales que l'on vit apparaître ailleurs dans le monde, entre autres au Canada.

La lieutenante-gouverneure de l'Ontario, Elizabeth Dowdeswell, a confié plus tard à la CBC l'immense privilège qu'elle avait ressenti au moment où elle avait remis l'Ordre du Canada à Frances Kelsey.

« Nous savions que l'heure de la mort était proche, dit-elle, j'étais assise à son chevet, je lui tenais la main, et je lui ai dit pourquoi j'étais là et pourquoi il était si important de lui marquer notre reconnaissance. J'ai pris l'insigne et la lui ai mise entre les mains. Elle s'est réveillée aussitôt et elle était parfaitement consciente de ma présence. Elle n'a pas parlé mais elle a essayé, et elle s'est animée tout à coup. C'était un tel honneur pour moi. Cette personne avait donné sa vie au bien public, et c'était très important pour sa famille de m'entendre lui témoigner notre reconnaissance. »

Quelques autres centenaires ont reçu l'Ordre du Canada. Le Dr Nigel Rusted de Terre-Neuve -et- Labrador a reçu son insigne à 104 ans et Edra Ferguson de l'Ontario, à 103. Il est peut-être vrai qu'on récolte ce que l'on sème, si bien que la générosité et la longévité ont peut-être quelque chose en commun. La récipiendaire la plus jeune a été la nageuse olympique Ann Ottenbrite, qui n'avait que dix-huit ans. Terry Fox, le courageux marathonien, a été admis à tout juste vingt-deux ans.

Avant la cérémonie d'investiture, chaque récipiendaire doit être informé par téléphone, tradition qui a commencé avec Blackburn et s'est maintenue depuis. (Quoique celui-ci rappelle que lorsqu'il s'est mis à appeler les futurs récipiendaires à l'été de 1967, il lui fallait davantage expliquer en quoi consistait cet honneur qu'en faire l'annonce. « Personne n'avait la moindre idée de ce que c'était, dit-il, donc je ne suis pas sûr qu'ils étaient si émus que ça. Aujourd'hui, c'est très différent, étant donné le renom que l'Ordre a acquis. ») Jacqueline Barton, analyste de programme à l'Ordre du Canada depuis quatorze ans, a entre autres pour fonction de faire ce genre d'appel. « Pour certaines personnes, c'est véritablement leur jour de gloire, dit-elle. On entend toutes les réactions imaginables. Certains disent : "Formidable, merci!" et d'autres sont bouleversés et disent des choses comme : "Ah, si ma mère était toujours de ce monde et entendait ça!" »

De même, l'émotion est parfois vive à la cérémonie d'investiture, où il peut y avoir jusqu'à 250 personnes dans la salle. Il y a des gens qui ne se sont jamais retrouvés devant un auditoire aussi imposant. La citation qui est lue publiquement pendant la cérémonie fait généralement une centaine de mots, et parfois, dit Barton, « il y a un moment d'étonnement » quand l'exploit souligné ou le degré d'excellence est proprement extraordinaire, et les applaudissements se prolongent quand le candidat va chercher son insigne.

L'ambiance est officielle et même solennelle, mais certains récipiendaires sont plus décontractés que d'autres. Jaymie Matthews, l'astrophysicien de la Colombie-Britannique, a été admis à l'Ordre du Canada en 2006. Il s'est présenté vêtu d'une veste en peau de serpent, d'un t-shirt arborant le télescope spatial qu'il avait contribué à mettre au point, avec une cravate cousue dans le t-shirt (pour se conformer à la tenue de rigueur qui stipulait « tenue de ville ») et aux pieds des chaussures de course noires. En 2014,

Foran had done his good deeds, of course, working for PEN Canada and Amnesty International, but he was initially left wondering why he was on the list. Only when he was inside Rideau Hall, "that lovely and lavish and very yellow room," as he later described it, did the impact of receiving the Order of Canada really strike him. Upon hearing what others have done to receive the honour, he felt a powerful impetus to "Go, do more."

This is music to the ears of Governor General David Johnston, who has made the encouragement of a smarter and more caring nation, alongside philanthropy and community service, the cornerstones of his time at Rideau Hall. He describes hearing Yale economics professor Robert Shiller—winner of the 2013 Nobel Prize in economics—speak a while back. "He didn't talk about economic growth," His Excellency reported. "He spoke about caring and how important it is."

When asked why he values generosity so greatly, David Johnston points to a number of things: how "love thy neighbor as thyself" is the pillar of all the great religions, how caring was for him such an integral part of growing up in a small town in northern Ontario, and the example his Methodist grandparents set. "They tithed," he said. "Ten per cent. That was the first cut. No question." He also talked about the deep inner satisfaction that comes from giving a hand up to those who need it.

Nothing could have prepared this "university guy/law professor," as the Governor General calls himself, for the job, which, in his case, has been extended by two years to September of 2017. "I always thought Canada was a good country," he said. "But I never truly realized the goodness of the country. I am gobsmacked by what others have done."

When his mandate ends, David Johnston will return to academe and the writing of books. In the time remaining, he will cherish bestowing the Order of Canada on individual citizens who have acted on their own dreams of a better community, a better country, a better world.

l'écrivain Douglas Coupland a accepté son insigne, après quoi il a tiré un égoportrait de lui-même avec le gouverneur général.

Et quand ce sont des musiciens qui sont honorés, il y a parfois de la musique. En novembre 2015, les fondateurs de l'ensemble Blue Rodeo Jim Cuddy et Greg Keelor se sont réunis autour du piano de Glenn Gould à Rideau Hall pour chanter certaines de leurs compositions, accompagnés du chanteur d'opéra Gerald Finley, du trompettiste virtuose Jens Lindemann et de l'astronaute Chris Hadfield.

CHAQUE NOMINATION a son histoire. Le notoirement irritable Mordecai Richler refusa l'honneur deux fois, faisant valoir qu'étant donné qu'on avait décerné plus tôt une distinction supérieure à l'écrivaine Margaret Laurence, il sentait qu'on l'avait comme assis à « la table des petits ». Il a fini par accepter à la troisième tentative, en 2001, peu avant sa mort. Il fut fait compagnon, à l'instar de Laurence.

Le biographe de Richler, Charles Foran, a été admis à l'Ordre en 2014. « J'avais l'impression d'avoir gagné à la loterie, dit-il. J'étais touché, amusé mais déconcerté par le caractère aléatoire de la chose. » Réaction fort typique. La militante autochtone Édith Cloutier disait pour sa part : « Je n'en revenais pas de me retrouver en compagnie de toutes ces célébrités. J'étais sûre qu'il devait y avoir eu erreur. »

Foran avait ses mérites, bien sûr, il avait entre autres été actif au PEN Canada et à Amnistie internationale, mais il ne voyait tout de même pas très bien ce qu'il faisait là. C'est seulement quand il s'est retrouvé à Rideau Hall, dans cette « salle charmante, luxueuse et très jaune », comme il l'a décrite plus tard, qu'il a compris ce que c'était que de recevoir l'Ordre du Canada. Lorsqu'il a entendu ce que les autres avaient fait pour y être admis, il a ressenti un appel puissant en lui qui disait : « Va, et tâche de te dépasser. »

Douce musique aux oreilles du gouverneur général David Johnston, qui a voulu marquer son passage à Rideau Hall en favorisant l'avènement d'une nation avertie et bienveillante et en encourageant la philanthropie et le bien public. Il rappelle pour sa part avoir entendu parler le professeur d'économie de Yale Robert Shiller – lauréat du prix Nobel d'économie de 2013 – quelques années auparavant. « Il n'a pas parlé de croissance économique, se souvient Son Excellence. Il a plutôt parlé de l'importance de la solidarité. »

Quand on lui demande pourquoi il valorise tant la générosité, David Johnston n'est pas à court d'exemples : le commandement « aime ton prochain comme toi-même » est le pilier de toutes les grandes religions, la solidarité faisait partie intégrante de sa vie quand il grandissait dans sa petite ville du nord de l'Ontario, et pour finir, l'exemple de ses grands-parents méthodistes. « Ils payaient la dîme, dit-il. Dix pour cent. C'était la première dépense du foyer. On ne rognait pas là-dessus. » Il parle aussi de la satisfaction profonde que l'on ressent à donner un coup de pouce à ceux qui en ont besoin.

Rien n'aurait pu préparer ce « gars-là qui est universitaire et professeur de droit », comme le gouverneur général se décrit lui-même, pour la fonction qu'il exerce aujourd'hui, et, dans son cas, son mandat a été prolongé de deux ans, jusqu'en septembre 2017. « J'ai toujours pensé que le Canada était un bon pays, dit-il. Mais je n'avais jamais vraiment saisi la bonté des gens d'ici. Je suis sidéré par le bien que les autres ont fait. »

Quand son mandat aura pris fin, David Johnston va retourner à l'université et se remettre à écrire. Pendant le temps qui lui reste à Rideau Hall, il prendra toujours plaisir à remettre les insignes de l'Ordre du Canada à ces citoyens qui ont concrétisé le rêve qu'ils avaient de rendre leur milieu meilleur, de faire un pays meilleur, un monde meilleur.

SUSAN AGLUKARK

LOUISE ARBOUR / GEORGE ARCHIBALD

KENOJUAK ASHEVAK / JEAN BÉLIVEAU / MARY BOYD

GERALDINE BRAAK / JUNE CALLWOOD / CARMEN CAMPAGNE

JAMES K.M. CHENG / ÉDITH CLOUTIER / ELEANOR COLLINS

JAMES G. CUDDY AND/ET GREGORY J. KEELOR / ROMÉO A. DALLAIRE

NATALIE ZEMON DAVIS / CÉLINE DION / ELLEN LOUKS FAIRCLOUGH

CELIA FRANCA / SERGE GODIN / JOSEPH A. GOSNELL / CHRIS A. HADFIELD

LAWREN S. HARRIS / LAWRENCE HILL / ALIA HOGBEN

CLARA HUGHES / ROBERTA L. JAMIESON

DAVID JOHNSTON / YOUSUF KARSH

GILLES KÈGLE / CRAIG AND/ET MARC KIELBURGER

GUY LALIBERTÉ / M.G. VENKATESH MANNAR / H. HARRISON MCCAIN

JULIO MONTANER / YANNICK NÉZET-SÉGUIN / WILDER G. PENFIELD

AAJU PETER / OSCAR E. PETERSON / CHANTAL PETITCLERC

CHRISTOPHER PLUMMER / JOHN C. POLANYI / JANET ROSSANT

DAVID W. SCHINDLER / JEFFREY SKOLL / JOSEPH R. SMALLWOOD

JOHN STANTON / IAN G. STIRLING / JEAN VANIER

LISE WATIER / V. JAMES WEISGERBER

HAYLEY WICKENHEISER

ESSAYS

VIGNETTES

Susan Aglukark

o.c. | 2004

Officer of the Order of Canada
Officier de l'Ordre du Canada

A SINGER WITH the voice of an angel and the heart of a guardian angel. That would describe Susan Aglukark, the Inuk daughter of two Pentecostal ministers who grew up in Arviat in Nunavut (the former Northwest Territories). She began to play the guitar and sing hymns at an early age. By the age of nine, she was performing on stage with church choirs.

After high school, Susan Aglukark moved to Ottawa to work as a linguist with what was then called the Department of Indian and Northern Affairs (now Aboriginal Affairs and Northern Development). The daughter of a mother who "grew up in

UNE CHANTEUSE à la voix d'ange et au cœur d'ange gardien. Voilà qui décrit bien Susan Aglukark, la fille inuite de deux ministres pentecôtistes qui a grandi à Arviat, au Nunavut (à l'époque où ce secteur faisait partie des Territoires du Nord-Ouest). Elle a commencé tôt à jouer de la guitare et à chanter des cantiques. À neuf ans, elle se produisait déjà avec des chœurs d'église.

Après son secondaire, Susan Aglukark est allée vivre à Ottawa où elle est entrée aux services linguistiques de ce qu'on appelait alors le ministère des Affaires indiennes et du Développement du Nord (aujourd'hui le ministère des Affaires autochtones et du Nord). La fille d'une mère qui avait « grandi vêtue de fourrures, la peau du caribou frottant contre la sienne », elle ne craignait pas de marcher seule dans les parcs de

16

1. In the North as part of her work with leftbehindbysuicide.org / *Dans le Nord, dans le cadre de son action avec leftbehindbysuicide.org.*

2. Performing at the Canadian Aboriginal Music Awards in Toronto in 2006. / *En spectacle au gala des prix de musique autochtone canadienne à Toronto en 2006.*

furs, with caribou against her skin," she would walk alone in dark parks late at night until colleagues in the nation's capital warned against it. Mastering bus schedules, writing cheques, shopping in huge grocery stores: all were new to her.

"The biggest fear for me," Aglukark once wrote, "was always being concerned that everyone would think I am stupid, but we are not stupid. We have only that with which we grew up … home, community, environment, the conversations we have around the table, the books we read in our schools/libraries, and all of the above were often limited to small town Nunavut life and living." Although she has spent almost three decades living in the South, Aglukark has never turned her back on that Northern life. "I still feel the pull of 'home' every day," she says. "My heart will always feel the Arctic before I feel anything else."

In a storied and vibrant musical career that has continued without pause since it began in 1990, Susan Aglukark has won three Juno Awards, MuchMusic Video Awards, the Canadian Country Music Association Vista Rising Star Award, the National Aboriginal Achievement Award in the Arts and Entertainment category, and, in 2016, a Governor General's Performing Arts Award. She has also performed for several luminaries, including Nelson Mandela and Queen Elizabeth II.

Although the melodies of Aglukark's songs are light and easy, the subjects are often not: suicide, sexual abuse of children, alcohol and drug addiction, and cultural loss. Her album *This Child*, which sold 300,000 copies, included a song called "O Siem"—a call to arms against racism and prejudice.

la capitale nationale la nuit jusqu'au jour où des collègues l'ont mise en garde. Apprivoiser les horaires d'autobus, faire un chèque, s'approvisionner dans les méga-épiceries, tout était nouveau pour elle.

« Ce que j'ai toujours craint le plus, a-t-elle écrit un jour, c'était de passer pour idiote, mais nous ne sommes pas des idiots. Nous n'avons que ce avec quoi nous avons grandi : notre foyer, notre milieu, notre environnement, les conversations que nous avions autour de la table, les livres que nous lisions à l'école où à la bibliothèque, et tout cela se limitait souvent à notre vie dans notre petite bourgade du Nunavut. » Même si elle a vécu presque trois décennies dans le Sud, Susan Aglukark n'a jamais tourné le dos à la vie dans le Nord. « Je ressens tous les jours l'attrait de la "patrie," dit-elle. Quoi que je fasse, mon cœur appartiendra toujours à l'Arctique. »

Dans sa carrière féconde, qui n'a pas connu d'interruption depuis ses débuts en 1990, Susan Aglukark a remporté trois prix Juno, des prix MuchMusic Video, le prix Vista Rising de l'Association pour la musique country canadienne, le Prix national d'excellence décerné aux Autochtones dans la catégorie arts et spectacles et, en 2016, le Prix du Gouverneur général pour les arts de la scène. Elle a également chanté devant nombre de grandes personnalités, notamment Nelson Mandela et la reine Élisabeth II.

Si les mélodies de ses chansons sont simples et d'écoute facile, ses sujets sont souvent lourds : le suicide, la maltraitance sexuelle des enfants, l'addiction à l'alcool ou à la drogue et l'aliénation culturelle. Son album *This Child*, qui s'est vendu à 300 000 exemplaires, mettait en vedette la chanson intitulée *O Siem*, un appel aux armes contre le racisme et les préjugés.

1

2

Through it all, Aglukark has steadfastly championed the Inuk people, co-founding the Aboriginal Literacy Initiative and founding the Arctic Rose Fund to assist Northern food banks. Between 2008 and 2011, she was a scholar in residence at the University of Alberta, where she mentored Aboriginal artists and helped develop both a degree program and programs aimed at countering the dropout issue that plagues Aboriginal students at all levels.

"Music," says Susan Aglukark, "has been a way for me to give a voice to the silent struggles of my people and to create hope for a better tomorrow." She calls herself "an accidental artist"—one who never set out to achieve fame but who has used her position to confront the harsh realities of the North without ever succumbing to despair.

Susan Aglukark est restée pendant tout ce temps la championne du peuple inuit : elle a ainsi cofondé l'Initiative pour l'alphabétisation des Autochtones et le Fonds Arctic Rose qui vient en aide aux banques alimentaires du Nord. De 2008 à 2011, elle était chercheure en résidence à l'Université de l'Alberta où elle servait de mentor aux artistes autochtones et a contribué à la création d'un programme de diplôme et d'autres programmes visant à remédier au décrochage scolaire, problème qui afflige les étudiants autochtones à tous les niveaux.

« La musique, dit Susan Aglukark, m'a permis de faire entendre les luttes silencieuses de mon peuple et de susciter l'espérance de jours meilleurs. » Elle se voit comme une artiste « malgré elle » qui ne s'est pas lancée dans le métier pour se couvrir de gloire, non, mais qui s'est servie de son statut pour tenir tête à la dure réalité du Nord sans jamais céder au désespoir.

Louise Arbour

C.C. | 2007
Companion of the Order of Canada
Compagnon de l'Ordre du Canada

LOUISE ARBOUR has spent her life challenging authority and stepping on toes, and time has not dulled that impulse.

Born in Montreal in 1947, Arbour attended convent school, where she edited the school's magazine while developing a reputation for irreverence. She then graduated, with distinction, from the Université de Montréal with a law degree. There followed work as a law clerk at the Supreme Court of Canada, as a research officer for the Law Reform Commission of Canada, and as a professor at Osgoode Hall Law School. In 1987, she was

TOUTE SA VIE, Louise Arbour a été celle qui défiait l'autorité et jouait des coudes, dispositions que le temps n'a altérées en rien.

Née à Montréal en 1947, elle est passée par le couvent, où elle était rédactrice en chef de la revue étudiante et déjà tenue pour irrévérencieuse. Puis, forte de son diplôme en droit de l'Université de Montréal, avec distinction, elle a été stagiaire à la Cour suprême du Canada, agente de recherche à la Commission de réforme du droit du Canada, pour finir professeure à la faculté de droit d'Osgoode Hall. Nommée juge à la Cour supérieure de l'Ontario en 1987, elle entrait deux ans plus tard à la Cour d'appel de l'Ontario.

Mais c'est l'action de Louise Arbour au sein des Nations Unies, à titre de procureure en chef des Tribunaux pénaux

1. A portrait of the Honourable Madam Justice Louise Arbour by Bryan Adams. / *Un portrait de l'Honorable Madame Justice Louise Arbour par Bryan Adams.*

2. United Nations headquarters, 2006. / *Au siège de l'ONU en 2006.*

appointed to the Ontario Supreme Court, and two years later was elevated to the Ontario Court of Appeal.

But it was Arbour's work with the United Nations as its chief prosecutor for the International Criminal Tribunals for former Yugoslavia and for Rwanda, from 1996 to 1999, that propelled her onto the world stage. James Stewart, a Canadian prosecutor who worked with Arbour, called her the ideal boss, someone "who had a real vision ... a very strong ethical sense, a tremendous energy and commitment and courage, I mean, guts. She wasn't going to take anything from anybody. And yet she was not in any way abrasive."

The scope of the tribunals was staggering: a staff of more than five hundred criminal investigators, lawyers, military analysts, and administrators, a \$68 million budget, and, in the case of former Yugoslavia, more than a million pages of documents. Out of those two tribunals came two landmark results: the world's first conviction for genocide since 1948 (Rwanda) and the first ever indictment for war crimes of a sitting head of state (Serbian president Slobodan Milošević).

For five years, until 2004, Arbour sat on the Supreme Court of Canada before returning to the UN as the High Commissioner for Human Rights. More recently, she finished a five-year stint as president of the International Crisis Group, an organization aimed at resolving deadly conflict. In an interview in 2015, Arbour decried the arrogance of Western countries trying to impose "universal" values on other nations, oblivious to the suspicions that they create in a post-colonial world. Hard experience

internationaux pour l'ancienne Yougoslavie et le Rwanda, de 1996 à 1999, qui l'a propulsée sur la scène mondiale. James Stewart, un procureur canadien qui a œuvré à ses côtés, a dit de Louise Arbour qu'elle était la patronne idéale, un être « qui avait une vision authentique [...] un sens de l'éthique bétonné, une énergie débordante, une conviction, un courage, bref, des tripes. Rien ne l'intimidait. Et avec ça, toujours le sourire aux lèvres. »

L'ampleur de la tâche qui attendait les tribunaux était tout bonnement phénoménale : un personnel de plus de cinq cents enquêteurs criminels, des avocats, des analystes militaires, des administrateurs, avec un budget de 68 millions de dollars et, dans le cas de l'ancienne Yougoslavie, plus d'un million de pages de documents à potasser. Résultat, deux jugements historiques : la première condamnation pour génocide dans le monde depuis 1948 (au Rwanda) et la première inculpation pour crimes de guerre d'un chef d'État en exercice (le président serbe Slobodan Milošević).

Pendant cinq ans, soit jusqu'en 2004, Louise Arbour a siégé à la Cour suprême du Canada avant de reprendre du service à l'ONU à titre de haut-commissaire aux droits de la personne. Plus récemment, elle a achevé son mandat de cinq ans comme présidente du Groupe de crise international, organisation vouée au règlement de conflits violents. Dans une entrevue qu'elle a accordée en 2015, Louise Arbour a dénoncé l'arrogance de ces pays occidentaux qui cherchent à imposer des valeurs « universelles » aux autres pays, oublieux qu'ils sont des soupçons qu'ils suscitent dans un monde postcolonial. Elle a appris à la dure qu'on n'impose pas du même coup la

1

2

has taught her that justice, peace, and human rights cannot all be imposed at once. Arbour advocates what she calls "political empathy... not as a sentimental, do-gooder virtue. But something that is sustained and has a capacity to genuinely try to understand what an issue looks like from... another party's point of view."

Arbour's list of awards is staggering, but forty honorary doctorates and a slew of international prizes have only deepened her resolve to raise red flags when she sees the need. Ever mindful of Canada's imposition of martial law in 1970 under the War Measures Act ("the most dramatic event in my professional, political awareness"), the mother of three continues to warn about the threat to human rights posed by the war on terrorism. "These rights," she says, "will atrophy if not defended."

justice, la paix et les droits de la personne. Elle valorise ce qu'elle appelle « l'empathie politique [...] qui n'a rien à voir avec les vertus sentimentales du genre scout. C'est plutôt une vision qu'il faut nourrir et qui permet de comprendre sincèrement à quoi ressemble un problème [...] du point de vue d'une autre partie. »

Louise Arbour a engrangé les honneurs en nombre sidérant, mais quarante doctorats honorifiques et une pléthore de prix internationaux n'ont fait que fortifier la résolution qu'elle a de donner l'alerte quand elle en constate la nécessité. Cette mère de trois enfants qui n'a jamais oublié l'imposition de la loi martiale au Canada en 1970 par le biais de la Loi sur les mesures de guerre ne cesse de nous encourager à rester vigilants devant la menace aux droits de la personne que pose la lutte contre le terrorisme. « Ces droits, dit-elle, vont s'atrophier si on ne les défend pas. »

George Archibald

C.M. | 2012
Member of the Order of Canada
Membre de l'Ordre du Canada

WOOP-DOOP-DOOP, woop-doop-doop, woop-doop-doop ("the doop-doop is the female and the woop is the male"). This is the mating call of the whooping crane as interpreted by George Archibald, and he would know. Archibald is the extraordinarily passionate and creative ornithologist who helped save the whooping crane from extinction by romancing a female of that species—the long-legged, long-necked, crimson-crowned, five-foot-tall, white birds whose call carries for miles. "Nothing they do," Archibald once said in praise of them, "is without grace . . . They are fascinating, charismatic creatures."

WOUP-DOUP-DOUP, woup-doup-doup, woup-doup-doup (le « doup-doup », c'est le cri de la femelle; le « woup », celui du mâle). Ainsi va l'appel à l'accouplement de la grue blanche tel que l'interprète George Archibald, et s'il y en a bien un qui sait, c'est lui. George Archibald est le très passionné et très créatif ornithologue qui a contribué à sauver la grue blanche de l'extinction en faisant la cour à une femelle de cette espèce : cet oiseau blanc de cinq pieds de haut, à la crête pourpre, au long cou et aux longues pattes, dont l'appel s'entend à des kilomètres à la ronde. Archibald en fait l'éloge ainsi : « La grue blanche est l'élégance même en toute chose. Une créature fascinante, charismatique. »

Archibald est né sur une ferme près de New Glasgow, en Nouvelle-Écosse, en 1946, et parmi ses premiers souvenirs d'enfance, il se

1. With Gee Whiz. /
Avec Gee Whiz.

2. With Tex. / *Avec Tex.*

Archibald was born on a farm near New Glasgow, Nova Scotia, in 1946, and one of his first memories is of crawling after a female duck and her brood. His doctoral thesis was on the evolution of cranes as revealed by their calls. But by the mid-1970s, there were only a dozen or so whooping cranes left on the continent, and this made research difficult. One of the few viable breeding birds, named Tex, was seemingly not an option.

Her health compromised as a chick, she had been hand-raised by humans and had imprinted on humans. She spurned male whooping cranes that were offered as suitors. Artificial insemination would work, but only if Tex became sufficiently amorous to lay eggs, and that's when George Archibald donned a white jump suit, black boots, and an orange watch cap—his best imitation of a male whooping crane's plumage. Not terribly convincing, perhaps, but, as Archibald put it, "Tex seems to appreciate it."

Over the course of three years, he and Tex performed the ritualistic spring mating dance. A photograph shows Tex with her neck and head raised skyward and her wings joyously outspread, while facing her is her bespectacled and attentive suitor—a huge smile on his face and his arms outstretched behind. The mating dance of the whooping crane involves a male and a female stomping their feet, leaping and bowing, honking and running, and tossing sticks in the air. Archibald did it all. "There's a very thin line," he once said, "between being scientifically interesting and absurd."

There were many failed attempts along the way, but out of that unprecedented bird-human bond finally came a chick named Gee

rappelle le jour où il a rampé derrière une cane et sa couvée. Sa thèse de doctorat traitait de l'évolution des grues telle que la révèlent leurs cris. Mais au mitan des années 70, il ne subsistait qu'une douzaine de grues blanches sur le continent nord-américain, ce qui compliquait évidemment sa recherche. L'un des rares spécimens viables et capables de se reproduire, baptisée Tex, ne semblait pas promise à une grande postérité.

Sa santé ayant été compromise alors qu'elle n'était qu'un oisillon, elle avait été élevée par des humains et s'était faite à eux. Elle tournait le dos aux mâles qu'on lui offrait comme géniteurs. L'insémination artificielle ne donnerait de résultat que si Tex se sentait assez d'amour pour pondre, et c'est alors que George Archibald a revêtu une casquette orange, une combinaison blanche et des bottes noires, soit la meilleure imitation qu'il pouvait imaginer du plumage mâle. Ce n'était peut-être pas très convaincant, mais comme l'a dit Archibald, « Tex semble s'en être contentée. »

Pendant trois ans, Tex et lui ont accompli la danse rituelle d'accouplement du printemps. Une photographie nous montre Tex le cou et la tête dressés et ses ailes allègrement déployées, alors que devant elle apparaît son zélé prétendant au nez chaussé de lunettes, avec un grand sourire et les bras étirés derrière lui. Dans la danse rituelle de la grue blanche, le mâle et la femelle battent des pieds, sautillent et s'échangent des révérences, trompètent et courent en tout sens, et lancent des bouts de bois en l'air. Archibald s'est plié à tout cela. Ce qui lui a fait dire un jour : « Il est parfois très difficile de distinguer ce qui est intéressant sur le plan scientifique de ce qui est franchement absurde. »

Il y eut maints échecs en cours de route, mais cet attachement sans précédent entre un oiseau

Whiz that would produce many more whooping cranes. In Baraboo, Wisconsin, in 1973, George Archibald helped establish the International Crane Foundation, which began as a captive breeding program involving all fifteen of the world's crane species. Over time, Archibald and his colleagues at the foundation have expanded their efforts to preserve cranes and their habitats in fifty countries around the world. Even the tragic death of Tex at the hands of marauding raccoons—revealed by Archibald on Johnny Carson's late-night talk show—helped the cause, for her demise gave national prominence to the plight of this endangered bird.

For his conservation efforts, Archibald has received countless awards, including the $100,000 Lufkin Prize and the World Wildlife Fund Gold Medal.

But nothing pleases George Archibald more than to watch wild cranes. "I feel," he says, "like I'm with my old friends."

et un être humain a fini par produire un oisillon baptisé Gee Whiz qui allait enfanter bien d'autres grues blanches. À Baraboo, au Wisconsin, en 1973, George Archibald a contribué à la naissance de la Fondation internationale de la grue qui, à l'origine, se voulait un programme de reproduction en captivité regroupant les quinze espèces de grues qui restaient dans le monde. Avec le temps, Archibald et ses collègues ont élargi leur action pour préserver les grues et leurs habitats dans cinquante pays. Même la mort tragique de Tex sous la patte de ratons laveurs en maraude – révélation qu'Archibald a faite lui-même à l'émission de fin de soirée de Johnny Carson – a moussé sa cause, sa disparition ayant fait connaître au monde entier le défi auquel faisait face cet oiseau en voie d'extinction.

Pour son action dans le domaine de la conservation, Archibald a été comblé d'honneurs, dont le prix Lufkin de 100 000 dollars et la Médaille d'or du *World Wildlife Fund*.

Mais rien ne plaît tant à George Archibald que d'observer les grues blanches sauvages. « C'est comme si, dit-il, je retrouvais de vieux amis. »

Kenojuak
Ashevak

C.C. | 1982

Companion of the Order of Canada
Compagnon de l'Ordre du Canada

KENOJUAK ASHEVAK broke new ground—both as an Inuit woman and as an artist—in a career that spanned fifty years. It all started in Cape Dorset in 1958, when she was thirty-one years old. A government administrator there named James Houston was intrigued by her design on a sealskin bag of a rabbit about to eat seaweed. Given pencil and paper and asked to draw the scene, Ashevak did so—though she was hesitant at first to take on what she then considered "men's work."

Houston had a notion that the Inuit community, with its unique artistic style, could earn income through art. He made a

À TITRE D'INUITE et d'artiste, Kenojuak Ashevak a fait œuvre de pionnière pendant ses cinquante ans de carrière. Tout a commencé à Cape Dorset, en 1958, quand elle avait trente et un ans. Un fonctionnaire sur place du nom de James Houston avait remarqué un dessin qu'elle avait fait sur un sac en peau de phoque où un lapin s'apprêtait à manger une algue. Quand on lui a demandé de refaire le dessin avec un crayon et du papier, Ashevak s'est exécutée, mais non sans avoir hésité à faire ce qu'elle considérait être « le travail d'un homme ».

Houston avait l'intuition que la communauté inuite possédait un art unique au potentiel lucratif. Il tira une gravure du dessin d'Ashevak, qui remporta aussitôt un grand succès, et un an plus tard s'ouvrait la Coopérative esquimaude de la côte ouest de

28

1. Exiting a tent with two of her children, 1960. / *Sortant d'une tente avec deux de ses enfants en 1960.*

2. Ashevak in 1976 with one of her works. / *Ashevak en 1976 avec une de ses œuvres.*

print from Ashevak's drawing, which was an instant success, and a year later the West Baffin Eskimo Co-operative was formed to encourage aspiring artists and market their work in the South.

Ashevak had no schooling and certainly no training in art. However, as Christine Lalonde, a curator of Indigenous art at the National Gallery of Canada put it, "Already, she had her own sense of design ... She was willing to let the pencil go because she already had the hand and eye co-ordination to make the image she already had in her head." Lalonde also noted that Ashevak never used an eraser. "I draw whatever comes into my mind," Ashevak once said. "I draw from my imagination." Eventually, two of Ashevak's prints became Canada Post stamps, and another was featured on a twenty-five-cent coin.

Kenojuak Ashevak was born to a traditional semi-nomadic family living in igloos and seal-skin tents on South Baffin Island in the North-west Territories. Her life was marked by family tragedy: Her father, a shaman, was murdered when she was six, and she would outlive three husbands, and bear eleven children and adopt five more. Sadly, seven of the sixteen children died in childhood. Her life was the subject of two biographies as well as a film by the National Film Board, and many who met her remarked on her humility and poise before large crowds. One of her biographers, Ansgar Walk, recalled Ashevak on a tour through Germany in 2004, as she patiently answered questions and signed books. "From time to time," he wrote, "she looked up with a twinkle in her eye, as if to ask, 'How am I doing?'"

Her work went through several phases—from simple to more complex designs featuring

l'île de Baffin dont le mandat était d'encourager les artistes en herbe et de commercialiser leurs œuvres dans le Sud.

Ashevak n'était pas scolarisée et n'avait certainement aucune formation artistique. Cependant, si l'on en croit Christine Lalonde, conservatrice d'art autochtone au Musée des beaux-arts du Canada : « Elle possédait déjà son propre sens graphique [...] Elle était disposée à laisser parler son crayon car elle avait en elle la coordination œil-main qu'il fallait pour tracer l'image qu'elle avait déjà en tête. » La conservatrice ajoute que l'artiste ne recourait jamais à la gomme à effacer. « Je dessine tout ce qui me vient à l'esprit, a-t-elle dit un jour. Je dessine à partir de mon imagination. » Deux gravures d'Ashevak sont apparues sur des timbres de Postes Canada, et une autre sur la pièce de vingt-cinq cents.

Kenojuak Ashevak était née dans une famille traditionnelle semi-nomade qui logeait dans des iglous et des tentes en peau de phoque sur la côte sud de l'île de Baffin, dans les Territoires du Nord-Ouest. Elle eut la vie dure : son père, un cha-man, fut assassiné quand elle avait six ans. Elle allait survivre à trois maris, donner naissance à onze enfants et en adopter cinq autres. Autre malheur, sept de ses seize enfants moururent en bas âge. Sa vie a fait l'objet de deux biographies et ainsi que d'un documentaire de l'Office national du film. Nombreux furent ceux qui notèrent son humilité et son aisance devant de grandes foules. Un de ses biographes, Ansgar Walk, se rappelait avoir vu Ashevak en tournée en Allemagne en 2004, où elle répondait patiemment aux questions et signait des livres. « De temps à autre, elle levait la tête avec une lueur dans le regard, comme pour dire : "Je m'en tire pas mal, non?" »

1

2

creatures that were half-human and half-animal. In her last years, Ashevak reverted to simpler forms but used bolder colours. She also made carvings, traditionally something done only by Inuit men. By then, Ashevak had no fears about crossing that boundary, though, and even suggested that Inuit men should consider sewing—traditionally women's work—as a means of expression.

Ashevak won just about every prize available to Canadian artists, including the 2008 Governor General's Award in Visual and Media Arts—the first Inuit to be so honoured—and a Lifetime Achievement Award at the National Aboriginal Achievement Awards in Vancouver in 1995. When she died in 2013, John Houston (son of James), mourned her loss. "She was like my aunt," he said. The image of a balloon slowly deflating came to him: "Canada just shrank."

Son œuvre traversa plusieurs phases : du dessin simple au plus complexe, mettant en scène des créatures à moitié humaines et à moitié animales. Au soir de sa vie, elle revint à des formes plus simples mais employait des couleurs plus audacieuses. Elle sculptait aussi, art traditionnellement réservé aux hommes dans la culture inuite. Mais alors, Ashevak ne craignait plus de transgresser les règles, allant même jusqu'à encourager les hommes inuits à pratiquer la couture – tâche traditionnellement confiée aux femmes – comme moyen d'expression.

Ashevak remporta presque tous les prix offerts aux artistes canadiens, dont le Prix du Gouverneur général en arts visuels et en arts médiatiques en 2008 – la première Inuite à recevoir cet honneur – et un prix pour l'ensemble de son œuvre dans le cadre des Prix nationaux d'excellence décernés aux Autochtones à Vancouver en 1995. À l'occasion de son décès en 2013, John Houston, le fils de James, a exprimé son chagrin en ces termes : « Elle était comme ma tante. » Il lui est alors venu à l'esprit l'image d'un ballon qui se dégonfle lentement. « Le Canada est plus petit tout à coup. »

Jean Béliveau

C.C. | 1998 O.C. | 1969
Companion of the Order of Canada
Compagnon de l'Ordre du Canada
Officer of the Order of Canada
Officier de l'Ordre du Canada

JEAN BÉLIVEAU'S heart was too small for his tall frame. A doctor once wrote in his file, "He has an Austin's motor in a Cadillac's chassis." But in the metaphorical sense, his heart was huge. His kindness was legendary.

In *Strength Down Centre: The Jean Béliveau Story*, author Hugh Hood wonders whether this man's moral code was bred in the bone. "Nobody's sense of good conduct is innate," Hood suggested, "but his comes about as close to that as possible. He learned how to behave when he was young, and it shows in everything he does."

LE COEUR DE Jean Béliveau était trop petit pour sa haute taille. Un médecin a noté un jour dans son dossier : « Un moteur d'Austin dans un châssis de Cadillac. » Mais au sens métaphorique, il avait un cœur énorme. Sa bonté était légende.

Dans son livre *Strength Down Centre: The Jean Béliveau Story*, l'auteur Hugh Hood se demande si le code moral de cet homme était inscrit dans sa génétique. « Personne n'a le sens inné du bien, écrit-il, mais lui-même n'est pas loin d'être dans ce cas. Il a appris à bien se tenir quand il était petit, et cela paraît dans ses moindres actes. »

L'aîné de huit enfants qui a grandi à côté d'une église à Victoriaville, au Québec, le petit Jean était souvent mis à contribution. Son père, qui était monteur de lignes à la Shawinigan Water and Power Company, faisait appel à lui pour couper et tailler des bûches

1. With young fans, 1952. **/** *Avec de jeunes fans en 1952.*

2. 1968: after scoring a hat trick in a playoff game. **/** *1968 : après avoir marqué un tour du chapeau lors d'un match éliminatoire.*

3. Stanley Cup finals, 1967. **/** *Finale de la Coupe Stanley en 1967.*

4. With his wife, Elise Couture, during a ceremonial face-off at the Bell Centre in 2003 between Craig Rivet of the Montreal Canadiens and Mats Sundin of the Toronto Maple Leafs. Beliveau was honoured that night, marking his 50th year with the Canadiens organization. **/** *Avec sa femme, Élise Couture, lors de la mise au jeu inaugurale au Centre Bell en 2003 mettant aux prises Craig Rivet des Canadiens de Montréal et Mats Sundin des Maple Leafs de Toronto. Béliveau marquait ce soir-là le cinquantième anniversaire de son association avec les Canadiens.*

5. Jean Béliveau, 2009. **/** *Jean Béliveau en 2009.*

As the eldest of eight children living next to a church in Victoriaville, Quebec, young Jean was often called upon to help out. His father, a lineman for the Shawinigan Water and Power Company, needed his help cutting and splitting snapped cedar poles for firewood—an arduous task that contributed to Béliveau's enormous strength as an adult. He was also an altar boy in his youth. When other boys failed to show for an early mass, the priest would seek out Jean next door. He was, all his life, quietly reliable.

On the ice, he was formidable. He stood six-feet, three-inches tall and weighed 205 pounds. He was fast, but because his strides were so long and fluid, his speed was not noticed as much as his grace and balance were. Marathon games of shinny as a boy had made him into a stick handler par excellence: he led rushes with his head up and with singular calm. In close to the net, "Le Gros Bill," as he was called, would go wide on his skates to extend the range of his deke. Pity the poor goalies.

Consider the hardware Béliveau collected in his time with the Montreal Canadiens, including ten years as captain: the Art Ross Trophy as leading scorer, the Hart Memorial Trophy (won twice) as most valuable player, the Conn Smythe Trophy as most valuable player in the playoffs, and eight Stanley Cup rings. And, in a career that spanned almost two decades, 507 goals and 712 assists.

Yet for all that, Jean Béliveau prized family—his wife, daughter, and two granddaughters—and teammates far more than his individual accomplishments. He also supported his own charitable foundation and countless other charities, bringing to this work the same elegance and humility that he had shown on the ice.

de cèdre pour le chauffage, tâche ardue qui allait faire de Béliveau un adulte à la force colossale. Il servait la messe aussi. Quand il manquait un enfant de chœur pour l'office de l'aurore, le prêtre faisait venir le petit Jean de la maison voisine. Sa fiabilité tranquille fut la marque de sa vie.

Sur la glace, il était une présence formidable avec ses six pieds trois pouces et ses 205 livres. Il était rapide, mais comme ses enjambées étaient longues et fluides, ce n'était pas tant sa vitesse qu'on remarquait que son élégance et son équilibre instinctif. À force de jouer au hockey avec ses amis pendant des heures quand il était enfant, il avait appris à manier le bâton comme personne. Il menait les montées la tête haute et avec un calme frappant. S'approchant du filet, « le gros Bill » comme on l'appelait, écartait grand les patins pour donner plus d'ampleur à ses feintes. Les pauvres gardiens en arrachaient.

Voyez tous les trophées que Béliveau a récoltés avec les Canadiens de Montréal, dont il fut le capitaine pendant dix ans : le Art Ross à titre de meilleur compteur, le Hart (qu'il a remporté deux fois) comme joueur le plus utile à son équipe, le Conn Smythe remis au joueur le plus utile à son équipe en séries éliminatoires et huit bagues de la Coupe Stanley. Et après avoir joué pendant près de vingt ans, 507 buts et 712 passes.

Mais Béliveau, malgré tous ces honneurs, accordait plus d'importance à sa famille – sa femme, sa fille et ses deux petites-filles – et à ses coéquipiers qu'à ses propres exploits. Il finançait sa propre fondation caritative et venait en aide à d'autres œuvres sans nombre, investissant dans son action bienfaisante la même élégance et la même humilité qu'il avait déployées sur la glace.

Ses fans lui faisaient parvenir des pâtisseries, des tapis tricolores, des murales, des objets

1

2

3

4

5

Fans sent him baked goods, tricolour rugs, murals, knitting—even marriage proposals. "These aren't the usual run of tributes from fans," Hugh Hood wrote. "This is love."

The millions who watched the state funeral for Jean Béliveau on national television in 2014 will never forget his former teammate Yvan Cournoyer delivering the eulogy and, like the simultaneous interpreter, fighting to contain his emotions. "*Oh capitaine, mon capitaine, bon voyage*," Cournoyer said tearfully at the end.

Sports reporter Michael Farber later remarked on how this handsome man had carried himself, how he was generous, compassionate, and bilingual. "Jean Béliveau was Canada's best self," he wrote. "If this country wanted to look in the mirror and get a flattering portrait, you'd see Jean Béliveau staring back."

tricotés; il recevait même des demandes en mariage. « Ce n'était pas là des hommages ordinaires, écrit Hugh Hood. C'était de l'amour. »

Les millions de personnes qui ont regardé les funérailles nationales de Jean Béliveau à la télévision en 2014 n'oublieront jamais l'hommage que lui a rendu son ancien coéquipier Yvan Cournoyer, qui, comme l'interprète qui le traduisait, s'est étranglé sur ses larmes en disant : « Oh capitaine, mon capitaine, bon voyage! »

Le chroniqueur sportif Michael Farber a décrit plus tard comment ce bel homme se conduisait, avec sa générosité, sa compassion, son aisance en anglais comme en français. « Jean Béliveau était ce que le Canada avait de mieux à offrir. Si son pays s'était regardé dans le miroir dans l'espoir d'y trouver une image flatteuse de lui-même, c'est le visage de Jean Béliveau qui lui aurait apparu. »

Mary Boyd

C.M. | 2013
Member of the Order of Canada
Membre de l'Ordre du Canada

MARY BOYD is remarkable for her faith. She believes that if enough of us champion social justice, then poverty, and the infra-structures that perpetuate poverty, will crumble.

Born in West Lakeville, Nova Scotia, the fourth of ten children, Boyd was raised on a small farm and, thanks to her mother, a teacher, grew up well aware of the damage done by poverty. She pursued a BA in history at St. Francis Xavier University and studied the Antigonish Movement during a period when community, co-ops, and credit unions were economic buzzwords in the Maritimes. Boyd remembers that for her family, neighbours, and friends,

MARY BOYD EST animée d'une foi exemplaire. Elle pense que si nous sommes suffisamment nombreux à militer pour la justice sociale, alors la pauvreté, ainsi que les conditions qui la perpétuent, ne sera plus un jour qu'un souvenir.

Née à West Lakeville, en Nouvelle-Écosse, la quatrième de dix enfants, Boyd a grandi sur une petite ferme et, grâce à sa mère, qui était institutrice, elle a vite compris le mal que fait la pauvreté. Elle a obtenu un baccalauréat d'histoire à l'Université St. Francis Xavier et étudié le Mouvement Antigonish à l'époque où la solidarité communautaire, les coopératives et les caisses populaires étaient des idéaux économiques en vogue dans les Maritimes. Boyd se souvient que, pour sa famille, ses voisins et ses

1. On receiving an Honorary Doctor of Laws at the University of Prince Edward Island, 1998. / *Recevant un doctorat de droit honorifique de l'Université de l'Île-du-Prince-Édouard, 1998.*

2. Interviewing a visiting priest—Father Gus Sambola from Nicaragua—in 1984. / *Interviewant un prêtre en visite, le père Gus Sambola du Nicaragua, en 1984.*

"the whole social justice question was very much present."

By 1965, Boyd was working at a YMCA in a black neighbourhood in Cincinnati. Already active in the civil rights movement, she leapt at the chance to participate in the historic march from Selma to Montgomery, Alabama, led by Martin Luther King, Jr. She will never forget hearing him speak: "I could hear the moans and groans of the people in that hall and it was as if they were unloading decades of oppression, of exploitation, of misery of all kinds, of having to endure being not only second-class citizens but just having very little because of the colour of their skin … to see the effect that man had on his people and how he raised their hopes, that was enough in itself to make anybody want to march."

Boyd later spent six years as a lay missionary and teacher in West Africa before being appointed director of Social Action in the Diocese of Charlottetown—a post she held for twenty-two years. When funding for that job dried up in 1995, she founded the MacKillop Centre for Social Justice, relying on donations as she and her cohorts continued the fight for peace and against poverty, homelessness, low wages, and underemployment. Boyd takes no salary for this work, relying only on her pension. "I live close to the poverty line for sure," she says. "It's been a struggle."

Boyd has led protests (an arms manufacturer trying to set up shop on Prince Edward Island was sent packing, for example), addressed politicians in both Charlottetown and Ottawa, and railed against leaders who ignore the marginalized. "Poverty," she laments, "is just not on the radar when governments are making decisions

amis, « toute la question de la justice sociale était très d'actualité. »

En 1965, Mary Boyd était à l'emploi du YMCA dans un quartier noir de Cincinnati. Déjà active dans le mouvement en faveur des droits civiques, elle a sauté sur l'occasion qui lui était offerte de prendre part à la marche historique de Selma à Montgomery, en Alabama, sous la houlette de Martin Luther King. Elle n'allait jamais oublier son discours : « J'entendais les gémissements et les grognements des gens dans la salle, et c'était comme s'ils se délestaient tout à coup de décennies entières d'oppression, d'exploitation, de misères de toutes sortes, et ils en avaient fini d'être non seulement des citoyens de seconde zone mais aussi d'être privés de presque tout à cause de la couleur de leur peau […] À voir l'effet que cet homme avait sur les siens et comment il soulevait leurs espoirs, c'était assez pour donner à n'importe qui l'envie de prendre part à cette marche. »

Plus tard, elle a passé six ans comme missionnaire laïque et enseignante en Afrique occidentale, après quoi elle a été nommée directrice de l'Action sociale dans le diocèse de Charlottetown, poste qu'elle a occupé pendant vingt-deux ans. Quand on a coupé les vivres à son projet en 1995, elle a fondé le Centre MacKillop pour la justice sociale, ne comptant que sur des dons pour qu'elle et ses collaborateurs poursuivent leur lutte pour la paix et contre la pauvreté, l'itinérance, les bas salaires et le chômage. Elle refuse tout salaire pour son travail et ne vit que de sa retraite. « Je vis tout près du seuil de pauvreté, c'est sûr, dit-elle, et ce n'est pas facile. »

Dans sa vie, Boyd a piloté des mouvements de protestation (par exemple, elle a bouté hors de l'Île-du-Prince-Édouard un fabricant d'armements qui voulait s'y établir), sermonné les politiciens de

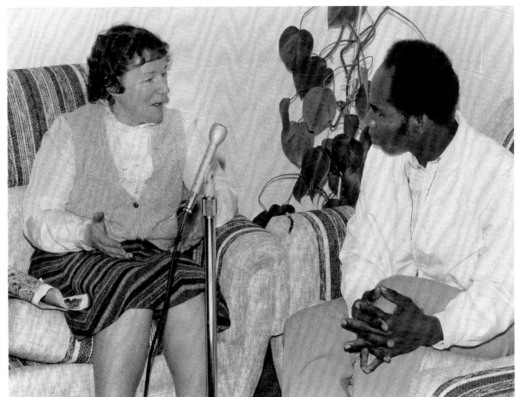

1

2

about budgets." What Boyd has long advocated is an idea finally gaining traction: a living wage for every Canadian citizen and eradication of poverty through adequate social programs.

What drives Boyd is both compassion and common sense. "It would cost half as much to eradicate poverty," she says, "as it costs to maintain poverty. I don't know why [politicians] cannot see that. It costs an enormous amount to governments and society to have a situation with so much poverty—to say nothing of the human suffering of the person who is in poverty and can't live life to the fullest."

But Boyd remains an optimist. "Deep down in just about every human being," she says, "is that desire to help one another and make the world a better place."

Charlottetown et d'Ottawa, et dénoncé les dirigeants de la société qui oublient les marginalisés. « La pauvreté, déplore-t-elle, n'est nullement prise en compte quand les gouvernements décident des budgets. » Elle s'est faite depuis longtemps la championne d'une cause qui gagne enfin du terrain : un salaire de subsistance pour tous les citoyens canadiens et l'éradication de la pauvreté par le biais de programmes sociaux bien pensés.

L'action de Mary Boyd est affaire de compassion aussi bien que de bon sens. « Il en coûterait la moitié moins pour supprimer la pauvreté, dit-elle, que ce qu'il en coûte pour l'entretenir. J'ignore pourquoi les politiciens ne comprennent pas ça. Il en coûte énormément aux gouvernements et à la société de tolérer tant de pauvreté, sans parler de la souffrance humaine pour la personne qui est pauvre et ne peut profiter de sa vie pleinement. »

Mais elle reste optimiste. « Au tréfonds de chaque être humain, dit-elle, subsiste ce désir d'entraide et cette volonté de construire un monde meilleur. »

Geraldine Braak

O.C. | 2000
Officer of the Order of Canada
Officier de l'Ordre du Canada

NICKNAMES OFTEN reveal character.

Consider, for example, the ones attached to Geraldine Braak, the phenomenally hard-working advocate not just for the blind, her own constituency, but for all disabled people in Canada. When Braak attended high school in her native Netherlands in the 1950s, she aspired to be a lawyer—the kind who would help people, especially the underdogs. She did not achieve this ambition, but friends called her "Little Lawyer" for her extraordinary ability to see all sides of an argument and to arbitrate recess disputes.

LES SURNOMS sont souvent révélateurs de notre personnalité.

Prenez par exemple ceux qu'on a accolés à Geraldine Braak, cette femme qui s'est dévouée corps et âme, non seulement pour les aveugles, dont elle est, mais pour toutes les personnes handicapées du Canada. Quand elle était au lycée dans les années 50, dans les Pays-Bas, où elle est née, elle rêvait d'être avocate, du genre défenseur de la veuve et de l'orphelin. Ambition qui est restée en friche, mais ses amis l'appelaient « la petite avocate » parce qu'elle avait ce don extraordinaire pour comprendre toutes les facettes d'un enjeu et arbitrer les petits différends dans la cour d'école.

Beaucoup plus tard, dans les années 90, Braak a siégé à un comité qui conseillait le ministère fédéral des Transports sur les

40

1. Newlyweds John and Geraldine Braak in front of their first home on their wedding day, April 26, 1956. / *Les nouveaux mariés John et Geraldine Braak devant leur première maison, le jour de leur mariage, le 26 avril 1956.*

2. Her childhood friends called her "Little Lawyer" for her extraordinary ability to arbitrate recess disputes. / *Ses amies d'enfance l'appelaient la « petite avocate » pour ce don extraordinaire qu'elle avait d'arbitrer les petits différends de la cour d'école.*

3. In 2016. / *En 2016.*

Much later, during the 1990s, Braak was part of a committee advising the federal minister of transportation on accessibility matters. A question arose: Where should the elevator buttons be placed? Should they be located lower down to accommodate those in wheelchairs, or higher up to accommodate the visually impaired and seniors unable to bend low? Braak's solution was to split the difference, and this compromise earned her the moniker "The 50/50 Lady."

Born in 1936 in the Dutch town of Brunssum, Braak was still only three when the Germans invaded in 1940. There followed many hard years when food was scarce. She has a vivid memory of Canadian and American soldiers sweeping through town in 1944 and bestowing packets of cigarettes, chocolate, gum, and cookies on Braak and her wide-eyed siblings. Her mother instructed her to share the booty with their relatives, and that instruction has marked Braak's life since—sharing her time, her energy, and her commitment to better the lives of others, and especially the disabled.

In 1974, Braak was living in Powell River, British Columbia, with her husband and two children when someone from the Canadian Council of the Blind came to visit her. A chapter of the CCB was formed, she was acclaimed president, and thus was launched a career in advocacy that would eventually see her named national president of the CCB. She was a member of the Premier's Advisory Council for People with Disabilities, she has spoken to parliamentary committees in Ottawa, and she has served on the executive of the World Blind Union. Asked at one point how many committees and organizations she belonged to, Braak

questions d'accessibilité. Une question se posait alors : à quelle hauteur fallait-il mettre les boutons d'ascenseur? Plus bas pour accommoder ceux qui sont en fauteuil roulant, ou plus haut pour accommoder les handicapés visuels et les personnes âgées incapables de se pencher? Geraldine Braak proposa de couper la poire en deux, et ce compromis lui valut d'être baptisée « madame 50/50 ».

Née en 1936, à Brunssum, en Hollande, elle n'avait que trois ans lors de l'invasion allemande de 1940. Il s'ensuivit plusieurs années difficiles de pénuries alimentaires. Elle conserve un vif souvenir de ces soldats canadiens et américains qui ont déferlé sur sa ville en 1944 et qui jetaient des paquets de cigarettes, du chocolat, de la gomme à mâcher et des biscuits sous les yeux ébahis des enfants comme elle. Sa mère lui ordonna de partager son butin avec le reste de la famille, et cette injonction marqua sa vie pour toujours : il faut partager son temps, son énergie et sa passion pour faire le bien des autres, surtout des personnes handicapées.

En 1974, Geraldine Braak vivait à Powell River, en Colombie-Britannique, avec son mari et ses deux enfants quand quelqu'un du Conseil canadien des aveugles lui rendit visite. Un chapitre du CCA fut fondé, elle en fut élue présidente par acclamation, et c'est ainsi que s'amorça sa carrière de militante qui la vit accéder au poste de présidente nationale du CCA. Elle a été membre du Conseil consultatif du premier ministre de la province pour les personnes handicapées, elle a pris la parole devant des comités parlementaires à Ottawa et a siégé au comité exécutif de l'Union mondiale des aveugles. Quand on lui a demandé un jour à combien de comités et d'organisations

1

2

3

just laughed and said, "I have no idea." Her best guess was forty.

"I did it," she once said, "because I saw the need."

Braak made it her life's work—though she was rarely paid—to focus the nation's, and the world's, attention on five key areas of concern to individuals with disabilities: transportation, housing, education, recreation, and employment. Her efforts have garnered her several awards, including the Order of British Columbia, and, from Vancouver Island University, an honorary Doctor of Laws degree. A fitting reward for "Little Lawyer."

elle appartenait, elle s'est contentée de rire et de dire : « Je n'en ai pas la moindre idée. » Elle a ensuite hasardé le chiffre de quarante.

Elle a dit un jour : « J'ai fait tout cela parce que j'en voyais le besoin. » L'œuvre de sa vie – largement à titre bénévole, soulignons-le – consistait à faire en sorte que le pays, voire le monde entier, s'intéresse aux cinq grandes questions qui préoccupent les personnes handicapées : les transports collectifs, le logement, l'éducation, les loisirs et l'emploi. Son action lui a valu plusieurs distinctions, dont l'Ordre de la Colombie-Britannique et, de l'Université de l'île de Vancouver, un doctorat honorifique en droit. Récompense qui sied fort bien à la « petite avocate » d'autrefois.

June Callwood

C.C. | 2000 O.C. | 1985 C.M. | 1978

Companion of the Order of Canada
Compagnon de l'Ordre du Canada
Officer of the Order of Canada
Officier de l'Ordre du Canada
Member of the Order of Canada
Membre de l'Ordre du Canada

JUNE ROSE CALLWOOD was an avowed atheist who popped into churches to meditate. She both fought against and was accused of racism. And she launched more charities than most people belong to in a lifetime, but she expressed a wish before she died that she had been more generous. She was, in sum, a very interesting woman.

Callwood was born in 1924 in Chatham, Ontario, in a poor and unsettled family ("My father was a rake," she once said). In high school, she was a champion swimmer and diver as well as editor of the school

JUNE ROSE CALLWOOD ÉTAIT une athée convaincue qui aimait se réfugier dans les églises pour y méditer. Elle combattit le racisme et fut elle-même accusée de racisme. Elle fonda plus d'œuvres caritatives que le nombre d'œuvres auxquelles la plupart des gens vont adhérer dans le cours de leur vie, mais à la veille de sa mort, elle a dit regretter de ne pas avoir été plus généreuse. En un mot, c'était une femme comme il s'en fait peu.

June Callwood est née en 1924 à Chatham, en Ontario, dans une famille pauvre et instable. (« Mon père était un bon à rien », a-t-elle déclaré un jour.) À l'école secondaire, elle était championne nageuse et plongeuse de même que rédactrice en chef du journal étudiant. Ayant remporté un concours de composition de nouvelles, elle décrocha un poste de reporter au *Brantford Expositor* et, plus tard, un emploi au *Globe and Mail*, où elle rencontra l'écrivain Trent Frayne (« il était la

1. At work in 1966. /
Au travail en 1966.

2. June Callwood
at Digger House. In
1967, she founded the
home as a haven for
young people. / *June
Callwood à Digger
House. Elle a fondé cette
maison en 1967 pour
en faire un refuge pour
jeunes.*

newspaper. Winning a short story contest led
to a reporting job at the *Brantford Expositor*
and, later, a job at the *Globe and Mail*, where she
met writer Trent Frayne ("he was a rock"). They
would eventually marry and have four children.

In a journalistic career that spanned more
than six decades, Callwood wrote close to two
thousand articles and columns for national
newspapers and magazines, hosted several television programs, and wrote thirty books, some
as a ghostwriter and some under her own name.

But it was her role as a social activist that
led her to be dubbed "Canada's Conscience." In
1958, she joined a street demonstration that
had formed after Dr. Benjamin Spock was jailed
for urging young American men to avoid the
draft for the Vietnam War. She was acquitted on
the charge of obstructing police, but this event
marked her beginnings as a social activist.

Callwood did not just write about child poverty, abused women, censorship, and homelessness. She also founded organizations to combat
these problems: Digger House, for homeless
youth; Nellie's, for women in crisis; Casey House
(named after her son who was killed in a high-
way accident), for people with HIV/AIDS.

She also co-founded the Canadian Civil
Liberties Association and was a founding member of The Writers' Union of Canada. She was a
patron, chair, or member of more than eighty
different organizations. For this extraordinarily
high level of community service, she received
all three ranks of the Order of Canada, and,
when she was eighty, the June Callwood Professorship in Social Justice was created in her honour at the University of Toronto.

In the last interview she gave, to the CBC's
George Stroumboulopoulos in 2007, she said

stabilité même »). Les deux allaient se marier et
avoir quatre enfants.

Dans sa carrière de journaliste qui allait
couvrir plus de six décennies, Callwood devait
rédiger près de deux mille articles et chroniques
pour les journaux et les magazines nationaux,
animer plusieurs émissions de télévision et
écrire quelque trente livres, certains à titre de
coauteure et d'autres sous son propre nom.

Mais ce fut son rôle de militante sociale qui
lui valut le titre de « Conscience du Canada ».
En 1968, elle se joignit à une manifestation qui
s'était formée après que le Dr Benjamin Spock
eut été emprisonné pour avoir incité la jeunesse
américaine à éviter la conscription pour la guerre
au Vietnam. Elle fut accusée d'avoir entravé l'action des forces de l'ordre et plus tard acquittée,
mais cet événement marqua ses débuts dans la
militance sociale.

Callwood ne se contenta pas d'écrire sur la
pauvreté des enfants, les femmes maltraitées,
la censure et les sans-abri. Elle fonda aussi des
organisations pour combattre ces maux : Digger
House pour les jeunes itinérants; Nellie's pour
les femmes en crise; Casey House (en souvenir de
son fils tué dans un accident de la route) pour les
gens atteints du VIH ou du sida.

Elle cofonda aussi l'Association canadienne
des libertés civiles et fut membre fondatrice
de l'Union des écrivains du Canada. Elle fut
marraine, présidente ou membre de plus de
quatre-vingts organisations militantes. Pour
son engagement civique inégalé, elle accéda aux
trois degrés de l'Ordre du Canada et, lorsqu'elle
eut fêté ses quatre-vingts ans, l'Université de
Toronto créa en son honneur la June Callwood
Professorship in Social Justice (la Chaire June-
Callwood pour la justice sociale).

1

2

she believed in neither God nor an afterlife. "I believe in kindness," she said.

What fuelled her was the love of her family, the joy she took from life, and new life itself. In her seventies, Callwood took up gliding. For her eightieth birthday, her family gave her the latest model in a long line of convertibles that she drove year-round with the top down. As for new life, she would often go to hospitals and ask if they needed someone to hold babies. It turned out they did. "I love babies," she once said. "They represent hope."

"Most people will do anything to help a child," June Callwood observed, "and that's the way the human race is meant to be. We're meant to be a tribe. And when it works, it just makes your heart leap."

Dans la dernière entrevue de sa vie, qu'elle accorda en 2007 à George Stroumboulopoulos de la CBC, elle affirma ne croire ni en Dieu ni à l'au-delà. Elle dit : « Je crois à la bonté. »

Ce qui l'animait, c'était l'amour de sa famille, la joie qu'elle tirait de la vie et de la vie nouvelle comme telle. Ayant atteint les soixante-dix ans, elle se mit au vol plané. Pour son quatre-vingt-tième anniversaire, sa famille lui offrit une décapotable dernier modèle, elle qui en avait possédé tant, et qu'elle conduisait à longueur d'année à toit ouvert. Quant à la vie nouvelle, elle allait souvent dans les hôpitaux et demandait si l'on avait besoin de quelqu'un pour bercer les bébés. Ce qui s'avérait souvent être le cas. « J'adore les bébés, a-t-elle dit un jour, ils incarnent l'espoir. »

« La plupart des gens vont tout faire pour aider un enfant, fit-elle remarquer un jour, et ainsi le veut la race humaine. Nous formons une tribu. Et quand on arrive à faire de quoi ensemble, on a le cœur qui saute de joie. »

Carmen Campagne

C.M. 2013
Member of the Order of Canada
Membre de l'Ordre du Canada

CARMEN CAMPAGNE was booked to appear as part of a hot-air balloon festival in Saint-Jean-sur-Richelieu, near Montreal, in the mid-1990s. Organizers expected some four thousand spectators, but twelve thousand showed up, and the show was delayed for several hours as traffic snarled. "There was a field full of strollers," Campagne remembers. "It was really incredible, but I felt bad for children who were going to be so far away and not really see me on stage." Afterwards, she spent more than three hours signing autographs and posing for photographs with the children. The day offered a true measure of the singer-songwriter's

CARMEN CAMPAGNE figurait au programme d'un festival de montgolfières à Saint-Jean-sur-Richelieu, non loin de Montréal, au milieu des années 1990. Les organisateurs attendaient près de 4 000 spectateurs, mais il en vint 12 000, et le spectacle dut être retardé de quelques heures à cause du bouchon de circulation que l'affluence avait créé. « Il y avait des gens qui marchaient partout dans le champ, devait-elle se souvenir. C'était vraiment incroyable, mais je me sentais mal pour les petits qui allaient être assis trop loin et qui ne pourraient pas me voir sur scène. » Après le spectacle, elle resta trois heures de plus à signer des autographes et à poser pour des photos avec les enfants. Journée qui donne une idée exacte de la célébrité de cette interprète-compositrice et de sa popularité

1. In 1989. / *En 1989.*

2. Photograph taken at Halloween in 2002. / *Photo prise à la Halloween de 2002.*

3. With fans in 2012. / *Avec ses fans en 2012.*

star power and of her enormous appeal to francophone children and their parents.

Campagne, who is originally from Willow Bunch in south-central Saskatchewan, has sold more than one million CDs and DVDs in Canada and France and won a Juno Award with Connie Kaldor for their children's album (*Lullaby Berceuse/A Warm Prairie Night*), four Prix Félix awards, and a Parents' Choice Award in the United States. While anglophone children were singing along to Raffi's "Baby Beluga," in the 1970s, 80s, and 90s, francophone children in Canada and France were doing the same with Campagne's "La vache." Drawing on her own youthful energy and exuberance, she would sing both her own songs and traditional folk songs. French-speaking children were enchanted to discover their heritage while English-speaking children had fun learning French.

"La diva des petits" ("the daycare diva"), also known as "La coqueluche des enfants" ("the darling of children"), Carmen Campagne was born in 1959 into a rural, musical family. She and her six siblings had all grown up on the family farm, and they would sing, harmonize, and play guitar with their father in the evening to amuse themselves. Out of that family passion for music arose first the folk band Folle Avoine and later Hart Rouge. Many years later, Campagne embarked on a solo career as a children's entertainer.

Campagne loves animals, especially farm animals, and often features them in her songs. Her uncomplicated lyrics and charming melodies—buoyed by interactive videos that saw her pantomiming with a mesmerized young audience—proved irresistible. Some 600,000 video cassettes of her songs were sold in Quebec alone during her career.

phénoménale auprès des enfants francophones et de leurs parents.

Carmen Campagne, qui est originaire de Willow Bunch dans le centre-sud de la Saskatchewan, a vendu plus d'un million de CD et de DVD au Canada et en France et a remporté un prix Juno avec Connie Kaldor pour leur album pour enfants (*Lullaby Berceuse/A Warm Prairie Night*), quatre prix Félix et un *Parents' Choice Award* aux États-Unis. Alors que les petits anglophones chantaient *Baby Beluga* avec Raffi dans les années 70, 80 et 90, leurs homologues francophones au Canada et en France en faisaient autant avec *La Vache* de Carmen Campagne. Toute en vitalité et en enthousiasme, elle chantait ses propres compositions aussi bien que des chants folkloriques traditionnels. Les enfants francophones étaient ravis de découvrir leur patrimoine tandis que les petits anglophones prenaient plaisir à apprendre le français.

Carmen Campagne, la « diva des petits », qu'on appelait également « la coqueluche des enfants », est née en 1959 dans une famille rurale qui aimait la musique. Elle et ses six frères et sœurs ont tous grandi sur la ferme familiale, et tous chantaient, créaient des harmonies vocales et jouaient de la guitare avec leur père le soir pour s'amuser. C'est de cette passion pour la musique que sont nés, d'abord le groupe folklorique Folle Avoine et plus tard Hart Rouge. Des années plus tard, Carmen Campagne s'est mise à faire carrière en solo pour le public enfant.

Elle adore les animaux, surtout les animaux de ferme, et les met souvent en vedette dans ses chansons. Ses paroles peu compliquées et ses mélodies charmantes – tonifiées par des vidéos interactives où on la voyait mimer ses chansons devant un jeune auditoire médusé – s'avérèrent irrésistibles. Pendant sa carrière, elle vendit près

1

2

3

Having toured Canada and France for more than ten years, the mother of three children retreated from the music industry—returning to rural Saskatchewan in 2003 to teach French and music to students from Kindergarten to Grade 6. But she never stopped singing. In 2012, she made a comeback album, *Sur la ferme de grand-père,* that once more called upon the musical talents of her siblings.

Carmen Campagne's relationship with her fans has always been heartfelt and genuine. A four-year-old girl in Saint-Hyacinthe, Quebec, who was coping with complications from a brain tumour, would regularly meet the singer backstage after performances and then in the little girl's home when travel became impossible. They corresponded for four years, and Campagne sang at the girl's funeral.

Today, Campagne's fans from a generation ago are themselves parents and are now introducing their children to her music. The great wheel turns. *Ça continue.*

de 600 000 vidéocassettes de ses chansons rien qu'au Québec.

Après plus de dix années de tournées au Canada et en France, cette mère de trois enfants quitta le monde du spectacle pour rentrer dans sa Saskatchewan rurale en 2003 et y enseigner le français et la musique aux élèves de la maternelle à la sixième. Mais elle n'a jamais cessé de chanter. En 2012, elle a enregistré un album come-back, *Sur la ferme de grand-père,* qui faisait appel une fois de plus aux talents musicaux de ses frères et sœurs.

Carmen Campagne a toujours entretenu un rapport chaleureux et authentique avec ses admirateurs. Une fillette de quatre ans de Saint-Hyacinthe, au Québec, qui vivait avec les complications d'une tumeur au cerveau, allait la retrouver régulièrement en coulisses après ses spectacles, et quand voyager s'avéra impossible pour elle, Carmen Campagne allait la trouver dans sa maison à elle. Elles ont correspondu pendant quatre ans, et Carmen a chanté à ses obsèques.

Aujourd'hui, ceux et celles qui ont aimé Carmen Campagne sont eux-mêmes parents et initient leurs propres enfants à ses chansons. La grande roue continue de tourner.

James K.M. Cheng

C.M. | 2012
Member of the Order of Canada
Membre de l'Ordre du Canada

WHEN JAMES CHENG was growing up in Hong Kong in the 1950s, he shared an apartment with his younger brother, parents, grandparents, and uncles. Craving light and space, he and the neighbourhood children would go up onto the building's roof and fly kites. Although Cheng enjoyed the sense of community that marked his youth, he also loved to watch Westerns in which cowboys rode across the open plains. How to bring that outdoors feeling indoors—while avoiding overcrowding in high-density cities—was Cheng's great challenge later in his life when he emerged from architectural school and set up practice in Vancouver in 1972.

QUAND JAMES CHENG était enfant à Hong Kong dans les années 50, il vivait dans un appartement avec ses parents, ses grands-parents, son jeune frère et des oncles. Assoiffés de lumière et d'espace, lui et les autres enfants du quartier montaient sur les toits des immeubles pour jouer avec des cerfs-volants. James Cheng aimait la vie communautaire tricotée serrée de l'époque, mais il adorait aussi regarder les westerns où les cow-boys chevauchaient dans les vastes plaines. Comment insérer cette sensation du grand large dans de petits intérieurs, tout en évitant l'impression d'étouffement propre à la densité urbaine, fut le grand défi qu'allait plus tard relever Cheng quand il sortit de l'école d'architecture pour ouvrir sa pratique à Vancouver en 1972.

1. In his office. / *Dans son bureau.*

2. With a model of a hotel-residential development in 2004. / *Avec la maquette d'un projet hôtelier et résidentiel en 2004.*

There is ample evidence that Cheng succeeded in achieving his goal. Although he politely and humbly denies that he pioneered the style of urban design that came to be called "Vancouverism," many architectural writers credit him with doing just that. Cheng studied at the Harvard Graduate School of Design under Richard Meier and apprenticed for three years with Canadian architect Arthur Erickson. Both architects influenced him, as did Frank Lloyd Wright, Le Corbusier, and Louis Kahn. But what mattered to Cheng in architecture was the streetscape. He wanted to avoid concrete canyons that blocked the light, and he wanted public spaces where people of every class could mingle.

More than 150 skyscrapers have been built in downtown Vancouver since 1990—forty of them by James Cheng. The buildings are typically built of concrete with green glass facades, and many feature public plazas, gardens, waterscapes, mountain and/or ocean views, and mixed-use zoning so that residents can work, shop, and socialize in one single neighbourhood. So smitten were urban planners in Vancouver that they worked these ideas into the city's building code. The tower-on-podium building style, as it's sometimes called, has since been emulated in cities worldwide. Before Cheng came along, architects built either high-rise towers or houses; he was the first to place a tower on a base of townhouses and shops—often a specialized grocery store.

In addition to receiving the Governor General's Medal in Architecture, Cheng has won more than fifty design awards for his work. He has built churches, banks, colleges, libraries, and high-rise towers all over the world. One

Tout indique que Cheng a atteint son but. Même s'il refuse poliment et humblement de dire qu'il est à l'origine de la conception urbaine qu'on a fini par appeler le « vancouvérisme », c'est une paternité que nombre de spécialistes de l'architecture lui attribuent volontiers. Cheng a étudié à l'École supérieure de design de Harvard sous la direction de Richard Meier et fait un stage de trois ans chez l'architecte canadien Arthur Erickson. Les deux hommes l'ont influencé, tout comme Frank Lloyd Wright, Le Corbusier et Louis Kahn par ailleurs. Mais ce qui comptait dans le style architectural de Cheng, c'était la perspective de la rue. Il voulait éviter les canyons de béton qui bloquent le passage de la lumière, et il voulait des espaces publics où les gens de tous les milieux pourraient se mêler.

Il s'est construit plus de 150 gratte-ciel au centre-ville de Vancouver depuis 1990, dont quarante sont l'œuvre de Cheng. Les immeubles sont normalement faits de béton avec des façades de verre vertes, et nombre d'entre eux mettent en vedette des esplanades, des jardins, des aqua-panoramas, des vues sur les montagnes ou l'océan, ainsi qu'un zonage à usage mixte qui permet aux habitants de travailler, de faire leurs courses et de sympathiser dans un seul et même quartier. Les urbanistes de Vancouver furent tellement impressionnés qu'ils inscrivirent ces idées dans le code du bâtiment de la ville. Le style de construction tour sur podium, comme on l'appelle parfois, a trouvé des imitateurs dans d'autres villes depuis. Avant l'avènement de Cheng, les architectes bâtissaient ou bien de hautes tours d'habitation ou bien des maisons; il fut le premier à poser une tour sur un socle fait de maisons de ville et de magasins, parmi lesquels on trouve souvent une épicerie fine.

1

2

architectural critic calls Cheng a radical thinker and city builder, one "without rival in this country." How radical? When asked for ideas for revitalizing Vancouver's Chinatown, Cheng suggested tearing down the Chinese Cultural Centre that he designed in 1978 ("It never really worked," he said). And when he was invited by a developer in 2012 to work on a new high-rise planned for a site by the Granville Street Bridge, Cheng suggested the edgy, young Danish architect Bjarke Ingels. "We could use something different," he said, "something to shake up conventional thinking"—as he himself has done.

That said, some traditions appeal to him. Cheng advocates a return to the old master builder/apprenticeship concept that would see architecture students learning not just design but also the practical and structural side of building. "Architecture," he reminds us, "is half art and half science."

Outre la Médaille du Gouverneur général en architecture, Cheng a récolté plus de cinquante prix pour son œuvre. Il a bâti des églises, des banques, des collèges, des bibliothèques et des tours d'habitation partout dans le monde. Un critique dit de Cheng qu'il est un penseur radical et un bâtisseur urbain, « sans rival dans son pays ». Radical comment? Quand on lui a demandé quels étaient ses plans pour la revitalisation du Chinatown de Vancouver, il a proposé qu'on rase le Centre culturel chinois qu'il avait lui-même bâti en 1978. (« C'est un concept qui n'a jamais vraiment marché », a-t-il alors déclaré.) Et quand un promoteur l'a invité en 2012 à songer à un nouveau gratte-ciel qu'on planifiait d'ériger sur un site à côté du pont de la rue Granville, Cheng a proposé le nom d'un jeune architecte danois audacieux, Bjarke Ingels. « On pourrait faire les choses autrement, a-t-il dit, quelque chose qui bousculera les idées reçues. » Ce qu'il a d'ailleurs fait lui-même toute sa vie.

Cela dit, certaines traditions lui plaisent toujours. Cheng se fait le champion du retour au concept ancien du maître bâtisseur et de son apprenti qui ferait en sorte que les étudiants en architecture apprendraient non seulement le design mais aussi l'aspect pratique et structurel de la construction. « L'architecture, nous rappelle-t-il, c'est moitié art, moitié science. »

Édith Cloutier

C.M. | 2013

Member of the Order of Canada
Membre de l'Ordre du Canada

IN A 2013 ART exhibition presented in Val-d'Or, Quebec, to honour the people who made the city what it is today, Édith Cloutier was portrayed among "the giants." But Cloutier's influence as a voice for racial harmony extends far beyond her city to the provincial and national scenes.

When Cloutier received the Order of Canada, Christine Jean, vice-president of Le Regroupement des centres d'amitié autochtones du Québec (the Quebec Association of Native Friendship Centres), called her "an inspiring and visionary woman. She is also a very humble person who has always advocated the rights and

LORS D'UNE EXPOSITION artistique à Val-d'Or, au Québec, en 2013, qui visait à honorer ceux et celles qui ont fait de la ville ce qu'elle est devenue aujourd'hui, Édith Cloutier a été classée parmi « les géants ». Mais l'influence d'Édith Cloutier dans la promotion de l'harmonie interraciale dépasse de loin sa ville pour s'étendre à la scène provinciale et nationale.

Quand Édith Cloutier a été admise à l'Ordre du Canada, Christine Jean, vice-présidente du Regroupement des centres d'amitié autochtones du Québec, a dit d'elle qu'elle était « une femme inspirante et visionnaire. C'est une personne très humble qui a toujours milité pour les droits et intérêts des citoyens autochtones dans les villes. Cette reconnaissance de son parcours de vie est pour nous une grande fierté. Je pense à

1. Banging a drum during an Idle No More rally in 2013. / *Frappant sur un tambour lors d'une manifestation d'Idle No More en 2013.*

2. Cloutier: "an inspiring and visionary woman… an extraordinary leader." / *Cloutier : « une femme inspirante et visionnaire […] une meneuse extraordinaire. »*

interests of urban Aboriginal citizens. This recognition of her life path is a source of great pride for us. I think of all the positive impacts such an appointment will have on Aboriginal women and youth."

Born in the town of Ville-Marie on Lake Temiskaming in western Quebec in 1966, Cloutier was hired at the age of fifteen to wash dishes at the Val-d'Or Native Friendship Centre as part of a summer student program. She became keenly aware that this centre, and others like it, were critical gathering places where First Nations, Métis, and Inuit people could feel both proud and connected, and where they could access culturally relevant and safe programs and services. Eight years later—after acquiring a degree in accounting science at the Université du Québec en Abitibi-Témiscamingue—Cloutier became the Friendship Centre's Executive Director at just twenty-three years of age. Later, she became head of Le Regroupement des centres d'amitié autochtones du Québec, which is part of the Friendship Centre Movement, a network of 118 centres and the largest service infrastructure for urban Aboriginals in Canada.

In 2015, Cloutier played a key role in the events that led Aboriginal women living in Val-d'Or to file complaints against police officers of the Sûreté du Québec for sexual and physical abuse after an initial investigation by the Radio-Canada television program *Enquête*. Significantly, these women gathered at the Val-d'Or Native Friendship Centre. "This is where the women found cultural safety to speak out," says Cloutier. "Together, they felt they had the strength to bring it out in the open."

toutes les répercussions positives que cela aura pour les femmes et les jeunes Autochtones. »

Née à Ville-Marie sur le lac Témiscamingue dans l'ouest du Québec en 1966, Édith Cloutier a été engagée à quinze ans comme plongeuse au Centre d'amitié autochtone de Val-d'Or dans le cadre du programme d'emplois d'été pour étudiants. Elle a vite compris que ce centre, et les autres du même genre, sont des lieux de rassemblement névralgiques où les Premières Nations, les Métis et les Inuits peuvent se sentir fiers et branchés, et où ils peuvent avoir accès à des programmes et des services qui sont sécuritaires et parlants sur le plan culturel. Huit ans plus tard, après avoir fait un diplôme en sciences comptables à l'Université du Québec en Abitibi-Témiscamingue, Édith Cloutier a été nommée directrice exécutive du Centre d'amitié de Val-d'Or à l'âge d'à peine vingt-trois ans. Plus tard, elle a pris la tête du Regroupement des centres d'amitié autochtones du Québec, qui fait partie du Mouvement des centres d'amitié, un réseau de 118 centres et l'infrastructure de services la plus imposante pour les Autochtones en milieu urbain au Canada.

En 2015, elle a joué un rôle important dans les événements qui ont conduit des femmes autochtones vivant à Val-d'Or à porter plainte contre des agents de la Sûreté du Québec pour sévices sexuels et physiques dans la foulée d'un reportage diffusé à l'émission Enquête de Radio-Canada. Fait à remarquer, ces femmes se sont alors réunies au Centre d'amitié autochtone de Val-d'Or. « C'est là que les femmes ont trouvé l'espace culturel qu'il leur fallait pour prendre la parole, a expliqué Édith Cloutier. Elles estimaient qu'en ce lieu, collectivement, elles avaient la force de dénoncer la situation. »

1

2

Édith Cloutier takes the position that the case in Val-d'Or, set against the context of the broader issue of missing and murdered Aboriginal women across the country, points to systemic racism. To not act, she argues, is to be complicit.

In 2009, when Cloutier received a National Aboriginal Achievement Award for Public Service—one of half a dozen national and provincial honours bestowed on her over the years—National Association of Friendship Centres president Vera Pawis Tabobondung called her "an extraordinary leader...We rely upon her expertise, dedication, and strength of spirit to help guide us as a movement."

Édith Cloutier was once asked about how to advance the cause of Aboriginal people in the face of indifference. "I have worked with small dreams, small projects, one at a time," she replied. "I was nourished by hope, because even though we advance a little at a time, we do not retreat."

Édith Cloutier est d'avis que le cas de Val-d'Or, si on le situe dans le contexte plus large des femmes autochtones disparues et assassinées un peu partout au pays, révèle un racisme systémique. Ne rien faire, souligne-t-elle, c'est être complice.

En 2009, quand elle a reçu le Prix national d'excellence décerné aux Autochtones dans la catégorie des services publics, qui compte parmi la demi-douzaine de prix provinciaux et nationaux qu'elle a récoltés au fil des ans, la présidente de l'Association nationale des centres d'amitié autochtones, Vera Pawis Tabobondung, l'a qualifiée de « meneuse extraordinaire [...] Nous comptons sur son savoir, son dévouement et sa force morale pour guider notre mouvement. »

On lui a demandé un jour comment faire avancer la cause des peuples autochtones devant l'indifférence. « J'ai fonctionné par petits rêves, petits projets, un à la fois, a-t-elle répondu. J'ai été nourrie par l'espoir, parce que même si on avance peu à la fois, on ne recule pas. »

Eleanor Collins

C.M. | 2014

Member of the Order of Canada

Membre de l'Ordre du Canada

IMAGINE A STUNNING singer with a beautiful voice and marvellous range (jazz, gospel, blues, pop), an African-Canadian singer who has worked with Phil Nimmons, Oscar Peterson, and Dizzy Gillespie, and who was often compared to Lena Horne and Ella Fitzgerald. That singer is Eleanor Collins, the first artist of colour in North America to host her own national weekly television series.

Collins initially shied away from singing the blues because her optimistic disposition ran so counter to that musical form. However, that same upbeat nature

IMAGINEZ UNE CHANTEUSE étonnante à la voix magnifique et au registre exceptionnel (jazz, gospel, blues, pop), une chanteuse afro-canadienne qui a travaillé avec Phil Nimmons, Oscar Peterson et Dizzy Gillespie, et qui a été souvent comparée à Lena Horne et Ella Fitzgerald. Vous tenez là le portrait d'Eleanor Collins, la première artiste de couleur en Amérique du Nord à avoir animé sa propre émission hebdomadaire nationale.

Au début, Collins hésitait à chanter du blues parce que son tempérament optimiste l'éloignait trop de ce type de musique. Mais c'est cette même nature énergique qui lui a permis de contrer le racisme qui faisait souvent partie intégrante de son quotidien. Quand sa jeune famille et elle ont emménagé dans un quartier de l'est de Vancouver en 1948, ils étaient les seuls habitants noirs

allowed her to confront the racism that was often part of her daily life. When she and her young family moved into a neighbourhood east of Vancouver in 1948, they were the lone black residents. Neighbours started a petition asking them to move and her children were bullied. Collins responded by volunteering in the school and teaching music to Girl Guides, subsequently winning over the neighbours.

"I'm a firm believer," she once said, "that wherever you are, whatever corner you are in, you can be doing everyone some good. Everyone."

Eleanor Collins was born Elnora Ruth Proctor in Edmonton in 1919. Her parents, like many others in Oklahoma, had been drawn north by a 1906 newspaper advertisement inviting settlers to come to Canada, where they could purchase a quarter section (160 acres) of uncleared land for $10. Young Eleanor was both principled (as a seven-year-old, she left the classroom when her teacher made racist remarks about people in Africa) and gifted (she sang in a talent competition at the age of fifteen and won).

By 1939, Collins had moved to Vancouver and was singing in gospel groups and jazz quintets on both CBC Radio and CBC TV. In 1954, a pioneer Vancouver CBC TV outlet showcased her in a musical called *Bamboula*, which featured the first interracial cast to perform in Canada. She sang in variety shows and on stage, in clubs, at concerts, and in recording studios. A year later, Collins headlined her own national variety show on CBC TV, *The Eleanor Show*, for a time. In 1964, the show returned to the small screen, this time known simply as *Eleanor*.

"The studio and the TV medium were all new," the trailblazing Collins would later recall,

du coin. Des voisins ont lancé une pétition pour les forcer à déménager, et ses enfants ont été rudoyés. Pour remédier à la situation, Collins s'est mise à faire du bénévolat à l'école et à enseigner la musique aux guides, et elle est parvenue ainsi à gagner le cœur de ses voisins.

Elle a dit un jour : « Je crois fermement que, qui que l'on soit, peu importe les obstacles qui se dressent autour de vous, vous pouvez faire du bien à tous. À tous. »

Eleanor Collins est née Elnora Ruth Proctor à Edmonton en 1919. Ses parents, comme bien d'autres en Oklahoma, avaient été attirés dans le Nord par une annonce dans le journal en 1906 qui invitait les colons à venir au Canada où ils pourraient acquérir un quart de section (160 acres) de terre non défrichée pour dix dollars. La petite Eleanor avait des principes (à l'âge de sept ans, elle a quitté la salle de classe le jour où son instituteur s'est permis des observations racistes sur les Africains), et elle était douée (elle s'est présentée à un concours de talents à l'âge de quinze ans et a remporté le premier prix).

En 1939, elle est allée s'installer à Vancouver et s'est mise à chanter dans des chorales gospel et des quintettes de jazz à la radio et à la télévision de la CBC. En 1954, un poste affilié avant-gardiste de la CBC à Vancouver en a fait la vedette d'une comédie musicale intitulée *Bamboula*, où se produisait la première troupe interraciale au Canada. Elle a chanté dans des émissions de variétés et sur scène, dans des boîtes, dans des concerts et des studios d'enregistrement. Un an plus tard, elle animait sa propre émission de variétés nationale à la télévision de la CBC, *The Eleanor Show*, qui n'est restée à l'antenne que pendant un moment. En 1964, l'émission est revenue au petit écran, cette fois simplement sous le nom d'*Eleanor*.

1

2

3

"but together we managed to create some amazing watershed moments in Canadian television history... I realize now that I experienced a golden age in television."

Despite many international offers, Collins chose to remain in Canada not only to give stability to her family but also because the country was a rich source of musicians. Furthermore, she was acutely aware of her parents' decision to leave turn-of-the-century oppression in the United States for a new life in Canada and she wanted to honour their vision.

The much admired and much heralded "Canadian First Lady of Jazz" is still performing occasionally at the age of ninety-seven. That Eleanor Collins looks nothing like her age may owe something to her strict nutrient-dense diet and a routine that includes daily juicing, exercise, and a positive attitude. "I try to be in a mental place of gratitude for the blessing that is my life," Collins says. "My advice is to just try to keep yourself going one day at a time and laugh as much as possible—and, of course, love, love, love!"

« Les studios, la télévision, tout cela était nouveau, allait plus tard se rappeler la pionnière qu'elle a été, mais nous avons réussi ensemble à créer des moments marquants dans l'histoire de la télévision canadienne [...] Je me rends compte aujourd'hui que j'ai vécu à l'âge d'or de la télévision. »

Même si elle recevait nombre d'invitations pour se produire à l'étranger, Eleanor Collins a décidé de rester au Canada, non seulement pour préserver la stabilité de sa famille, mais aussi parce que le pays pouvait compter sur un réservoir abondant de musiciens de talent. En outre, elle ne se rappelait que trop bien que ses parents avaient décidé de tourner le dos à l'oppression qui sévissait aux États-Unis au début du siècle dernier, et elle voulait honorer leur volonté.

La très admirée et très fêtée « première dame canadienne du jazz » chante encore à l'occasion malgré ses quatre-vingt-dix-sept ans. Si elle ne fait pas du tout son âge, c'est peut-être entre autres grâce à son régime alimentaire riche en nutriments et à des habitudes de vie comme le fait de fabriquer elle-même ses propres jus tous les jours, l'exercice et une attitude positive. « J'essaie de rester constamment dans un état de gratitude pour la vie bénie que j'ai menée, dit-elle. Mon conseil, c'est de rester actif un jour à la fois et de rire le plus souvent possible, et bien sûr, l'amour, l'amour, l'amour! »

James G. Cuddy

O.C. | 2013
Officer of the Order of Canada
Officier de l'Ordre du Canada

Gregory J. Keelor

O.C. | 2013
Officer of the Order of Canada
Officier de l'Ordre du Canada

BANDS FORM, bands disperse. This is the way of the music world. But the Blue Rodeo collaboration has endured for more than three decades, surviving tensions between band members, near constant cross-country touring, and personnel changes—all while selling more than four million albums. The band has even been lauded in concrete and asphalt, with a star honouring the group on Canada's Walk of Fame in downtown Toronto. In 2001, Toronto also awarded them the keys to the city.

"We've never really had a plan," says Greg Keelor, who shares the singer/songwriter workload with his old friend Jim

LES ENSEMBLES vont et viennent. Ainsi le veut le monde de la musique. Mais Blue Rodeo a survécu à plus de trois décennies, aux tensions qui divisaient les membres de l'ensemble, aux incessantes tournées pan-canadiennes et aux changements de personnel, tout en vendant plus de quatre millions d'albums. L'ensemble a même laissé sa marque dans le béton et l'asphalte : une étoile honorant le groupe dans l'Allée des célébrités canadiennes au centre-ville de Toronto. En 2001, la ville de Toronto lui a également remis les clés de la ville.

« On n'a jamais vraiment eu de plan de carrière, dit Greg Keelor qui partage la tâche de compositeur-interprète avec son vieil ami Jim Cuddy. On fait seulement ce qu'on a toujours fait, et ça continue. »

64

1. Performing at
Oscar Peterson Place
in Toronto, 2007. /
*En spectacle au Oscar
Peterson Place à
Toronto, 2007.*

2. A photo shoot
in Massey Hall,
Toronto. / *Séance
de photos au Massey
Hall de Toronto.*

Cuddy. "We just do what we've always done, and it continues."

The two played on the same Toronto high school football team in the early 1970s, with Cuddy a quarterback and Keelor on defence. After university, they moved to New York City and formed a band called the Hi-Fi's, but the gigs did not materialize, their single did not sell, and the record deal was not signed. "A lot of partnerships," observes Cuddy, "are forged in failure."

Blue Rodeo—the name owes a little to an Elvis Costello album of country covers called *Almost Blue*—was formed in 1984. One of the group's great appeals, and great challenges, was that it featured *two* lead vocalists with sharply contrasting styles. Keelor was the raspy-voiced, rough-around-the-edges rocker. Cuddy was the sweet-voiced tenor.

Blue Rodeo has always had a distinctive sound—an amalgam of country, folk, rock, and blues—and they have retained that signature style even when the sound got louder or more acoustic, or as hit songs were deconstructed and reinvented. What remained, always, was the partnership between Cuddy and Keelor—the "Lennon/McCartney thing" as one journalist put it—albeit one that had its fair share of blunt discourse and mischief.

How did Blue Rodeo stave off dissolution? One key strategy was to bring emerging Canadian artists on the road with them. The band was energized by these young players, who in turn got a valuable leg-up. Sarah Harmer, Kathleen Edwards, Great Big Sea, and Ron Sexsmith are among the many musicians who became part of the Blue Rodeo "family." "It's funny," Keelor notes. "You look at all these bands in

Les deux ont joué dans la même équipe de football au secondaire à Toronto au début des années 70, Cuddy comme quart-arrière et Keelor à la défense. Après l'université, les deux se sont installés à New York pour y former un ensemble appelé les Hi-Fi's, mais les engagements tardaient, leur single ne s'est pas bien vendu et ils n'ont pas réussi à décrocher de contrat avec leur compagnie de disques. « On ne compte plus les associations qui sont nées d'un échec », fait remarquer Cuddy.

Blue Rodeo – on doit ce nom à la pochette d'un album country d'Elvis Costello qui s'intitulait *Almost Blue* – est né en 1984. L'un des principaux attraits du groupe, et l'un de ses plus grands défis, tenait au fait qu'il mettait en vedette *deux* chanteurs principaux aux styles très contrastés. Keelor était le rocker à la voix rauque, Cuddy le ténor à la voix de velours.

Blue Rodeo a toujours eu un son bien à lui – un amalgame de country, folk, rock et blues – et il a conservé ce style original même quand il a versé dans un variante plus puissante et acoustique, ou lorsqu'il s'est mis à déconstruire et à s'approprier de grands succès. Ce qui est resté, toujours, c'est le duo Cuddy-Keelor – « la manière Lennon/McCartney », comme l'a écrit un journaliste – association qui a connu sa part d'explications franches et de coups durs.

Comment Blue Rodeo a-t-il réussi à éviter l'éclatement? Une de ses grandes stratégies consistait à emmener en tournée avec lui des artistes canadiens émergents. L'ensemble était revivifié par ces jeunes musiciens, qui, pour leur part, bénéficiaient d'un bon coup de pouce dans leur carrière. Sarah Harmer, Kathleen Edwards, Great Big Sea et Ron Sexsmith ont compté parmi les nombreux musiciens qui ont fait partie de la « famille » Blue Rodeo. Keelor dit : « C'est drôle.

1   2

history, and when they bring in outside members they get on their best behaviour."

The other key to peace in the Blue Rodeo ranks was allowing individuals in the band, and especially the two lead singers, to pursue solo careers. Says Cuddy, "We cannot work in tandem, in a group, in a partnership all the time. At some points you have to follow, from beginning to end, your own lead and initiative."

Clearly, these tactics worked. Blue Rodeo has produced more than two dozen group and solo albums and won twelve Juno awards, membership in the Canadian Music Hall of Fame, and the Governor General's Award for Performing Arts. A critic in *Rolling Stone* magazine once opined, "If as many bands played with the honesty and passion of Blue Rodeo, this would be a different world indeed." Canadian poet and music critic Judith Fitzgerald went further. "Blue Rodeo," she once wrote, "plays by its own rules, or more to the point, its own guidelines. The 'little band that grew'... grew into perhaps the finest roots-rock outfit this country may ever produce (not to mention it's the best band on the planet)."

Quand on regarde tous ces ensembles dans l'histoire de la musique, on s'aperçoit que, quand ils intègrent des éléments extérieurs, ils réapprennent à bien se tenir. »

Ce qui a également contribué à maintenir la paix dans les rangs de Blue Rodeo, c'est qu'on permettait aux membres de l'ensemble, notamment aux deux chanteurs principaux, de faire un bout de carrière en solo. Cuddy dit : « On peut pas travailler tout le temps en tandem ou en groupe. Il vient des moments où il faut se sevrer et cheminer seul quelque temps. »

Manifestement, ces tactiques ont porté fruit. Blue Rodeo a produit plus de deux douzaines d'albums de groupe et solos et remporté douze prix Juno; il a été admis au Panthéon de la musique canadienne et a remporté le Prix du Gouverneur général pour les arts du spectacle. Comme l'a dit un jour le magazine *Rolling Stone* : « Si autant d'orchestres jouaient avec l'honnêteté et la passion de Blue Rodeo, notre monde ne serait pas du tout le même. » La poétesse et critique musicale Judith Fitzgerald a renchéri : « Blue Rodeo, a-t-elle écrit, joue selon ses propres règles, ou plus exactement, ses propres lignes directrices. Ce "petit ensemble aux grandes espérances" [...] a fini par devenir le meilleur ensemble rock dans le genre retour aux sources que notre pays ait produit (pour ne pas dire un des meilleurs ensembles de la planète). »

Roméo
A. Dallaire

O.C. | 2002
Officer of the Order of Canada
Officier de l'Ordre du Canada

DURING THE CATASTROPHIC genocide in Rwanda in 1994, Roméo Dallaire came to understand that evil and the devil are not constructs, but fact.

At one point during the genocide, Dallaire met with Tutsi militia leaders, some of whom were wearing blood-spattered clothes. "All of a sudden," he would later recall, "they disappeared from being human … I literally was talking with evil personified … These three guys were the right hand people of Lucifer himself … And I couldn't shake that."

The son of a Canadian military officer who married a Dutch nurse after the

LORS DU GÉNOCIDE qui a dévasté le Rwanda en 1994, Roméo Dallaire a vu de ses yeux vu que le Mal et le diable, loin d'être des construits, sont des réalités.

À un moment donné, pendant le massacre, Dallaire a rencontré des dirigeants militaires tutsis, dont certains avaient les vêtements maculés de sang : « Tout à coup, allait-il se souvenir plus tard, ils avaient perdu toute semblance humaine […] J'avais littéralement devant moi le Mal incarné […] Ces trois gars-là étaient les hommes de main de Lucifer lui-même […] Je n'ai jamais pu oublier cela. »

Fils d'un officier canadien qui avait épousé une infirmière hollandaise après la Seconde Guerre mondiale, Roméo Dallaire s'est enrôlé en 1964. Il a été fait colonel

68

1. Addressing the United Nations Department for Peacekeeping Operations in 1994. / *Prenant la parole devant le Département des opérations de maintien de la paix de l'ONU en 1994.*

2. In the demilitarized zone north of Rwanda in 2004: "Rwanda will never leave me. It's in the pores of my body. My soul is in those hills." / *Dans la zone démilitarisée nord du Rwanda en 2004 : « Le Rwanda ne me quittera jamais. Je l'ai dans la peau. Mon âme n'a jamais quitté ces collines. »*

3. Addressing a crowd in Rwanda. / *S'adressant à une foule au Rwanda.*

Second World War, Roméo Dallaire joined the Canadian military in 1964. He became a colonel twenty-two years later, but it was in the early 1990s that he came to the attention of the world.

Lieutenant-General Dallaire was named head of a small United Nations peacekeeping force stationed in Rwanda in late 1993. A few months later, Hutu gangs armed with machetes, clubs, and guns cut a genocidal path through the Tutsi minority. Almost one million men, women, and children were slaughtered in just one hundred days. Dallaire has been widely praised for ignoring the UN's orders to pull out and credited with saving some 32,000 lives. He was also lucky to have survived after a thirteen-year-old boy stuck the barrel of his AK-47 up Dallaire's nostril. Though the boy's friends urged him to shoot, Dallaire was able to placate him with a chocolate bar.

More than two decades later, Dallaire remains haunted by the memories of what he saw and heard, by the men who died under his command, and by his inability to spur the UN to take action in Rwanda.

"I was in the field," he says. "I commanded, I did not convince, I lost soldiers and 800,000 people died. And there's no way of taking that away." Dallaire continues to struggle with post-traumatic stress disorder.

Many years passed before Dallaire could write about his experience, but his searingly honest book, *Shake Hands with the Devil: The Failure of Humanity in Rwanda,* not only won the Governor General's Award for Non-Fiction in 2004 and the Shaughnessy Cohen Prize, but also led to an Emmy award–winning feature film. For his efforts during the Rwandan genocide,

vingt-deux ans plus tard, mais c'est au début des années 90 qu'il a acquis une notoriété mondiale.

Le lieutenant-général Dallaire avait pris la tête du petit contingent de Casques bleus qui avait été posté au Rwanda à la fin de 1993. Quelques mois plus tard, des bandes hutues armées de machettes, de casse-tête et de fusils ont entrepris de massacrer la minorité tutsie. Près d'un million d'hommes, de femmes et d'enfants ont été assassinés en cent jours à peine. Dallaire a gagné l'admiration du monde entier lorsqu'il a refusé d'obéir aux ordres d'évacuation des Nations Unies, et c'est grâce à lui si 32 000 vies ont été épargnées. Il eut la chance d'avoir la vie sauve lui aussi lorsqu'un garçon de treize ans lui enfonça le bout de son AK-47 dans une narine. Les amis du garçon l'incitaient à tirer, mais Dallaire parvint à tranquilliser l'enfant en lui offrant une tablette de chocolat.

Plus de vingt ans plus tard, Dallaire demeure hanté par le souvenir de ce qu'il a vu et entendu, des hommes qui ont péri sous son commandement et de l'incapacité où il était de contraindre l'ONU à agir au Rwanda.

« J'étais sur le terrain, dit-il, je commandais, mais je n'ai pas su convaincre. J'ai perdu des soldats, et 800 000 personnes ont péri. Et ça, ça reste pour toujours. » Dallaire souffre encore du syndrome de stress post-traumatique.

Bien d'autres années s'écoulèrent avant que Dallaire put se résoudre à écrire sur ces événements, mais son livre d'une honnêteté déchirante, *J'ai serré la main du diable : la faillite de l'humanité au Rwanda*, a non seulement remporté le Prix du gouverneur général dans la catégorie études et essais et le prix Shaughnessy-Cohen, mais le film qu'on en a tiré a été couronné par un prix Emmy. Pour son action pendant le génocide

1

2

3

Dallaire was awarded the Pearson Peace Medal and the United States Legion of Merit.

In 2005, Roméo Dallaire was named to the Canadian Senate, and he served there until 2014 when he resigned to dedicate his life to international humanitarian work, and especially to The Roméo Dallaire Child Soldiers Initiative, aimed at eradicating the use of child soldiers. The idea—training police and soldiers in the field to *prevent* abductions—is gaining traction in Africa.

"Rwanda will never leave me," Dallaire says. "It's in the pores of my body. My soul is in those hills, my spirit is with the spirits of all those people who were slaughtered . . ." In the meantime, he goes on asking hard questions. "Are all humans human, or some more human than others?"

rwandais, Dallaire a reçu la Médaille Pearson pour la paix et la Légion du mérite américaine.

Roméo Dallaire a été nommé au Sénat en 2005, et il y a servi jusqu'en 2014, démissionnant pour consacrer sa vie à son action humanitaire internationale, particulièrement à l'Initiative Enfants soldats Roméo Dallaire qui vise à mettre fin à l'emploi d'enfants soldats. Son principe – qui consiste à former des policiers et des soldats sur le terrain pour *prévenir* les enlèvements d'enfants – gagne des adhésions en Afrique.

« Le Rwanda ne me quittera jamais, confie Dallaire. Je l'ai dans la peau. Mon âme n'a jamais quitté ces collines, mon esprit erre avec les esprits de ceux et celles qui ont été massacrés. » Entre-temps, il ne cesse de poser les questions qui comptent : « Sommes-nous tous humains, ou certains sont-ils plus humains que d'autres? »

Natalie Zemon Davis

c.c. | 2012

Companion of the Order of Canada
Compagnon de l'Ordre du Canada

NATALIE ZEMON DAVIS is no top-down social historian. "I've never felt," she once said, "I was the historian for queens and kings … It's the others who need me." By "others," she means artisans and women, peasants and slaves. "I've tried to see them not as mere victims of oppression, but as actors finding ways to survive, improvise, and even resist."

No stranger to oppression herself, Davis once drew the attention of FBI agents who confiscated her passport for eight years. In 1952—the McCarthy era—twenty-two-year-old Davis was living with her husband, Chandler Davis, an assistant

NATALIE ZEMON DAVIS n'a rien d'une historienne du beau monde. « Je ne me suis jamais vue, dit-elle, au service des rois et des reines […] Ce sont les autres qui ont besoin de moi. » « Les autres », ce sont les artisans et les femmes, les paysans, les esclaves. « Je ne vois pas en eux que des victimes de l'oppression : ce sont aussi pour moi les auteurs de leur destin, qui se débattent, improvisent, voire résistent. »

Davis a elle-même une petite idée de ce que c'est que l'oppression : pour avoir été dans la mire du FBI, son passeport lui a été confisqué pendant huit ans. En 1952 – pendant les années McCarthy – Davis, qui avait alors vingt-deux ans, a vu son mari, Chandler Davis, professeur adjoint de mathématiques à l'Université du Michigan, mis sur une liste noire pour avoir contesté l'action

1. With the Ludwig Holberg International Prize in the Humanities. **/** *Lors de la réception du Prix international Ludwig Holberg pour les humanités.*

2. At the Holberg Museum in 2015. **/** *Au Musée Holberg en 2015.*

professor in mathematics at the University of Michigan who was blacklisted after challenging the House Un-American Activities Committee. The family—including three children—decamped in 1962 to Canada, where both academics found work at the University of Toronto.

With no passport, Davis could not travel to archives overseas, and her early research on printers and religion in sixteenth-century France looked to be derailed. However, she began to sniff what she called "the perfume" of rare book libraries in Canada and the U.S. Over time, while examining the seeming detritus of the past (court documents, lost memoirs, marriage and death records, judicial records, and tax rolls), Davis the social historian developed a bold and inclusive approach, one that relied on the testimony not of the educated and powerful elite, but of the powerless. "History from below," some called it.

In *Fiction in the Archives,* Davis analyzed the stories that sixteenth-century French people told their king while seeking a pardon for homicide. She has long sought new sources for the study of history and new ways to interpret the past while making it accessible to a wide readership. She therefore presented much of her scholarship in story form, and her work has been translated worldwide—proof, if any were needed, of the success of her approach.

Davis was among the first academics in Canada to offer courses on the history of women and on gender. She was also intrigued by historical figures who crossed cultural borders: *Trickster Travels,* for example, was about a sixteenth-century Moroccan diplomat who lands in Rome after being captured by Christian

du Comité de la Chambre des représentants sur les activités antiaméricaines. La famille – qui comptait trois enfants – s'est enfuie en 1962 au Canada où les deux universitaires ont été embauchés par l'Université de Toronto.

Privée de passeport, Davis ne pouvait voyager à l'étranger pour faire ses recherches aux archives, et ses premiers travaux sur les imprimeurs et la religion dans la France du 16ᵉ siècle semblaient compromis. Mais elle avait commencé à humer le « parfum » des bibliothèques de livres rares au Canada et aux États-Unis. Au fil du temps, à force de faire l'examen de ce qui passait pour être les rebuts du passé (documents judiciaires, mémoires oubliées, registres des mariages et des décès, registres judiciaires et rôles d'imposition), cette historienne du social s'est dotée d'une approche audacieuse et inclusive qui s'appuie sur les témoignages, non pas des intellectuels et des puissants, mais des humbles. « L'histoire vue d'en bas », comme disaient certains.

Dans *Fiction in the Archives,* Davis a analysé les plaidoyers que des meurtriers français du 16ᵉ siècle adressaient à leur roi pour avoir la vie sauve. Toute sa vie, elle a cherché de nouvelles sources pour interroger l'histoire et trouver de nouvelles façons d'interpréter le passé, tout en portant ses travaux à la connaissance du plus grand nombre. C'est ainsi qu'elle a donné à ses recherches la forme de récits, et ses travaux ont été traduits dans le monde entier, preuve, s'il en était besoin, du succès que son approche a connu.

Davis a été l'une des premières universitaires au Canada à donner des cours sur l'histoire des femmes et des genres. Elle s'intéressait aussi aux figures historiques qui transcendaient les frontières culturelles : son *Léon l'Africain*, par exemple, raconte l'histoire d'un diplomate marocain du

1

2

pirates. Central to Davis's approach is the notion of history as dialogue. "My image of history," she once said, "would have at least two persons talking, arguing, always listening to the other as they gestured at their books."

The range of Davis's scholarship—through the centuries and on several continents—is stunning. But she is perhaps best known for her book about another sixteenth-century character, this one an impostor in a French village. She wrote *The Return of Martin Guerre* while consulting on a French movie by the same name.

In 2010, Davis won the Holberg Prize, an international award given by the government of Norway, for her narrative and creative approach to the telling of history. The prize money enabled this "historian of hope" to donate funds to the rare book libraries she haunted decades ago and to keep on publishing. Her current project is about slavery in eighteenth-century Suriname.

16ᵉ siècle qui aboutit à Rome après avoir été capturé par des pirates chrétiens. Le dialogue est au cœur de son approche historique. « Mon image de l'histoire, a-t-elle dit un jour, met en scène au moins deux personnes qui discutent, qui plaident, chacune écoutant ce que l'autre a à dire et les deux gesticulant autour de leurs livres. »

Davis a mené des recherches d'une ampleur sidérante qui enjambe les siècles et embrasse plus d'un continent. Mais elle est surtout connue pour son livre sur un autre personnage du 16ᵉ siècle, un imposteur qui apparaît dans un village français. Elle a composé *Le Retour de Martin Guerre* alors qu'elle servait de conseillère à la facture du film du même nom.

En 2010, Davis a remporté le prix Holberg, prix international que décerne le gouvernement de Norvège, pour son approche narrative et créative à l'histoire. La bourse a permis à cette « historienne de l'espoir » de faire des dons aux bibliothèques de livres rares qu'elle hantait il y a des décennies de cela et de publier autre chose. Le projet qu'elle mène actuellement porte sur l'esclavage dans le Suriname du 18ᵉ siècle.

Céline Dion

c.c. | 2008   o.c. | 1998

Companion of the Order of Canada
Compagnon de l'Ordre du Canada
Officer of the Order of Canada
Officier de l'Ordre du Canada

"WHERE THERE'S music in your life," says Céline Dion, "there is happiness."

And there has never been a time when music was not an integral part of Dion's life. The youngest of fourteen children who grew up in the town of Charlemagne, east of Montreal, she was named after a song called "Céline" that was released two years before her birth. At the age of five, she sang at her brother Michel's wedding—her first public appearance. From then on, she sang with her siblings at the family-owned piano bar, Le Vieux Baril.

Dion knew exactly what she wanted from an early age. "I had one dream," she

« QUAND ON a de la musique dans sa vie, dit Céline Dion, le bonheur n'est jamais loin. » Et il ne s'est jamais passé de jour dans la vie de Céline Dion où la musique n'occupait pas une place primordiale. La benjamine d'une famille de quatorze enfants qui a grandi à Charlemagne, à l'est de Montréal, elle doit son prénom à une chanson intitulée *Céline* qui avait paru deux ans avant sa naissance. À l'âge de cinq ans, elle a chanté au mariage de son frère Michel, sa toute première prestation publique. À compter de ce jour, elle a chanté avec ses frères et sœurs dans le piano-bar de la famille, *Le Vieux Baril*.

Dion savait toute jeune exactement ce qu'elle voulait faire de sa vie. « Je n'avais qu'un rêve, dit-elle de son adolescence. Je voulais être chanteuse. » Elle avait douze ans quand le même Michel a envoyé

1. In 1993. / *En 1993.*

2. An award for her second English album, released in 1992. / *Un prix pour son second album en anglais paru en 1992.*

3. Circa the mid-1980s. / *Vers le milieu des années 80.*

4. At the Juno Awards in 1991. / *À la soirée des Prix Juno de 1991.*

5. With family. / *En famille.*

says of her adolescence. "I wanted to be a singer." She was twelve years old when the aforementioned Michel sent a demo tape of his youngest sister singing "Ce n'était qu'un rêve" to music manager René Angélil. Moved to tears by what he heard, Angélil took on Dion as a client and mortgaged his house to finance her debut album.

His faith was well placed. Céline Dion is the best-selling female artist the world has ever seen, with album sales approaching 250 million. Her first record, "La voix du bon Dieu," in 1981 quickly made her a star in her home province. The francophone world beyond Quebec likewise embraced her. *D'eux*, released in 1995, remains the best-selling French-language album in music history, and, in 2008, Dion received France's highest award, the Légion d'honneur. Dion's breakthrough into the English market came in 1991 when she sang a duet with Peabo Bryson on the title track of the Disney animated film *Beauty and the Beast*, which later won an Oscar for Best Original Song.

A mezzo-soprano with a five-octave vocal range, Dion has produced more than forty albums, garnering five Grammy Awards and twenty Juno Awards along the way. One critic called her a "vocal Olympian for whom there ain't no mountain—or scale—high enough." Another called her voice "a sweet siren that combines force with grace." Dion's enduring theme in her work is love, and her signature song remains "My Heart Will Go On," the Oscar-winning song from the movie *Titanic*.

In 1994, Céline Dion married René Angélil at Notre Dame Basilica. (Angélil's funeral on January 22, 2016, was held at the same location.)

à l'imprésario René Angélil une maquette de sa sœur interprétant la chanson *Ce n'était qu'un rêve*. Ému aux larmes, Angélil l'a prise comme cliente et a hypothéqué sa maison pour financer l'enregistrement de son premier album.

Acte de foi richement récompensé. Céline Dion est aujourd'hui la chanteuse championne de ventes du monde entier, ses disques s'étant vendus à près de 250 millions d'exemplaires. Son premier disque, *La voix du bon Dieu*, en 1981, en a tout de suite fait une vedette dans sa province natale. Puis c'est la francophonie tout entière qui l'a adoptée. *D'eux*, qui a paru en 1995, demeure l'album de langue française qui s'est le mieux vendu dans l'histoire de la musique, et en 2008, Dion a reçu la plus haute distinction de France, la Légion d'honneur. Elle est arrivée à percer le marché anglophone en 1991 lorsqu'elle a chanté en duo avec Peabo Bryson la chanson titre du film animé de Disney *La Belle et la Bête*, qui a plus tard remporté un Oscar pour la meilleure chanson originale.

Dion, qui est mezzo-soprano et dispose d'un registre de cinq octaves, a produit plus de quarante albums qui lui ont valu cinq prix Grammy et vingt prix Juno. Un critique a dit d'elle qu'elle est « une olympienne de la voix pour qui il n'existe pas de sommet assez élevé. » Un autre a écrit de sa voix qu'elle est celle d'une « sirène qui réunit en elle la puissance et la grâce. » S'il est un thème qui revient constamment dans l'œuvre de Dion, c'est l'amour, et sa chanson la plus reconnaissable demeure *My Heart Will Go On*, oscarisée pour le film *Titanic*.

En 1994, elle a épousé René Angélil à la basilique Notre-Dame. (Les obsèques de son mari ont eu lieu dans la même église le 22 janvier 2016.)

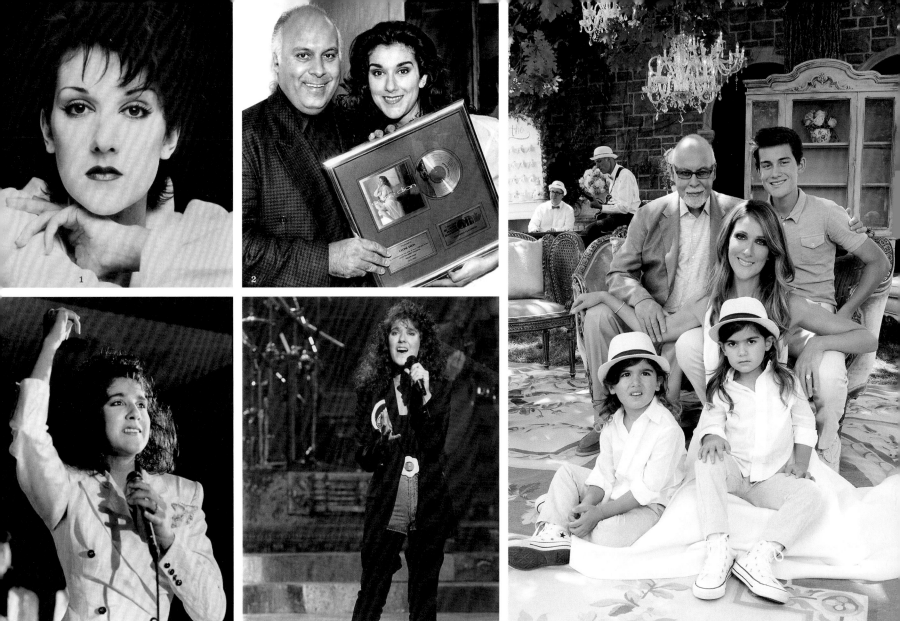

1

2

3

4

5

Music, and especially live music, remains Dion's passion. "I can't explain it, other than it's magic," she says. Virtually singer-in-residence in Las Vegas, she gets a standing ovation from her four-thousand-strong audiences even before she has sung a single note. For all that, family comes first. "What I'm most proud of," she said in 2015, "what I consider my biggest success, is my family—my three beautiful children … I want to be remembered as the best mom in the world."

La musique, particulièrement la musique sur scène, demeure la passion de Céline Dion. « Je ne peux pas l'expliquer, c'est comme de la magie. » Celle qui est devenue littéralement la chanteuse tutélaire de Las Vegas est ovationnée tous les soirs par son auditoire de quatre mille personnes avant même d'avoir ouvert la bouche. Quoi qu'il en soit, c'est la famille qui passe avant tout. « Ce dont je suis le plus fière, a-t-elle déclaré en 2015, ce que j'estime être ma plus grande réussite, c'est ma famille : mes trois beaux enfants […] Je veux qu'on se souvienne de moi comme de la meilleure maman au monde. »

Ellen Louks Fairclough

C.C. | 1994

Companion of the Order of Canada

Compagnon de l'Ordre du Canada

MOTHER GOOSE tells us that "Friday's child is loving and giving / Saturday's child works hard for its living." How appropriate then, that Ellen Louks Fairclough—the first Canadian woman to serve in Cabinet—titled her memoir *Saturday's Child*. She was a tireless worker and human rights advocate, and it speaks to her drive and energy that she penned those memoirs in 1995, when she was ninety years old.

Born in 1905 to working-class parents in Hamilton, Ontario, Fairclough became one of Canada's first female accountants—indeed, she was a trailblazer all her life. The former deputy mayor of Hamilton was

MA MÈRE L'OIE raconte que « l'enfant du vendredi est aimant et généreux / et que l'enfant du samedi travaillera durement dans son métier. » Ce n'est donc pas pour rien qu'Ellen Louks Fairclough, la première femme à siéger au Conseil des ministres fédéral, a intitulé ses mémoires *Saturday's Child (L'enfant du samedi)*. Travailleuse infatigable et championne des droits de la personne, son énergie formidable n'a jamais faibli, la preuve en étant qu'elle a rédigé ses mémoires en 1995, alors qu'elle avait quatre-vingt-dix ans.

Née en 1905 dans une famille de la classe ouvrière, à Hamilton, en Ontario, Ellen Fairclough fut l'une des premières femmes comptables du Canada; d'ailleurs, elle allait faire œuvre de pionnière toute sa vie. Après avoir été d'abord vice-mairesse

1. Ellen Louks Fairclough, far right, with Queen Elizabeth and members of the Privy Council in 1957. / *Ellen Louks Fairclough, à l'extrême droite, avec la reine Élisabeth et les membres du Conseil privé en 1957.*

2. Ellen Fairclough, Minister of Citizenship and Immigration, is kissed by Nevenska Filipovic at Malton Airport after refugees arrive from Europe, 1959. / *Ellen Fairclough, ministre de la Citoyenneté et de l'Immigration, embrassée par Nevenska Filipovic à l'aéroport de Malton au moment où les réfugiés arrivent d'Europe, 1959.*

3. Ellen Fairclough, Postmaster General, and Progressive Conservative candidate for Hamilton West, at a campaign function for 1963 federal election. / *Ellen Fairclough, ministre des Postes et candidate progressiste-conservatrice dans Hamilton-Ouest, en campagne lors des élections fédérales de 1963.*

first elected to the House of Commons in 1950 and would subsequently become Canada's first female Cabinet minister. Although there was a conventional streak in Fairclough (she joined the Imperial Order Daughters of the Empire), she could also buck convention. To avoid wedding costs they could ill afford, she eloped with Gordon Fairclough, at the age of twenty-six.

Just thirteen years old when women were granted the vote in Canada, Ellen Fairclough would become only the sixth woman to be elected to Canada's House of Commons. During her lengthy political career, she held three federal government posts: Secretary of State, Minister of Citizenship and Immigration, and Postmaster General. If you enjoy the celebrations on Canada Day, if you are a woman doing the same work as a man and earning the same wage for that work, if you are a First Nations voter, if you were able to enter Canada as a refugee in the early 1960s, then one of the people you can thank is Ellen Fairclough.

Of all her portfolios, immigration caused her the most grief. In the 1950s, Canada's policy on immigrants and refugees favoured whites from Commonwealth countries. Fairclough reformed the system so that immigrants were rated according to their skills and education rather than their race or nationality. These courageous and radical changes allowed more refugees—even ones with tuberculosis—to enter Canada, despite a backlash from some quarters.

Though Fairclough's pioneering path in politics was not always smooth, she constantly encouraged other women to enter the arena. She once observed sharply, "In my early days in Ottawa, I had more support from the men in my party than I did from the women. Many

de Hamilton, elle fut élue pour la première fois aux Communes en 1950 et fut la première femme à entrer au Cabinet fédéral. Femme éprise des conventions (elle était membre de l'Ordre impérial des filles de l'empire), il lui arrivait aussi parfois d'y faire entorse. Pour éviter le coût de la noce qu'elle et Gordon Fairclough pouvaient difficilement se permettre, les deux se marièrent en cachette; elle avait alors vingt-six ans.

N'ayant que treize ans lorsque le droit de vote fut accordé aux Canadiennes, Ellen Fairclough ne fut que la sixième femme à être élue à la Chambre des communes. Pendant sa longue carrière politique, elle eut la charge de trois portefeuilles : secrétaire d'État, ministre de la Citoyenneté et de l'Immigration et ministre des Postes. Si vous aimez profiter des fêtes du 1er juillet, si vous êtes une femme qui fait le même travail qu'un homme au même salaire, si vous êtes un électeur autochtone, si vous avez pu entrer au Canada à titre de réfugié au début des années 60, vous le devez entre autres à Ellen Fairclough.

De tous les ministères qu'elle dirigea, c'est celui de l'Immigration qui lui causa le plus de tracas. Dans les années 50, la politique du Canada à l'égard des immigrants et des réfugiés privilégiait les Blancs issus des pays du Commonwealth. Fairclough réforma le système de telle manière que les immigrants étaient désormais classés selon leurs compétences et leur scolarité et non leur race ou nationalité. Ces modifications courageuses et radicales autorisaient l'entrée au Canada d'un plus grand nombre de réfugiés – même ceux qui étaient atteints de tuberculose – en dépit de l'hostilité de certains milieux.

Même si son œuvre de pionnière en politique lui valut bien des déboires, Ellen Fairclough encourageait constamment les autres femmes à

1

2

3

of the women, I think, questioned my ability to do the job, in part because they could not imagine themselves functioning in such a position." Fairclough was among the first women in Canada to juggle the demands of a public life and a professional life, but never to the detriment of what she saw as her domestic duties. When her biographer, Margaret Conrad, went to visit Fairclough at her home in 1993, she found "Saturday's child" in the basement, ironing the sheets.

In 1992, Ellen Fairclough was granted the title Right Honourable, which is usually reserved for a former prime minister, governor general, or chief justice. Queen Elizabeth II bestowed the honour during a visit to Canada to mark the country's 125th birthday. Fairclough died in 2004, a few weeks shy of her hundredth birthday.

pénétrer dans l'arène politique. Pourtant, ce fut la même femme qui a dit un jour : « À mes débuts à Ottawa, j'ai bénéficié plus souvent de l'appui des hommes dans mon parti que des femmes. Nombre d'entre elles, je crois, ne me jugeaient pas apte à faire le travail, en partie parce qu'elles ne pouvaient pas s'imaginer à ma place. » Elle fut l'une des premières femmes au Canada à avoir concilié les exigences de la vie professionnelle et celles de la vie publique, mais jamais au détriment de ses obligations ménagères. Quand sa biographe, Margaret Conrad, lui rendit visite chez elle en 1993, elle trouva « l'enfant du samedi » au sous-sol en train de repasser des draps.

En 1992, Ellen Fairclough se vit accorder le titre de « Très Honorable », mention habituellement réservée aux anciens premiers ministres et gouverneurs généraux ainsi qu'au juge en chef de la Cour suprême. La reine Élisabeth II lui décerna cet honneur lors de sa visite au Canada marquant le 125e anniversaire du pays. Ellen Fairclough est décédée en 2004, quelques semaines avant son centième anniversaire.

Celia Franca

c.c. | 1985 o.c. | 1967
Companion of the Order of Canada
Compagnon de l'Ordre du Canada
Officer of the Order of Canada
Officier de l'Ordre du Canada

FORMIDABLE AND RUTHLESS. Generous and proud. Indomitable and fiery. Revered and reviled. Bloody-minded and tyrannical. Tenacious and indefatigable. Celia Franca was all that and more.

Her working-class family was baffled by her ambition to be a dancer, first voiced when she was four. The founder and first director of the National Ballet of Canada, Franca came to Canada from England in 1950 at the age of twenty-nine, after starring as a dancer with the Sadler's Wells Ballet (as it was then called) in London. Approached by Canadian lovers of dance hoping to launch a national ballet company

FORMIDABLE ET SANS PITIÉ. Généreuse et fière. Indomptable et flamboyante. Vénérée et honnie. Butée et tyrannique. Tenace et infatigable. Celia Franca était tout cela et bien plus.

Sa famille ouvrière ne comprenait pas l'ambition qu'elle avait de se faire danseuse, qu'elle exprima pour la première fois à l'âge de quatre ans. Fondatrice et première directrice du Ballet national du Canada, Franca était arrivée d'Angleterre en 1950 à l'âge de vingt-neuf ans après avoir été la danseuse étoile du Sadler's Wells Ballet (comme on l'appelait alors) de Londres. Pressentie par des Canadiens amoureux de la danse qui espéraient fonder une compagnie nationale de ballet dans notre pays, Franca se jeta sur l'occasion. « Si j'étais née pour faire quelque chose, allait-elle dire plus tard, c'était

84

1. Teaching in 1974. **/** *Donnant une leçon en 1974.*

2. Celia Franca welcomed home in 1972 after a European tour. **/** *Celia Franca accueillie dans son pays en 1972 après une tournée européenne.*

3. Celia Franca and her husband, John Morton. **/** *Celia Franca et son mari, John Morton.*

in this country, she leapt at the opportunity. "If I was born to anything," Franca would later say, "it was to start a ballet company and boss people around. I'll feel it's my company even when I'm in my grave." Running her own company had been an obsession since she was a teenager; after less than a year in Canada, she fulfilled that dream.

Franca danced with the company until 1959, and was its first artistic director and one of its choreographers. She could be extremely harsh with dancers after a subpar performance but also nurtured young talent—she gave leading roles to Karen Kain and Veronica Tennant when both were still teenagers.

Celia Franca's steadfast ambition was to create a world-class ballet company, and she was prepared to take risks to make that happen. "The theatre is all gamble," she once said, "and if you don't gamble, you're through." In 1955, the company was on a money-losing tour and the board of directors decided to cancel three bookings, including one in New York. Franca famously roused supporters into action—$9,000 was raised in two days, and the New York engagement went ahead.

Another gamble was to partner the National Ballet of Canada with the most famous male dancer of the day, Rudolph Nureyev. Though he and Franca butted heads, this strategy helped put the company on the world stage. By 1974, though, Franca's relationship with the board was so strained that she left to create a dance school in Ottawa.

In her biography of Franca, *The Pursuit of Perfection*, author Carol Bishop-Gwyn likened her looks to those of Nefertiti, the Egyptian queen whose name means "the beautiful one has

pour fonder une compagnie de ballet et régenter tout le monde. Ce sera toujours ma compagnie à moi, même quand je serai six pieds sous terre. » Elle était obsédée par l'idée de diriger sa propre compagnie depuis l'adolescence; après moins d'un an au Canada, elle avait réalisé son rêve.

Franca dansa avec sa compagnie jusqu'en 1959, et elle fut sa première directrice artistique et l'une de ses chorégraphes. Elle pouvait être extrêmement dure avec ses danseurs si elle jugeait qu'ils avaient été moyens, mais elle savait aussi encourager les jeunes talents : elle confia ainsi des rôles dominants à Karen Kain et Veronica Tennant alors que les deux étaient encore adolescentes.

L'ambition constante de Celia Franca était de créer une compagnie de ballet d'envergure mondiale, et elle était prête à prendre des risques pour y arriver. « Le théâtre, c'est toujours un pari, disait-elle, et si vous ne pariez pas, vous êtes fini. » En 1955, la compagnie était en tournée et perdait de l'argent, et le conseil d'administration avait décidé d'annuler trois engagements, dont un à New York. Avec le talent qu'on lui connaissait, Franca mobilisa aussitôt ses appuis, parvint à réunir 9 000 $ en trois jours, et le spectacle de New York eut lieu.

Autre pari tenu, l'association du Ballet national du Canada au danseur le plus célèbre de son temps, Rudolph Noureyev. Même si lui et Franca étaient parfois à couteaux tirés, cette stratégie permit à la compagnie de se faire un nom sur la scène internationale. En 1974, cependant, les rapports entre elle et son conseil d'administration étaient tellement tendus qu'elle démissionna pour créer sa propre école de danse à Ottawa.

Dans sa biographie de Franca, *The Pursuit of Perfection*, l'auteur Carol Bishop-Gwyn compare son allure à celle de Néfertiti, la reine égyptienne

1

3

come." The author described how Franca wore the same look on stage and off—pencilled-in eyebrows, bright red lipstick, hair pulled back in a bun. "Her appearance and carriage and manner," Bishop-Gwyn wrote, "all sent out a clear and unmistakable message that she was someone who knew exactly what she wanted and would do just about anything to get it."

When she died in 2007, a front-page obituary in the *Ottawa Citizen* included this line: "She taught Canada to dance." Karen Kain observed, "Celia was more than the National Ballet's founder. She was its presiding spirit, its most stalwart supporter and the embodiment of its ideals and values."

dont le nom signifie « la belle est venue ». L'auteure raconte comment Celia Franca avait toujours le même look sur scène et dans la vie : sourcils dessinés au crayon, rouge à lèvres vif, cheveux remontés en chignon. « Son apparence et son port de tête, écrit Bishop-Gwyn, annonçaient tout de suite qu'elle savait exactement ce qu'elle voulait et qu'elle prendrait tous les moyens pour y arriver. »

À sa mort en 2007, la nécrologie en première page du *Ottawa Citizen* disait entre autres : « Elle a enseigné au Canada à danser. » Karen Kain déclara pour sa part : « Celia était beaucoup plus que la fondatrice du Ballet national. Elle était son esprit régnant, son alliée la plus fervente et l'incarnation de ses idéaux et de ses valeurs. »

Serge Godin

O.C. | 2016 C.M. | 2006

Officer of the Order of Canada
Officier de l'Ordre du Canada
Member of the Order of Canada
Membre de l'Ordre du Canada

NO ONE COULD have imagined that a technology business launched from his basement in 1976 when Serge Godin was twenty-six years old would eventually become Conseillers en gestion et informatique (CGI, or Consulting to Government and Industry), the fourth-largest independent information technology and business process services company in the world. In 2000, on the strength of the company's success, Godin would also establish a family foundation aimed at alleviating poverty, advancing education, and improving the health of disadvantaged youth. So far, $60 million has been dispersed toward

PERSONNE N'AURAIT pu imaginer que l'entreprise de technologie que Serge Godin avait lancée du sous-sol de sa maison en 1976, quand il avait vingt-six ans, deviendrait un jour Conseillers en gestion et informatique, ou Groupe CGI, la quatrième entreprise indépendante au monde en technologie d'information et en gestion de processus d'affaires. Fort de la réussite de son entreprise, Godin a créé aussi en 2000 une fondation familiale vouée au soulagement de la pauvreté, à l'avancement de l'éducation et à l'amélioration de la santé de la jeunesse défavorisée. Jusqu'à présent, on a consacré 60 millions de dollars à la réalisation de ces objectifs. En 2015, Godin a été nommé membre à vie de la Horatio Alger Association, prestigieuse organisation

1. Serge Godin and fellow Quebec entrepreneur, Frédéric Dugré, in 2011. / *Serge Godin et l'entrepreneur québécois Frédéric Dugré en 2011.*

that goal. In 2015, Godin was named a lifelong member of the Horatio Alger Association, a prestigious charitable organization dedicated to promoting access to education for students in challenging circumstances in Canada and the United States.

Godin was born in 1949 in the village of Shipsaw, Saguenay, in the province of Quebec. He was the middle child in a family of nine siblings, a circumstance that he would later credit for his ability to build consensus. An early interest in computers in the mid-1970s (when data were stored on punch cards) led Godin to complete a CEGEP diploma in computer sciences. After obtaining the equivalent of a bachelor's degree in management, he undertook studies in the MBA program at Université Laval in Quebec City.

CGI grew from two employees in 1976 to 225 employees after ten years, 1,200 after twenty years, and 25,000 after thirty years. Today the figure stands at 65,000—and continues to grow—with revenue of $10 billion in 2016.

Today, CGI's clients are found in more than four hundred locations across five continents and include some of the world's largest financial institutions; state, provincial, and federal governments; utilities, retailers, manufacturers, and communications firms; transportation, post and logistics providers, and oil and gas companies; and health institutions of all types, from hospitals to pharmaceutical firms. What distinguishes this IT and management consulting company is its global range coupled with what it calls its "proximity model," enabling CGI to work closely with its clients while speaking the same language, be it actual, technical, or strategic.

caritative qui s'emploie à faire la promotion de l'éducation aux États-Unis et au Canada.

Godin est né en 1949 dans le village de Shipsaw, au Saguenay, dans la province de Québec. Il était l'enfant du milieu d'une famille de neuf enfants, position à laquelle il allait plus tard attribuer son talent pour le consensus. S'étant intéressé aux ordinateurs au milieu des années 70 (à l'époque où les données étaient emmagasinées sur des cartes perforées), Godin a fait un diplôme en sciences informatiques au cégep. Après avoir obtenu l'équivalent d'un baccalauréat en gestion, il s'est inscrit à la maîtrise en administration des affaires à l'Université Laval.

Le Groupe CGI est passé de deux employés en 1976 à un effectif de 225 personnes 10 ans plus tard, de 1 200 vingt ans après et de 25 000 au bout de 30 ans. Le nombre d'employés se situe aujourd'hui à 65 000 et continue d'augmenter, les revenus de l'entreprise se chiffrant à dix milliards de dollars en 2016.

Le Groupe CGI compte aujourd'hui des clients dans plus de quatre cents endroits sur cinq continents et comprend des institutions financières qui sont parmi les plus grandes dans le monde, des gouvernements d'État, provinciaux et fédéraux, des services publics, des détaillants, des manufacturiers, des entreprises de communication et de transport, des fournisseurs de services postaux et logistiques, des compagnies gazières et pétrolières, ainsi que des établissements de santé en tous genres, hôpitaux aussi bien que pharmaceutiques. Ce qui démarque cette entreprise de services d'information et de consultation en gestion est son rayonnement mondial allié à ce qu'elle appelle son « modèle de proximité » qui permet à CGI de travailler en étroite

1

Serge Godin led CGI as its president, chief executive officer, and controlling shareholder for thirty years from the time of its founding to 2006, when he became executive chairman of the board. In 2008, Godin was inducted into the Canadian Business Hall of Fame and received the Lifetime Achievement Award from the Canadian Youth Business Foundation. He was awarded an honorary doctorate from ÉTS (École de technologie supérieure), an honorary doctor of law degree from York University, an honorary management degree from HEC Montréal (the University of Montreal Business School), an honorary doctor of administrative sciences degree from Quebec's Université Laval, and an honorary doctor of law degree from Montreal's Concordia University.

Such recognition and success as Godin has known can lead to large egos, but those close to him remark on his humility and modesty. "The only leadership that is valuable and durable," he believes, "is shared leadership."

collaboration avec ses clients tout en parlant le même langage, réel, technique ou stratégique.

Serge Godin a été le président-directeur général du Groupe CGI et son actionnaire majoritaire pendant trente ans, de sa fondation jusqu'à 2006, lorsqu'il est passé président exécutif du conseil d'administration. En 2008, Godin a été admis au Temple de la renommée de l'entreprise canadienne et a reçu le prix « Ensemble de la carrière » de la Fondation canadienne des jeunes entrepreneurs. L'École de technologie supérieure lui a décerné un doctorat honorifique, l'Université York un doctorat honorifique en droit, les HEC de l'Université de Montréal un diplôme honorifique en gestion, l'Université Laval un doctorat honorifique en sciences de l'administration et l'Université Concordia un doctorat honorifique en droit.

Quand on a réussi comme Serge Godin, il est parfois tentant de se prendre pour un autre, mais ses proches le disent humble et modeste. « Le seul leadership qui soit valable et durable, croit-il, c'est le leadership partagé. »

Joseph A. Gosnell

C.C. | 2006 O.C. | 2000

Companion of the Order of Canada
Compagnon de l'Ordre du Canada
Officer of the Order of Canada
Officier de l'Ordre du Canada

IN 1942, when Joseph Gosnell was seven years old, he was called down to the shores of the Nass River in northwestern British Columbia in the Nisga'a village of Gitwinksihlkw. His uncle had returned from a hunting expedition with a grizzly bear and, after prying open the creature's jaws, he instructed Joseph to put his head inside. "When you grow up," he said, "you will be like this bear. You will fear no one, you will not back away, you will defend and guard what is yours—with your life."

It seems there was some truth in that prophecy. Gosnell grew up to become a distinguished leader of the Nisga'a people,

EN 1942, le petit Joseph Gosnell, alors âgé de sept ans, fut sommé de se rendre sur les bords de la rivière Nass, dans le nord-ouest de la Colombie-Britannique, dans le village nisga'a de Gitwinksihlkw. Son oncle était rentré d'une expédition de chasse avec la dépouille d'un grizzli et, après avoir ouvert les mâchoires de l'animal, il ordonna au petit garçon de mettre sa tête à l'intérieur. « Quand tu auras grandi, lui dit-il, tu seras comme cet ours. Tu ne craindras personne, tu ne reculeras jamais, et tu vas défendre et préserver ce qui t'appartient au péril de ta vie. »

Prophétie qui, semble-t-il, ne manquait pas de vérité. Gosnell est devenu plus tard un chef éminent du peuple nisga'a, accédant d'abord au conseil d'administration de la Native Brotherhood de Colombie-Britannique, puis au poste de président du Conseil

1. On arriving in Victoria in 1998 before addressing the British Columbia legislature. / *À son arrivée à Victoria en 1998 avant de prendre la parole devant l'Assemblée législative de la Colombie-Britannique.*

2. Chief Joseph Gosnell: his "greatest natural gift was an ability to stay above the fray." / *Le chef Joseph Gosnell : « son don naturel extraordinaire pour rester au-dessus de la mêlée. »*

3. The Nisga'a negotiating team in Ottawa. / *L'équipe des négociateurs nisga'as à Ottawa.*

serving first as a board member of the Native Brotherhood of British Columbia and then as president of the Nisga'a Tribal Council before leading the decades-long negotiations that finally led to the signing of the landmark Nisga'a Treaty of 1998 that brought self-government to the First Nations people of the Nass River Valley.

Aside from this extraordinary achievement, Gosnell, the father of seven children, has been the president of the Nisga'a Lisims government since 2000, the same year he received the Lifetime Achievement Award from the National Aboriginal Achievement Foundation. Among his other awards are the Humanitarian Award from the Canadian Labour Congress and Newsmaker of the Year awards from both CTV News and CBC Radio.

The Nisga'a Treaty marked the end of a journey toward self-determination that had begun in 1887 when chiefs from the Nisga'a and Tsimshian peoples of northern B.C. went to Victoria to argue that land they had owned for millennia had been stolen from them without either treaty or compensation. At that time, Premier William Smithe dismissed them, saying, "When the white man first came among you, you were little better than wild beasts of the field."

The Nisga'a never gave up. When they took "the land question" to the B.C. Supreme Court in 1968 they lost, but they appealed to the Supreme Court of Canada, which ruled that Aboriginal title existed prior to Confederation. Even so, negotiations—led by Joseph Gosnell starting in 1973—with the provincial government remained challenging and met with loud opposition. Author Alex Rose wrote in his book *Spirit Dance at Meziadin: Chief Joseph Gosnell and*

tribal des Nisga'as, avant de piloter les négociations qui ont duré des décennies et conduit à la signature du traité historique nisga'a de 1998 octroyant l'autodétermination à la Première Nation de la vallée de la rivière Nass.

Outre cet exploit mémorable, Gosnell, qui est le père de sept enfants, est président du gouvernement Nisga'a Lisims depuis 2000, l'année où il a reçu le Prix de carrière de la Fondation nationale des réalisations autochtones. Parmi les autres distinctions qu'il a reçues, on compte le prix humanitaire du Congrès du Travail du Canada et le titre de Personnalité de l'année de CTV News aussi bien que de la radio de la CBC.

Le Traité des Nisga'as marquait le terme du cheminement vers l'autodétermination qui avait commencé en 1887, lorsque les chefs des Nisga'as et des Tsimshians du nord de la Colombie-Britannique avaient pris la route de Victoria pour faire valoir que les terres qu'ils possédaient depuis des millénaires leur avaient été volées sans traité et sans contrepartie. Le premier ministre de l'époque, William Smithe, leur avait répondu dédaigneusement : « Avant l'arrivée de l'homme blanc, vous ne valiez guère mieux que les bêtes dans les bois. »

Mais les Nisga'as n'ont jamais démordu. Quand ils ont saisi la Cour supérieure de la Colombie-Britannique de la « question des terres » en 1968, ils ont été déboutés, mais ils en ont appelé à la Cour suprême du Canada, qui a statué que le titre autochtone existait avant la Confédération. Tout de même, les négociations – qui ont débuté en 1973 à l'initiative de Joseph Gosnell – avec le gouvernement provincial ont été ardues et ont suscité une vive opposition. L'auteur Alex Rose, dans son livre *Spirit Dance at Meziadin: Chief Joseph Gosnell and the Nisga'a Treaty,* écrit que Gosnell avait « un

1

2

3

the Nisga'a Treaty that Gosnell's "greatest natural gift was an ability to stay above the fray, to remain dignified and statesmanlike during the ugliest and most rancorous episodes of the debate." Rose marvelled at Gosnell's metamorphosis from a shy and even awkward man into "the most respected First Nations leader of the present day, both in Canada and around the world."

As part of the treaty, the Nisga'a took possession of two thousand square kilometres of land. "It means," Gosnell declared, "we are no longer tenants on our own land—we are masters in our own house once again . . . We have true self-government by any measure." In an historic speech given to the B.C. Legislature, he called the treaty "a beacon of hope for Aboriginal people around the world."

The Nisga'a, as Gosnell has noted, traditionally organize their society around Saytk'ilh Wo'osim (Our Common Bowl). "It's about sharing energy," he says, "wisdom, spirit, joy, and sadness and it touches all aspects of life. It means no one gets left behind. No one is left out. All are treated equally, with dignity and respect."

don naturel extraordinaire pour rester au-dessus de la mêlée, pour demeurer digne et noble dans les épisodes les plus acrimonieux du débat. » Rose admirait la métamorphose qui s'était opérée chez Gosnell, lui qui était un homme timide et même gauche, et qui était devenu « le chef autochtone le plus respecté de notre époque, au Canada aussi bien que dans le monde entier. »

En vertu de leur traité, les Nisga'as prenaient possession de deux mille kilomètres carrés de territoire. « Cela veut dire, a déclaré Gosnell, que nous ne sommes plus des locataires dans notre propre pays. Nous sommes de nouveau maîtres chez nous [. . .] Nous nous gouvernons désormais nous-mêmes à tous points de vue. » Dans un discours historique prononcé devant le parlement provincial de Colombie-Britannique, il a dit de ce traité qu'il représentait « une lueur d'espoir pour tous les peuples autochtones du monde. »

Les Nisga'as, comme l'a dit Gosnell, organisent traditionnellement leur société autour du Saytk'ilh Wo'osim (Notre Écuelle Collective). « Il s'agit de partager notre énergie, dit-il, notre sagesse, notre esprit, notre joie, notre tristesse, et cela touche tous les aspects de la vie. Cela veut dire qu'on n'oublie personne. Personne n'est exclu. Tous sont traités dans l'égalité, la dignité et le respect. »

Chris A. Hadfield

O.C. | 2014
Officer of the Order of Canada
Officier de l'Ordre du Canada

THE NUMBERS on Chris Hadfield are out of this world.

Days in space: 166. Times around the planet: 2,600. Time spent walking in space: 14 hours, 54 minutes. Number of applicants to be a Canadian astronaut in 1992: 5,330. Number chosen: 4, including Hadfield.

Chris Hadfield was nine years old in the summer of 1969 when he watched televised images of Neil Armstrong stepping onto the surface of the moon during the *Apollo 11* space mission. As he would relate years later in his bestselling book *An Astronaut's Guide to Life on Earth,*

LES STATISTIQUES concernant Chris Hadfield ont quelque chose d'extra-terrestre.

Nombre de journées passées dans l'espace : 166. Nombre de fois où il a fait le tour de la planète : 2 600. Le temps qu'il a passé à marcher dans l'espace : 14 heures 54 minutes. Nombre de candidats au poste d'astronaute en 1992 : 5 330. Nombre de candidats retenus : 4, dont Hadfield.

Chris Hadfield avait neuf ans à l'été de 1969 quand il a vu à la télévision les images de Neil Armstrong marchant sur la lune à l'occasion de la mission spatiale Apollo 11. Comme il l'a raconté plus tard dans sa très populaire autobiographie *Guide d'un astronaute pour la vie sur Terre* : « J'ai découvert à ce moment-là ce que je voulais faire de ma vie […] Je voulais devenir astronaute. »

1. Signing autographs for cadets, 2014. / *Signant des autographes pour des cadets en 2014.*

2. Moments after touchdown. / *Quelques instants après l'atterrissage.*

3. Playing the guitar in 2015. / *Grattant la guitare en 2015.*

"At that moment, I knew what I wanted to do with my life … I wanted to be an astronaut."

The journey to realize that dream was methodically plotted. When he was a teenager, he joined the Royal Canadian Air Cadets and got his glider pilot licence. Then came a degree in mechanical engineering at the Royal Military College in Kingston, followed by stints as a test pilot in the Canadian Armed Forces, and a master's degree in aviation systems at the University of Tennessee Space Institute.

By 1995, Hadfield was in space as a mission specialist, and by 2013, he was Commander of the International Space Station, overseeing a crew of five and helping to conduct experiments on the impact of low gravity on human biology. By this point, he was fluent in Russian, having spent two years in Star City, Russia, working at the Yuri Gagarin Cosmonaut Training Centre as the director of operations for NASA. Along the way, he married his high school girlfriend, Helene, with whom he had three children— Kyle, Evan, and Kristin.

What distinguished Hadfield as an astronaut was the eloquence of his descriptions (he likened the severe jostling of re-entry to "dice in a cup"), his boyish enthusiasm (commanding the space station was a serious task, he said, but it also made him want to "shout and laugh and do cartwheels"), and his keen eye as a space photographer. His adept use of social media (abetted by his son Evan) attracted a wide audience for his messages. *Forbes* magazine called Chris Hadfield "the most social media–savvy astronaut ever to leave the Earth."

He described what he saw with his "nose to the glass" of the space capsule as "a wonderful,

Le chemin qu'il a parcouru pour réaliser ce rêve a été planifié méthodiquement. Il s'est joint aux Cadets de l'Aviation royale du Canada à l'adolescence et a obtenu son brevet de pilote de planeur. Puis il a fait son baccalauréat en génie mécanique au Collège militaire royal de Kingston. Il a été quelque temps pilote d'essai dans les Forces armées canadiennes et a fait une maîtrise en systèmes aéronautiques à l'Institut spatial de l'Université du Tennessee.

En 1995, Hadfield était dans l'espace à titre de spécialiste de mission et, en 2013, il était commandant de la Station spatiale internationale, responsable d'une équipe de cinq personnes qui menait des expériences sur l'impact d'un milieu de faible gravité sur la biologie humaine. Il parlait alors couramment le russe, ayant passé deux ans à Star City, en Russie, à titre de directeur des opérations de la NASA au Centre de formation des cosmonautes Youri-Gagarine. Chemin faisant, il avait épousé sa petite amie de l'école secondaire, Helene, avec qui il a eu trois enfants : Kyle, Evan et Kristin.

Ce qui distingue Hadfield dans le monde des astronautes, c'est l'éloquence de ses descriptions (il compare les dures secousses de la rentrée dans l'orbite terrestre à « des dés agités dans un gobelet »), son enthousiasme juvénile (commander la station spatiale était une tâche sérieuse mais qui lui donnait aussi envie de « crier, de rire et de faire la roue ») et son talent comme photographe de l'espace. Son habileté à tirer parti des médias sociaux (avec la complicité de son fils Evan) a valu à ses messages un auditoire mondial. La revue *Forbes* a dit de lui qu'il était « l'astronaute le plus astucieux sur le plan des médias sociaux à avoir quitté la Terre. »

Il a décrit ce qu'il a vu « le nez collé à la vitre » de la capsule spatiale, et il disait qu'il avait devant

1

2

3

constantly changing, mesmerizing view." His twenty-one years as an astronaut also solidified his notion that we should all be stewards of our planet. He wants people to "actually *see* the world. Not just as a map with countries of different colours. Or as a little circle of *us* in an enormous, uncared for collection of *them*. It's just a whole bunch of us. We're all of us in this together."

One final note: Chris Hadfield, who walked in space a million feet above Earth, is deathly afraid of heights. But once clipped on to a safety line, he says, "I can manage that fear."

lui « une vue merveilleuse, constamment en mouvement, hypnotisante ». Ses vingt et un ans comme astronaute ont aussi fortifié sa conviction que nous devrions tous être les gardiens de la Terre. Il voudrait que les gens « *voient* vraiment le monde. Pas seulement une carte avec des pays de couleurs différentes. Ou comme un petit cercle de *nous* parmi la foule énorme *des autres* dont personne ne s'occupe. La Terre, c'est nous tous. Nous sommes tous dans le même bateau. »

Un dernier mot : Chris Hadfield, qui a marché dans l'espace à un million de pieds au-dessus de la Terre, a une peur mortelle des hauteurs. Mais une fois attaché au filin de sécurité, dit-il, « c'est une peur que je peux maîtriser. »

Lawren S. Harris

c.c. | 1969

Companion of the Order of Canada
Compagnon de l'Ordre du Canada

LAWREN HARRIS was an odd mix. He looked patrician—he painted in a suit and tie, left hand in left pants pocket—yet he displayed a passion for social justice and was outraged by the poverty of striking miners in Glace Bay in 1925. He could be imperious, but he championed other painters. "You are one of us," he famously told Emily Carr in 1927, when her confidence was at a low ebb.

Diagnosed with a sickly constitution as a boy, Harris was confined to his room by a protective mother and encouraged to collect stamps and take up knitting. Instead, he passed the long hours by drawing

LAWREN HARRIS était un drôle de numéro. Il avait l'allure d'un patricien – il peignait en costume cravate, la main gauche plantée dans la poche de son pantalon – mais il était aussi passionné de justice sociale, à preuve, il avait été outré par l'indigence dans laquelle vivaient les mineurs en grève de Glace Bay en 1925. Il pouvait être impérieux, mais il aimait aussi encourager ses amis peintres. Par exemple, cette parole mémorable : « Tu es l'une des nôtres », a-t-il dit à Emily Carr en 1927, quand sa confiance battait de l'aile.

Enfant de faible constitution, Harris était confiné à sa chambre par une mère protectrice et encouragé à collectionner les timbres et à apprendre à tricoter. Mais il préférait passer ses longues journées à dessiner tout ce qu'il voyait de sa fenêtre, les objets proches de lui, et les parents et amis qui

100

1. Lawren Harris sketching in Italy during the Second World War. / *Lawren Harris réalisant un croquis en Italie pendant la Seconde guerre mondiale.*

2. In the Studio Building, 1920. / *À l'intérieur du Studio, 1920.*

3. Left to right: Frederick Varley, A.Y. Jackson, Lawren Harris, Barker Fairley, Frank Johnston, Arthur Lismer, and J.E.H. MacDonald in 1920. Six were members of The Group of Seven. / *Dans l'ordre habituel : Frederick Varley, A.Y. Jackson, Lawren Harris, Barker Fairley, Frank Johnston, Arthur Lismer et J.E.H. MacDonald en 1920. Six étaient des membres du Groupe de Sept.*

4. Lawren Harris in the Rockies, 1940–41. / *Lawren Harris dans les Rocheuses, 1940–1941.*

whatever he could see out the window, nearby objects, and family and friends who came for visits. What he saw, he drew, and his vision would prove to be extraordinary. Contrary to doctors' predictions, Lawren Harris lived a long life—much of it spent painting in Canada's rugged outback.

Harris was born into wealth. His father was Thomas Morgan Harris, part of the Massey-Harris company that manufactured farm machinery. How Lawren Harris used that wealth—to advance the cause of art in this country—was what set him apart.

During his lifetime as an artist, Lawren Harris never stopped evolving. He began by painting cityscapes inspired by houses he saw in Berlin and in Toronto, then landscapes as he ventured further into the Canadian north and west. Critical to his support of other artists was his financing of a building in Toronto he called The Studio Building, a non-profit facility he created as a place where Canadian artists could gather together and work. Out of that idea came The Group of Seven: A.Y. Jackson, Frederick Varley, Franklin Carmichael, Frank Johnston, Arthur Lismer, J.E.H. MacDonald, and Lawren Harris. (Harris also befriended Tom Thomson who died before the formal creation of the Group.)

As Jackson said, "Harris was the doer. He was the Group's moving spirit. He helped everybody, but he just did it without any fuss. He never acted like a financier. He was always for a Canadian school of painters. Everything was for the country; he didn't want anything for himself."

Over time, Harris's paintings became more austere, more powerful, and more abstract while celebrating the elements—water, sky,

venaient en visite. Dessinant tout ce qui lui tombait sous les yeux, il en vint à acquérir une vision extraordinaire. Contrairement aux prédictions du médecin, Lawren Harris vécut longtemps, consacrant presque toute sa vie à peindre l'âpre arrière-pays du Canada.

Il était né riche. Son père, Thomas Morgan Harris, était de la compagnie Massey-Harris, le fabricant de machinerie agricole. Mais la manière dont Lawren Harris a utilisé cette fortune – pour avancer la cause de l'art dans notre pays – le situe entièrement à part des autres.

En tant qu'artiste, Harris n'a jamais cessé d'évoluer. Il avait commencé par peindre des paysages urbains que lui avaient inspirés les maisons qu'il avait vues à Berlin et à Toronto. Puis il se mit aux paysages naturels lorsqu'il s'aventura dans le nord et l'ouest du Canada. Il apporta un soutien névralgique à ses collègues artistes en finançant la construction à Toronto d'un immeuble qu'il appela le Studio, une installation sans but lucratif où il voulait voir les artistes canadiens se rassembler pour travailler. Il émergea de cette idée le Groupe des Sept : A.Y. Jackson, Frederick Varley, Franklin Carmichael, Frank Johnston, Arthur Lismer, J.E.H. MacDonald et lui-même, Lawren Harris. (Il était également l'ami de Tom Thomson qui mourut avant la formation du groupe.)

Comme l'a dit Jackson : « Harris était l'homme d'action. Il était l'esprit qui animait le Groupe. Il aidait tout le monde, mais sans jamais faire de manières. Il ne s'est jamais conduit comme un collectionneur financier. Ce qui comptait pour lui, c'était de fonder une école canadienne de peinture. Tout pour le pays; rien pour lui-même. »

Au fil du temps, les peintures de Harris se firent plus austères, plus puissantes et plus abstraites dans sa célébration des éléments – l'eau,

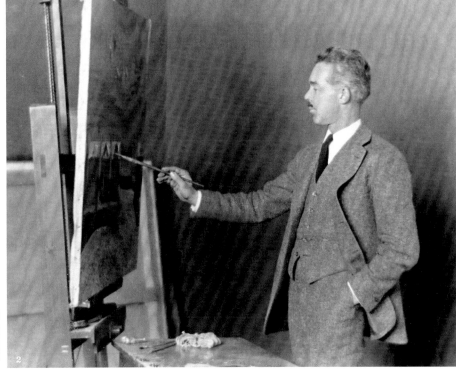

1

2

3

4

and mountains—all as a way of expressing his belief that art's function was to explore nature's rhythms and divinity. Today, Harris's instantly recognizable paintings—such as *Above Lake Superior* and *Mountain and Glacier*—fetch millions of dollars, and his status as an iconic artist continues to gather interest in Canada and abroad.

Harris wrote that the Group of Seven artists "held a like vision concerning art in Canada. They are all imbued with the idea that an art must grow and flower in the land before the country will be a real home for its people."

le ciel, les montagnes –, toujours pour exprimer la conviction qu'il avait que l'art a pour fonction d'explorer les rythmes et la divinité de la nature. De nos jours, les tableaux instantanément reconnaissables de Harris – par exemple, *Above Lake Superior* et *Mountain and Glacier* – se vendent pour des millions de dollars, et son statut d'artiste iconique reste bien vivant au Canada et à l'étranger.

Harris a écrit que les peintres du Groupe de Sept « avaient une vision commune de l'art au Canada. Tous sont convaincus que l'art doit croître et fleurir dans le pays si l'on veut que ce pays devienne vraiment le foyer de son peuple. »

Lawrence Hill

c.m. | 2015
Member of the Order of Canada
Membre de l'Ordre du Canada

LAWRENCE HILL is one of Canada's most renowned writers—and one of our most socially engaged. The son of a black father and a white mother, both of whom were active in the civil rights arena in Canada, Hill has long been interested in black history and won a National Magazine Award for an essay in *The Walrus* titled "Is Africa's Pain Black America's Burden?" In 1979, he made the first of three volunteer trips with Canadian Crossroads International (CCI) to plant trees for two months in Niger. Trips to Cameroon and Mali would follow. "I was researching *The Book of Negroes*,"

LAWRENCE HILL est l'un des écrivains les plus renommés du Canada, et sûrement un des plus engagés. Fils d'un père noir et d'une mère blanche, tous deux actifs dans le mouvement des droits civiques au Canada, Hill s'intéresse depuis longtemps à l'histoire des Noirs et a remporté un prix du magazine canadien pour son essai paru dans *The Walrus* qui s'intitulait « Is Africa's Pain Black America's Burden? » En 1979, il a fait son premier voyage à titre de bénévole avec Carrefour canadien international dans le cadre d'une opération de reboisement au Niger. D'autres voyages du même genre allaient suivre au Cameroun et au Mali. « Je faisais des recherches pour mon livre *Aminata*, dit Hill, et je ne le savais même pas. »

Aminata a remporté de nombreux prix, dont le Rogers Writers' Trust Fiction Prize,

1. Lawrence Hill and daughter, Beatrice, in Louisburg, Nova Scotia, on the set of the miniseries *The Book of Negroes*, in 2014. / *Lawrence Hill et sa fille, Beatrice, à Louisbourg, Nouvelle-Écosse, sur le plateau de tournage de la minisérie* The Book of Negroes *en 2014.*

2. Hill: "I was researching *The Book of Negroes* when I didn't even know I was researching it." / *Hill : « Je faisais des recherches pour mon livre* Aminata *et je ne le savais même pas. »*

Hill says, "when I didn't even know I was researching it."

The Book of Negroes won numerous awards, among them the Rogers Writers' Trust Fiction Prize, CBC Radio's Canada Reads, and Radio Canada's Le Combat des livres, as well as the Commonwealth Writers' Prize. And Hill continues to be honoured. In 2015, he won the Governor General's Award for Popular Media for bringing Canadian history to a wider audience.

However, Lawrence Hill paid his dues for many years before achieving success as an author of literary and historical fiction. For seventeen years, he wrote speeches "for politicians I would never vote for." In 1984, at the age of twenty-seven, he took a chance and quit his job as Ottawa bureau chief in Ottawa for the *Winnipeg Free Press*, moved to Spain, and began writing fiction.

His debut novel, *Some Great Thing*, was published in 1992—and met with what he calls "a deafening silence." Since then, he has published another nine books, most notably *The Book of Negroes*. Published in 2007, it was widely translated and sold 800,000 copies in Canada alone before being made into a six-part CBC-TV miniseries that Hill co-wrote. The miniseries attracted millions of viewers in Canada and the U.S., and in 2016, it won eleven Canadian Screen Awards.

Hill continues to live a socially engaged life, maintaining a strong connection with CCI (Hill's Aminata Fund supports the NGO's programs for girls and women in Africa) and assisting with efforts to bring refugees to Canada. The father of five children, he lives with his partner, writer Miranda Hill, in Hamilton, Ontario.

le Canada Reads de la CBC et le Combat des livres de Radio-Canada ainsi que le Commonwealth Writers' Prize. Et les honneurs pleuvent toujours. En 2015, on lui a décerné le Prix du Gouverneur général pour les médias populaires pour avoir mis l'histoire canadienne à la portée du grand public.

Mais Lawrence Hill a connu nombre d'années de vaches maigres avant d'atteindre la notoriété comme auteur de fiction littéraire et historique. Pendant dix-sept ans, dit-il, j'ai écrit des discours pour « des politiciens pour qui je ne voterais même pas ». En 1984, à l'âge de vingt-sept ans, il a plongé : il a quitté son emploi de chef de bureau du *Winnipeg Free Press* à Ottawa, il est parti pour l'Espagne et s'est mis à la fiction.

Son premier roman, *Un grand destin*, a été publié en 1992 et s'est buté à ce qu'il a appelé « un silence assourdissant ». Il a fait paraître depuis neuf autres livres, notamment *Aminata*. Publié en 2007, le livre a été traduit en plusieurs langues et s'est vendu à 800 000 exemplaires rien qu'au Canada, après quoi on en a tiré une minisérie pour la télévision de la CBC dont Hill était le coauteur. Cette minisérie, qui a été visionnée par des millions de téléspectateurs au Canada et aux États-Unis, a remporté en 2016 onze prix Écrans canadiens.

Hill est demeuré un écrivain citoyen dans la mesure où il maintient des liens solides avec le CCI (son Fonds Aminata finance les programmes de cette ONG pour les filles et les femmes en Afrique) et défend la cause des réfugiés au Canada. Père de cinq enfants, il vit avec sa conjointe l'écrivaine Miranda Hill à Hamilton, en Ontario.

Son roman le plus récent – qui est très d'actualité –, *The Illegal*, traite de la condition des réfugiés et a remporté le Canada Reads en 2016. Il croit

1

2

Hill's most recent—and topical—novel, *The Illegal*, addresses the plight of refugees and won Canada Reads in 2016. He believes that although Canada has been "an incredibly generous nation" in the past (he cites our acceptance of boat refugees after the Vietnam War), "we also seem to have this rising tide of intolerance and general old-fashioned nastiness…" He wishes Canada would take in more refugees more quickly. "It is humbling to think that we can't solve all of these problems," he says, "but we can show more humanity in the face of them."

When asked how it felt to receive the Order of Canada in 2015, Hill said, "It feels like a great big hug, a hug that comes with the caveats 'Don't stop' and 'Keep going.'" Hill's own father also received the Order of Canada—but when he was close to dying. It meant a lot to Lawrence Hill that he received such recognition when he is "still quite active in my profession."

que, même si le Canada a été « un pays d'une générosité incroyable » par le passé (il mentionne à ce sujet l'accueil que nous avons fait aux réfugiés de la mer après la guerre du Vietnam), « on dirait qu'on voit s'élever une vague d'intolérance et de mesquinerie du temps jadis… » Il voudrait que le Canada accepte davantage de réfugiés, et plus rapidement. « Il est bon pour l'humilité de penser que nous ne pouvons pas régler tous les problèmes, dit-il, mais nous pouvons montrer plus d'humanité quand ces mêmes problèmes se posent. »

Quand on lui a demandé en 2015 ce qu'il pensait de son entrée à l'Ordre du Canada, il a dit : « J'ai l'impression qu'on me fait un gros câlin, mais qu'on me dit en même temps : "n'arrête pas" et "continue". » Son propre père a été admis à l'Ordre du Canada mais alors qu'il était mourant. Pour Lawrence Hill, c'est une grande chose d'être reconnu de la sorte alors « que je suis encore très actif dans mon métier. »

Alia
Hogben

C.M. | 2012

Member of the Order of Canada
Membre de l'Ordre du Canada

THE BLACK-AND-WHITE photograph, taken by the legendary Yousuf Karsh in 1958, shows a striking teenaged girl, her black eyes in sharp contrast to the dozen white calla lilies in the foreground. Young Alia Rauf was then unaware that Karsh would submit this image to *Maclean's* magazine for a feature on beautiful women in Canada. More than five decades later, that same magazine would once again feature Alia, now Alia Hogben, but this time on its list of the fifty most important people in Canada.

"Few could have predicted," the magazine noted in 2014, "the long-time bureaucrat from Ontario's ministry of community

LA PHOTO EN NOIR ET BLANC prise par le légendaire Yousuf Karsh en 1958 nous montre une jeune fille d'une grande beauté dont les yeux noirs contrastent avec la blancheur de la douzaine d'arums d'Éthiopie à l'avant-plan. La petite Alia Rauf ignorait alors que Karsh allait soumettre cette image à la revue *Maclean's* dans le cadre d'un reportage sur la beauté des Canadiennes. Plus de cinquante ans plus tard, la même revue devait reparler de la petite Alia, devenue depuis Alia Hogben, mais en la classant cette fois parmi les cinquante personnes les plus importantes au pays.

« Nul n'aurait pu prédire, disait la revue en 2014, que la fonctionnaire de carrière du ministère ontarien des Services sociaux et communautaires allait devenir l'une des voix les plus écoutées de l'islam modéré au

108

1. Alia Hogben at home in Gananoque, Ontario. / *Alia Hogben chez elle à Gananoque en Ontario.*

and social services would emerge as one of the most compelling liberal voices of Islam in Canada. Her moderate Muslim perspective is indispensable."

When Alia Rauf married journalist Murray Hogben in 1959, most Canadians had no conception of Islam. "Now," says Alia Hogben, "it's about correcting misconceptions."

Born in Burma (now Myanmar) in 1937 and raised in India, Alia Rauf came to Ottawa in 1954 when her father was the Indian High Commissioner to Canada. Karsh spotted her at a party, but at first her protective father rejected his requests for a studio session. What Alia remembers about her contact with Karsh and his wife, Solange Gauthier, was their kindness—how he gave her roses and how Gauthier gave her exquisite Italian sandals.

After pursuing degrees in English and history at Carleton University and in social work at the University of Toronto, Hogben worked with children, adults with developmental disabilities, and abused women. She was director of the March of Dimes, which provides services for adults with disabilities, taught at a community college and inside a medium security prison, and worked with the Children's Aid Society.

More than a decade ago, even though Hogben had officially retired, she took over as executive director of the Canadian Council of Muslim Women (CCMW)—a position that immediately thrust her into the national and international spotlight. The CCMW, says Hogben, seeks to empower Muslim women in Canadian society and to promote an interpretation of Islam that is "humane, egalitarian, and equality-driven." One significant achievement for the CCMW in 2005 was stopping the application of religious

Canada. Pondérée comme elle est, c'est une voix musulmane indispensable. »

Quand Alia Rauf a épousé le journaliste Murray Hogben en 1959, la plupart des Canadiens ignoraient tout de l'islam. « Aujourd'hui, dit-elle, il faut corriger les conceptions erronées qu'on en a. »

Née en Birmanie (aujourd'hui le Myanmar) en 1937 et ayant grandi en Inde, Alia Rauf a débarqué à Ottawa en 1954 avec son père haut-commissaire de l'Inde au Canada. Karsh l'avait repérée à une fête, mais au début, le père avait refusé qu'on fasse des photos dans un studio avec sa fille. Ce dont Alia se souvient dans son contact avec Karsh et sa femme, Solange Gauthier, c'est de leur bonté : il lui avait offert des roses et elle lui avait fait cadeau d'élégantes sandales italiennes.

Après avoir fait des études en anglais et en histoire à l'Université Carleton et en travail social à l'Université de Toronto, elle a travaillé avec des enfants, des adultes ayant des déficiences développementales et des femmes maltraitées. Elle a été directrice de la Marche des dix sous, qui offre des services aux adultes handicapés, elle a enseigné dans un collège communautaire et dans une prison à sécurité moyenne, et elle a travaillé à la Société d'aide à l'enfance.

Il y a plus d'une décennie de cela, même si elle avait officiellement pris sa retraite, elle a accepté le poste de directrice exécutive du Conseil canadien des femmes musulmanes (CCFM), fonction qui l'a tout de suite placée sous les projecteurs nationaux et internationaux. Le CCFM, dit-elle, cherche à responsabiliser les femmes musulmanes dans la société canadienne et à propager une vision de l'islam qui se veut « humaine et égalitaire dans le sens proactif. » Fait à remarquer, le CCFM est parvenu en 2005 à faire invalider l'application des lois religieuses en matière familiale qui

1

family laws that were unfair to women. "It was a terrible two years of struggle," says Hogben, "but we got what we wanted: one law for everybody."

Alia Hogben concedes that getting across the message of "the beauty of Islam" is no easy task in a world awash with violence committed in the name of that faith. "We are overwhelmed," says Hogben, "by the worldwide tidal wave of literalism, patriarchy, and conservative religious interpretations" that deny social justice. "There are times when we are disheartened and wonder if any of our work creates change, but to be passive—or worse—to be silent is not an alternative."

Hogben's achievements as a social worker, her championing of the rights of women, particularly Muslims, and her promotion of dialogue between faiths did not go unnoticed. When she was made a member of the Order of Canada, she remarked, "It feels good to have this recognition publicly proclaim to all Canadians that advocacy, activism, altruism are all well and alive amongst us."

étaient injustes à l'égard des femmes. « Ce furent deux années de luttes terribles, dit-elle, mais nous avons obtenu ce que nous recherchions : une seule loi pour tous et toutes. »

Alia Hogben admet que ce n'est pas chose aisée que de dire la « beauté de l'islam » dans un monde secoué par la violence commise au nom de cette foi. « Nous sommes submergées, dit-elle, par la vague mondiale de littéralisme, de patriarchisme et d'interprétations intégristes » qui nie toute justice sociale. « Il y a des moments où nous sommes découragées et nous demandons si notre action va changer quoi que ce soit, mais rester passives – ou pire – silencieuses, n'est pas une solution. »

Les réalisations d'Alia Hogben à titre de travailleuse sociale, sa défense des droits des femmes, particulièrement des musulmanes, et son encouragement au dialogue multiconfessionnel ne sont pas passés inaperçus. Quand elle a été faite membre de l'Ordre du Canada, elle a déclaré : « Il est bon d'affirmer ainsi publiquement que la défense des droits, le militantisme et l'altruisme se portent encore très bien chez nous. »

Clara Hughes

O.C. | 2007

Officer of the Order of Canada
Officier de l'Ordre du Canada

WHAT SETS Clara Hughes apart? The question has no easy or simple answer.

The most obvious response is that this extraordinarily versatile athlete won six medals in two sports (cycling in the Summer Olympics and speed skating in the Winter Olympics) over the course of six Olympic games—a feat that no other athlete has ever matched. But there is also her advocacy work on behalf of the mentally ill, including a campaign in 2014 ("Clara's Big Ride") that saw her cycle twelve thousand kilometres and visit almost one hundred Canadian communities to talk about her own struggles with depression and the

QU'EST-CE QUI démarque Clara Hughes? Dur à dire. Il suffit d'abord de rappeler que cette athlète d'une polyvalence extraordinaire a remporté six médailles olympiques dans deux sports distincts (le cyclisme aux Jeux d'été et le patinage de vitesse aux Jeux d'hiver) et a pris part à six Jeux en tout, exploit qu'aucun autre athlète dans le monde n'a égalé. Mais il y a aussi son action auprès de ceux et celles atteints de maladie mentale, notamment sa campagne de 2014 (le Grand Tour de Clara) où on l'a vue parcourir douze mille kilomètres à vélo et faire halte dans près de cent villes et villages du Canada pour parler de sa propre lutte contre la dépression et de la stigmatisation de la maladie mentale. Ajoutez à cela sa générosité. Clara Hughes a fait deux fois don de 10 000 dollars à des œuvres caritatives

1. Competing in the 5,000-metre speedskating event in the 2010 Winter Olympics. / *En compétition au 5 000 mètres de patinage de vitesse aux Jeux de 2010.*

2. Students in Osoyoos, B.C. giving her a sendoff in 2014 as part of Clara's Big Ride. / *Des étudiants d'Osoyoos, C.-B., viennent la saluer lors de la Big Ride de Clara de 2014.*

3. Near her home in Canmore, Alberta. / *Près de sa maison à Canmore, en Alberta.*

stigma around mental illness. Add to that her generosity. Hughes twice donated $10,000 in medal bonus money to charities she believes in: Take a Hike, an alternative program for at-risk children, and Right To Play, which uses sport and play to educate and empower children. In the latter case, her generosity inspired an avalanche of donations totalling $500,000.

But in some ways, the most remarkable thing about Hughes is her willpower. A self-confessed "wild child" born into a Winnipeg family plagued by addiction and mental illness, she started smoking cigarettes in Grade 3 and was smoking a pack a day by Grade 6. By high school, she was drinking heavily and partying a lot. "I thought fitting in," she would say of that time, "meant getting into trouble." But one day in 1988, when she was sixteen years old, Hughes watched on television as Olympic long track speed skater Gaétan Boucher competed at the end of his career. "I watched a man," she would later say, "who gave himself to something, and that desire and commitment and that want I saw in him changed my life."

For the next twenty-three years, Hughes finished at or near the top in Olympic Games, Pan American Games, Commonwealth Games, and world championship cycling and/or speed skating events. She trained for seven years in and around Hamilton, Ontario, including on a particularly steep hill that was later named "Clara's Climb" in her honour. In 2010, the Canadian Olympic Committee decided that Hughes should carry the flag at the opening ceremony of the Vancouver Olympic Winter Games. Many Canadians still remember her winning a bronze medal in the 5,000 metres—how completely spent she was at the end, how

qui l'emballent : *Take a Hike*, un programme alternatif pour enfants à risque, et *Right To Play*, qui se sert du sport pour scolariser et responsabiliser les enfants. Dans ce dernier cas, son geste a inspiré une avalanche de dons totalisant 500 000 dollars.

Mais à certains égards, le plus remarquable chez elle, c'est sa volonté. Cette « enfant sauvage », comme elle s'est décrite elle-même, née dans une famille de Winnipeg affligée par l'addiction et la maladie mentale, s'est mise à fumer en troisième année et se tapait un paquet de cigarettes par jour en sixième. À l'école secondaire, elle ne pensait qu'à boire et faire la fête. « Je pensais me faire des amis, a-t-elle dit de cette époque de sa vie, en faisant des bêtises. » Mais un jour, en 1988, quand elle avait seize ans, elle a vu à la télévision le patineur de vitesse sur longue piste Gaétan Boucher qui était alors en fin de carrière. « J'ai alors vu un homme, a-t-elle dit plus tard, qui se donnait corps et âme à une cause, et son désir, sa passion et cette volonté que j'ai vus en lui ont changé ma vie. »

Pendant les vingt-trois années qui ont suivi, Hughes a monté sur le podium, ou n'en était pas éloignée, des Jeux olympiques, des Jeux panaméricains, des Jeux du Commonwealth, des championnats de cyclisme ou des tournois de patinage de vitesse. Elle s'est entraînée pendant sept ans dans la région de Hamilton, en Ontario, entre autres sur une colline particulièrement abrupte qui a été plus tard baptisée « Clara's Climb » en son honneur. En 2010, le Comité olympique canadien a décidé que Hughes serait son porte-drapeau aux cérémonies d'ouverture des Jeux olympiques d'hiver de Vancouver. Nombre de Canadiens se souviennent encore de la médaille de bronze qu'elle a remportée aux cinq mille mètres, complètement fourbue qu'elle était à l'arrivée mais arborant quand même

1

3

wide her smile was. "My favourite medal," Hughes says of that bronze.

Few athletes on the planet can claim her combination of grit and determination; warmth, humanity, and humility; candour and kindness; and sunny disposition. Winner of the Meritorious Service Cross (a cousin of the Order of Canada) for her work on Clara's Big Ride, she is an ambassador for many charities that raise awareness of mental health issues or give low-income or at-risk children the chance to participate in sports. "This is clearly my life's work," she says. "Sport got me to the place where I could have the influence."

Clara Hughes will no doubt continue to hike and cycle. "I move therefore I am," is her mantra. "I want to live by those words until the day I die."

un large sourire. « C'est la médaille que je préfère entre toutes », dit-elle de cette médaille de bronze.

Il y a peu d'athlètes sur terre qui combinent comme elle l'âpreté et la détermination; la chaleur, l'humanité et l'humilité; la franchise et la bonté; sans parler de son optimisme phosphorescent. On lui a décerné la Croix de service méritoire (qui est cousine de l'Ordre du Canada) pour son œuvre dans le cadre du Grand Tour de Clara; et elle est l'ambassadrice de nombre d'associations caritatives qui sensibilisent le public à la maladie mentale ou donnent à des enfants à risque ou à faible revenu la chance de pratiquer un sport. « C'est manifestement l'œuvre de ma vie, dit-elle. C'est grâce au sport si je peux faire quelque chose pour les autres aujourd'hui. »

Nul doute que Clara Hughes va continuer de faire des randonnées et de pédaler. Son mantra : « Je bouge donc je suis. » « Je veux incarner cette devise jusqu'à mon dernier souffle. »

Roberta L. Jamieson

O.C. | 2016 C.M. | 1994

Officer of the Order of Canada
Officier de l'Ordre du Canada
Member of the Order of Canada
Membre de l'Ordre du Canada

ROBERTA JAMIESON—a Mohawk woman from the Six Nations of the Grand River Territory—was the first Indigenous woman in Canada to earn a law degree and the first woman to be elected chief of the Six Nations of the Grand River Territory. She was also Commissioner of the Indian Commission of Ontario, and served ten years as Ontario's first female Ombudsman.

One of eight siblings in a tight-knit family living on the Six Nations reserve, Jamieson learned at a young age the art of non-adversarial conflict resolution. After attending school on the reserve, she set her sights on medicine as a career, following

ROBERTA JAMIESON, une Mohawk du Territoire des Six Nations de la rivière Grand, a été la première Autochtone du Canada à décrocher un diplôme de droit et la première femme élue chef des Six Nations. Elle a été aussi à la tête de la Commission sur les Indiens de l'Ontario et la première femme ombudsman de l'Ontario, poste qu'elle a occupé pendant dix ans.

Née dans une famille tricotée serrée de huit enfants sur la réserve des Six Nations, elle a appris très jeune l'art de la médiation conflictuelle. À sa sortie de l'école de la réserve, elle a décidé de faire médecine pour suivre les traces d'un grand-oncle qui avait été médecin lui aussi. Mais pendant ses études prémédicales à l'Université McGill, elle qui était loin de sa famille pour

1. Having a strong sense of identity, she felt a responsibility to work on behalf of her community. **/** *Sûre comme elle l'était de son identité, elle se sentait obligée de défendre son monde.*

2. Portrait of a young advocate. **/** *Portrait d'une jeune militante.*

3. Travelling in Europe. **/** *En voyage en Europe.*

4. Receiving an honorary degree at Mount Saint Vincent University in Halifax in 2010. **/** *Recevant un doctorat honorifique de l'Université Mount Saint Vincent de Halifax en 2010.*

in the footsteps of a great-uncle who had been a doctor. But while enrolled in pre-med studies at McGill University, and away from her family for the first time, she became interested in the circumstances of the James Bay Cree whose traditional hunting grounds were to be flooded as part of a massive hydroelectric project in the early 1970s. She realized that the best way to help First Nations defend their rights and interests was to learn about the law.

Roberta Jamieson has carved out a notable career as an advisor, leader, advocate, and consensus builder—always with a keen eye to social justice, problem solving, and, above all, the rights and interests of First Nations people.

In a book titled *Great Women Leaders*, which includes a chapter on Jamieson (and other luminaries such as Rosa Parks and Golda Meir), author Heather Ball describes how Jamieson became aware at an early age of Mohawk political traditions, including the process of "holding council" in which people gathered, traded opinions, and kept talking until consensus was reached. Ball noted that Jamieson honours that same tradition, "believing decisions should be reached by discussion and consultation in a cool-headed manner, rather than through angry confrontation. This is Roberta's signature style, and one of the reasons she is such a trusted negotiator."

Since 2004, Roberta Jamieson has been president and CEO of Indspire, the Indigenous-led charity that in 2015–16 awarded 3,792 bursaries and scholarships worth more than $12.2 million to Indigenous students. As part of her role, she is executive producer of the Indspire Awards, which honour Indigenous achievement and are telecast on two national networks.

la première fois de sa vie s'est intéressée aux Cris de la baie James dont les territoires de chasse traditionnels allaient être inondés en conséquence du projet hydro-électrique massif en cours au début des années 70. Elle a alors compris que le meilleur moyen qu'avaient les Premières Nations de défendre leurs droits et intérêts était l'étude du droit.

Roberta Jamieson s'est taillé une carrière enviable comme conseillère, leader, défenseure et bâtisseuse de consensus, toujours l'œil rivé sur la justice sociale, la résolution de problèmes et, par-dessus tout, les droits et intérêts des Premières Nations.

Dans le livre intitulé *Great Women Leaders*, où l'on trouve un chapitre sur Jamieson (et d'autres héroïnes comme Rosa Parks et Golda Meir), l'auteure Heather Ball raconte comment Jamieson a été initiée très tôt aux traditions politiques des Mohawks, notamment le processus consistant à « tenir conseil » où les gens se réunissaient, échangeaient des opinions et parlaient jusqu'au moment où le consensus était atteint. Ball fait remarquer que Jamieson honore justement cette tradition, « car elle croit qu'on ne décide qu'après avoir discuté et consulté dans le calme, sans recourir à l'affrontement antagonique. C'est là le style de Roberta, et c'est une des raisons pour lesquelles elle est une négociatrice qui a la confiance de tous. »

Depuis 2004, Roberta Jamieson est présidente et PDG de Indspire, l'œuvre caritative autochtone qui, en 2015–2016, a décerné à des étudiants autochtones 3 792 bourses totalisant plus de 12,2 millions de dollars. Elle est aussi la productrice exécutive des prix Indspire, qui honorent les réalisations autochtones et sont télédiffusés sur deux réseaux nationaux.

1

2

3

4

Jamieson has received twenty-five honorary degrees and many distinguished awards, including the National Aboriginal Achievement Award (Law and Justice), the Indigenous Peoples Council Award of the Indigenous Bar Association, the Harmony Award (which recognized her contribution toward eliminating racial and social barriers in Canada), the first Deo Kernahan Memorial Award presented by the Urban Alliance on Race Relations in Toronto, and the Council of Ontario Universities' David C. Smith Award.

Roberta Jamieson understands that reconciliation with Indigenous peoples will not be easy. "Change doesn't just happen," she has said. "It takes work, but it is achievable if we work together to make it happen."

Jamieson a reçu vingt-cinq doctorats honorifiques et nombre de récompenses prestigieuses, dont le Prix d'excellence décerné aux Autochtones dans la catégorie droit et justice, le Prix du Conseil des peuples autochtones de l'Association du barreau autochtone, le prix Harmonie (qui reconnaissait la part qu'elle a prise dans la suppression des obstacles raciaux et sociaux au Canada), le premier prix mémorial Deo Kernahan remis par l'Alliance urbaine pour les relations interraciales de Toronto et le prix David C. Smith du Conseil des universités de l'Ontario.

Roberta Jamieson sait que la réconciliation avec les peuples autochtones ne sera pas chose aisée. « Le changement ne s'opère pas de soi, a-t-elle dit. Il y faut de l'effort, mais c'est faisable si nous nous entraidons. »

Yousuf Karsh

C.C. | 1990   O.C. | 1967
Companion of the Order of Canada
Compagnon de l'Ordre du Canada
Officer of the Order of Canada
Officier de l'Ordre du Canada

WHAT DISTINGUISHED "Karsh of Ottawa," as the pre-eminent portrait photographer of the twentieth century came to be called, was his kinship with his subjects. His widow, Estrellita Karsh, was often asked, "What is the secret of Karsh?" And she would reply, "The secret is not *of*, the secret is *in*. Because it was his own quality that made people love him and trust him."

Karsh's iconic studio portraits of statesmen, authors, actors—all men and women of towering accomplishment—owed something to his singular charm: His custom was to disarm his subjects first, to engage them and flatter them. "Who is the greatest

« KARSH D'OTTAWA », comme on en est venu à l'appeler, le plus grand photographe portraitiste du vingtième siècle, maîtrisait comme personne l'art de se faire aimer de ses sujets. On a souvent demandé à sa veuve, Estrellita Karsh, « quel est le secret de Karsh? », et elle répondait : « Il ne s'agit pas du secret *de* mais bien du secret *dans*. C'était son humanité profonde qui faisait que les gens l'aimaient et lui faisaient confiance. »

Les célèbres portraits qui sortaient du studio de Karsh – hommes d'État, écrivains, acteurs, tous hommes et femmes à l'œuvre colossale – devaient tous quelque chose à son charme à lui. Il avait pour habitude de désarmer ses sujets à l'abord, puis de leur parler et de les amadouer. Il leur demandait : « Qui est le plus grand être humain du siècle? », le lien s'établissait et la collaboration commençait.

1. Self portrait with film negative, 1952. **/** *Autoportrait avec négatif, 1952.*

2. Yousuf and Estrellita Karsh. **/** *Yousuf et Estrellita Karsh.*

3. Karsh: "Light is my language . . . It is the portraitist's chief tool." **/** *Karsh : « La lumière est mon langage […] C'est le premier outil du portraitiste. »*

person of this century?" he would ask, and the connection was established, the collaboration begun.

Born in Turkish Armenia in 1908, the young Karsh saw family members slaughtered in the Armenian genocide, and yet once described his mother's "gentle nursing" of his dying sister. "My recollections of those days," Karsh wrote, "comprise a strange mixture of blood and beauty, of persecution and peace." Given such unshakable positivity, it should come as no surprise that he was obsessed with light.

Karsh arrived in Canada as a seventeen-year-old, "armed only with good manners," as he put it, to work in his uncle's photography studio in Sherbrooke, Quebec. The uncle saw his nephew's talent and sent him to apprentice with his friend and fellow Armenian John Garo in Boston, where Karsh also took art classes to study lighting, design, composition, and the work of the great masters, especially Rembrandt and Velázquez. By going to the theatre, he learned that light could be precisely controlled and to great effect.

By the early 1930s, Karsh was living in Ottawa, convinced the nation's capital would "attract the most interesting people to photograph." Among his first studio portraits were those of Lord and Lady Bessborough, the Governor General and his wife, in 1935. Two studio sessions were required as Karsh's nerves played havoc with his focus the first time. Still, he saw himself as an artist, and he took steps to separate himself from other photographers by adopting a trademark fedora and black cape and using a white camera rather than the usual black model.

By 1941, Karsh was clearly more confident. That year, Winston Churchill came to Ottawa to

Né en Arménie turque en 1908, le jeune Karsh avait vu des membres de sa famille massacrés lors du génocide arménien, et il a un jour évoqué sa mère « donnant le sein affectueusement » à sa sœur mourante. « Mon souvenir de ces jours, a-t-il écrit un jour, est un mélange singulier de sang qui coule et de beauté, de persécution et de paix. » Amour de la nuance qui l'a sans doute conduit à sa passion pour la lumière.

Karsh a débarqué au Canada à l'âge de dix-sept ans, « armé uniquement de mes bonnes manières », comme il a dit, pour travailler dans le studio de photographie de son oncle, à Sherbrooke, au Québec. L'oncle a vite saisi le talent de son neveu et l'a envoyé faire son apprentissage chez son ami et compatriote arménien John Garo à Boston, où Karsh a également suivi des cours d'art pour comprendre l'éclairage, le design, la composition et l'œuvre des grands maîtres, notamment Rembrandt et Velázquez. La fréquentation du théâtre lui a aussi appris que la lumière pouvait être contrôlée avec précision pour obtenir l'effet maximum.

Au début des années 30, Karsh s'est établi à Ottawa, convaincu que la capitale du pays « attirerait les gens les plus intéressants à photographier. » Parmi ses premiers portraits réalisés dans son studio, on trouve ceux de lord et lady Bessborough, le gouverneur général et sa femme, en 1935. Il lui fallut deux séances en studio pour réaliser le tout étant donné que, pour la première fois, il était trop nerveux pour bien diriger son objectif. Mais il se considérait artiste avant toute chose, et il aimait se démarquer des autres photographes en allant coiffé de son éternel chapeau feutre et de sa cape noire et en utilisant un appareil blanc plutôt que le modèle noir plus commun.

address Parliament, and Karsh was given two minutes with him. In the mouth of this hostile subject was a cigar that Karsh boldly, instinctively removed. Churchill's scowl deepened, and with that, Karsh had the photograph that would change his life and truly launch his career.

Yousuf Karsh published fifteen books of his photographs, and he became almost as famous as his subjects, who included Muhammad Ali, Ernest Hemingway, Grace Kelly, John F. Kennedy, and Fidel Castro, to name only a few.

"If I were asked to choose one word which holds the key to my work," Karsh once said, "I would select 'light'—for light is my language ... the medium of light is all important. It is the portraitist's chief tool, and he can never learn enough about it."

En 1941, Karsh avait manifestement acquis plus de confiance. Cette année-là, Winston Churchill vint à Ottawa prendre la parole devant le Parlement, et on accorda à Karsh deux minutes avec le grand homme. Karsh eut alors l'audace d'arracher spontanément le cigare de la bouche de son sujet réfractaire. La mine bougonne de Churchill se creusa, et, grâce à cette pose, Karsh fit la photo qui allait changer sa vie et faire son nom.

Yousuf Karsh publia quinze recueils de photographies, et il devint presque aussi célèbre que ses sujets, parmi lesquels on compte Muhammad Ali, Ernest Hemingway, Grace Kelly, John F. Kennedy et Fidel Castro, pour n'en nommer que quelques-uns.

« Si l'on me demandait de choisir le maître mot qui définit mon travail, a dit Karsh un jour, je dirais le mot "lumière," car la lumière est mon langage [...] Le médium qu'est la lumière est d'une importance primordiale. C'est le premier outil du portraitiste, et on n'en sait jamais assez là-dessus. »

Gilles
Kègle

C.M. | 1999

Member of the Order of Canada

Membre de l'Ordre du Canada

HE HAS BEEN called a saint, the Mother Teresa of Quebec, a model of humanism, and our national social conscience. He has also been called a giant—though he is little more than five feet tall. He is, in fact, a humble street nurse dedicated to the dispossessed. "The street is my church," says Gilles Kègle, "love is my religion."

Born in 1942 in Trois-Rivières, the eldest of six children, Kègle endured a childhood devoid of affection, and his teenage years were marred by sexual assault. Kègle dreamed of becoming a missionary priest or a doctor, but health issues stood in the way. He found work as a bookkeeper and trained to be an auxiliary nurse, but

ON A DIT de lui qu'il était un saint, la mère Teresa du Québec, un modèle d'humanisme et la conscience sociale de notre pays. On l'a également qualifié de géant, lui qui ne fait pas plus de cinq pieds. Il n'est autre en fait qu'un humble infirmier de la rue au service des déshérités. « La rue est mon église, dit Gilles Kègle, l'amour ma religion. »

Né en 1942 à Trois-Rivières, l'aîné de six enfants, Kègle a vécu une enfance privée d'affection, et il a été agressé sexuellement pendant son adolescence. Il rêvait de se faire missionnaire ou médecin, mais ses ennuis de santé en décidèrent autrement. Il trouva du travail comme aide-comptable et acquit une formation d'infirmier auxiliaire, mais il se retrouva vite marginalisé. Pauvre, seul,

1. Making his rounds. **/**
Faisant ses visites.

2. On a house call. **/**
Une visite à domicile.

3. Kègle: "The street
is my church, love is
my religion." **/** *Kègle :*
« La rue est mon église,
l'amour ma religion. »

despite this, he soon descended into a life on the edge of society. Poor, lonely, jobless and friendless, cut off from his family, alcohol-addicted, depressed, and suicidal, he was much like some of the people he now assists. Indeed, he believes that his own rocky background suits him to the task of helping the helpless.

The turning point in Kègle's life came in 1984, when he was forty-two, and his parish priest gave him volunteer work looking after bedridden parishioners. A few weeks later, he met Mother Teresa and wondered aloud to her about going to work with her in the slums of Calcutta. A photograph taken at that very moment captures her smiling at him, clearly touched by his generosity—but she said nothing in response. From that mystical exchange came absolute certainty for Gilles Kègle: He would stay home in Quebec and devote his life to others in dire straits.

Travelling on foot, by bike, or by bus, Kègle sees the old, the sick, the mentally ill, and the impoverished in the Quebec City neighbourhood where he lives. He does whatever it takes to give them relief from their often desperate lives. He may listen to their problems, walk their dog, help with tax returns, bathe them, or fill their fridge with food. Averaging thirty-five visits a day, he works from 7:00 AM to 10:00 PM every day without a break, and has done so for the past thirty-one years. The great scourge of many of his clients is loneliness, and when they die—often penniless and cut off from their families—there is no money for a funeral and proper burial. Kègle sees to that, too.

In 1996, he created a foundation to generate donations and expand the scope of his work.

sans emploi et sans amis, coupé de sa famille, alcoolique, déprimé et suicidaire, il ressemblait alors beaucoup aux gens qu'il aide désormais. Il croit d'ailleurs que ses propres débuts malheureux l'ont bien préparé à aider les défavorisés.

La vie de Gilles Kègle a changé du tout au tout en 1984, alors qu'il avait quarante-deux ans, quand son curé lui a confié le soin de voir aux besoins de paroissiens obligés de garder le lit. Quelques semaines plus tard, il a rencontré mère Teresa et s'est demandé à voix haute devant elle s'il pouvait aller la rejoindre dans les bidonvilles de Calcutta. Une photo prise juste à ce moment nous la montre en train de lui sourire, manifestement touchée par sa générosité. Mais la sainte n'a pas répondu. De cet échange mystique est née chez lui une certitude absolue : il resterait au Québec et donnerait sa vie aux malchanceux.

Se déplaçant à pied, en vélo ou en autobus, Kègle s'occupe des personnes âgées, des malades, des personnes aux prises avec des troubles mentaux et des pauvres dans le quartier de Québec où il vit. Il fait tout en son pouvoir pour les secourir dans leur vie souvent marquée par le désespoir. Il les écoute raconter leurs misères, il promène leur chien, il les aide à faire leur déclaration de revenus, il leur donne un bain ou fait le marché pour eux. Il effectue en moyenne trente-cinq visites par jour, il travaille de 7 h jusqu'à 22 h sans jamais s'arrêter, et ce, depuis trente et un ans. Pour bon nombre des malheureux qui profitent de ses secours, la malédiction de leur vie, c'est la solitude, et quand ils meurent – souvent démunis et aliénés de leur famille – il n'y a pas un sou pour voir aux obsèques et à un enterrement dans la dignité. Kègle répond présent là aussi.

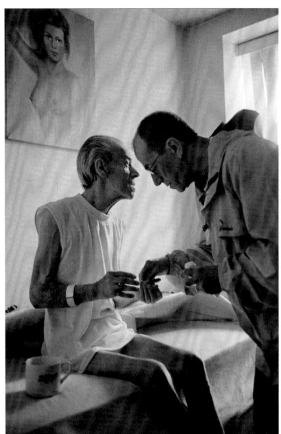

1

2

3

Today, seventy volunteers—he calls them "missionaries of peace"—work with him in the ongoing battle to restore dignity to the poor and the marginalized. For such work, Kègle has been honoured by organizations representing nurses, psychologists, and psychiatrists in Quebec. He was also recognized for distinguished service by the Order of La Pléiade, an international francophone organization.

Every year, Kègle receives two thousand letters, some of them pleas for help, some expressing their admiration. In her preface to *Gilles Kègle: Infirmier de la rue* (Gilles Kègle: Street Nurse), the bestselling book on his life written by Anne-Marie Motet, Quebec singer Diane Dufresne wrote, "Even if you don't believe in God, you believe in him."

En 1996, il a créé une fondation pour recueillir des dons et élargir son champ d'action. Aujourd'hui, soixante-dix bénévoles – qu'il appelle ses « Missionnaires de Paix » – travaillent avec lui dans cette lutte de toujours visant à restaurer la dignité des pauvres et des marginaux. Pour son œuvre, Kègle a été honoré par maintes organisations représentant des infirmières, des psychologues et des psychiatres du Québec. Son service méritoire lui a également valu d'être admis à l'Ordre de la Pléiade, une organisation de la francophonie.

Chaque année, Kègle reçoit près de deux mille lettres, dont certaines sont des demandes d'aide, d'autres des témoignages d'admiration. Dans sa préface à *Gilles Kègle : Infirmier de la rue*, biographie best-seller signée AnneMarie Motet, la chanteuse québécoise Diane Dufresne écrit : « Même si on ne croit pas en Dieu, on croit en lui. »

Craig Kielburger

C.M. | 2006
Member of the Order of Canada
Membre de l'Ordre du Canada

Marc Kielburger

C.M. | 2006
Member of the Order of Canada
Membre de l'Ordre du Canada

WHEN HE WAS twelve, Craig Kielburger read about a boy his age—a child slave in India, first branded and chained to a rug loom, and then murdered after speaking out against such miserable conditions. Kielburger decided that something had to be done. "We were a dozen kids around our parents' kitchen table," Craig recalls, "with a fax machine and a Commodore 64 computer, making poster boards to raise awareness about child labour on the other side of the world."

Helped by his older brother, Marc, Craig formed Free the Children, a charitable organization that links children in the

QUAND IL AVAIT douze ans, Craig Kielburger a lu sur la vie d'un garçon de son âge, un enfant esclave en Inde qui avait été marqué au fer rouge et enchaîné à son métier à tisser des tapis, puis assassiné pour avoir osé dénoncer ces conditions atroces. Kielburger a alors décidé de faire quelque chose. « On était une dizaine de jeunes autour de la table de cuisine de nos parents, se rappelle Craig, avec un fax et un ordinateur Commodore 64, à confectionner des affiches pour sensibiliser les gens au sort des travailleurs enfants à l'autre bout du monde. »

Avec l'aide de son frère aîné, Marc, Craig a fondé Enfants Entraide, organisation caritative qui relie des enfants du monde développé avec leurs homologues des pays moins développés. En 2016, Enfants Entraide avait connu une croissance exponentielle

128

1. Students and educators pack the WE Day event in Toronto, 2015. / *Des étudiants et des éducateurs se pressant à un événement du WE Day à Toronto, en 2015.*

2. Craig Kielburger with boy at work on a loom. / *Craig Kielburger avec un garçon au travail sur un métier à tisser.*

developed world with children in least developed countries. By 2016, Free the Children had grown exponentially and built more than 1,000 schools and schoolrooms worldwide while educating 200,000 children a day.

The two men, Craig especially, have never left the world stage—the one that Craig mounted in 1995 when his parents allowed him to travel with a family friend to Asia to witness the plight of child slaves. Craig Kielburger sought, and eventually secured, an interview with then Prime Minister Jean Chrétien—travelling in India at the time—to discuss the issue of exploited children. Intuitively, Craig understood that connecting with prominent people was a way to raise awareness and funds. Over time, he would meet with Mother Teresa, Oprah Winfrey, Jane Goodall, Archbishop Desmond Tutu, the Dalai Lama, and Pope John Paul II.

The co-authors of ten books, the brothers continue to explore new ways to empower young people. WE Day, for example, celebrates youth making a difference in their local and global communities, and WE Schools gives students the tools to create transformative social change. The brothers also continue to explore new ways to raise funds: ME to WE is a for-profit social enterprise that donates half of its profits to its non-profit partner, Free the Children.

The Kielburgers argue that traditional charity fundraising is outmoded. As Craig says, "There is an ever shrinking pie of philanthropic dollars and an ever increasing number of non-profits seeking those dollars … Too many non-profits duplicate the efforts of existing organizations." Adds Marc, "Social enterprise is the greatest untapped resource for doing good." Their goal is to deploy best business practices

et bâti plus de 1 000 écoles et salles de classe dans le monde entier qui scolarisaient 200 000 enfants chaque jour.

Les deux hommes, surtout Craig, n'ont jamais quitté la scène mondiale, où Craig a fait ses premiers pas en 1995 quand ses parents l'ont autorisé à voyager en Asie avec un ami de la famille pour qu'il aille se rendre compte de lui-même de la misère des enfants esclaves. Craig Kielburger a obtenu une entrevue avec le premier ministre Jean Chrétien – qui se rendait en Inde à l'époque – pour discuter de l'exploitation des enfants. Craig avait compris intuitivement qu'il fallait passer par les grands de ce monde pour sensibiliser le public et récolter des fonds. Il allait rencontrer plus tard mère Teresa, Oprah Winfrey, Jane Goodall, l'archevêque Desmond Tutu, le Dalaï-Lama et le pape Jean-Paul II.

Les frères, qui sont coauteurs de dix livres, cherchent toujours de nouveaux moyens de responsabiliser les jeunes. L'événement WE Day, par exemple, fête les jeunes qui changent le cours des choses dans leur milieu immédiat et dans le vaste monde, et les écoles WE donnent aux élèves les outils qu'il leur faut pour opérer un changement social bénéfique. Les deux sont aussi constamment en quête de nouvelles techniques pour la collecte de fonds. Ainsi, ME to WE est une entreprise sociale à but lucratif qui fait don de la moitié de ses profits à son association sœur sans but lucratif, Enfants Entraide.

Les Kielburger soutiennent que le modèle traditionnel de collecte de fonds caritatifs a fait son temps. Comme dit Craig : « Le portefeuille de la philanthropie s'amincit sans cesse et les mouvements sans but lucratif sont toujours plus nombreux à réclamer leur part […] Il y a trop d'associations bienfaisantes dont les efforts ne font que dédoubler l'action des organisations

to create transformative and self-sustaining change. "We want to empower people," says Marc, "to never need charity again."

For thirty years, the Kielburgers have successfully enlisted a vast network of people, from children in schools to corporate executives. The brothers (Craig, with a degree in peace and conflict studies and an MBA; Marc, with degrees in international relations and law) ultimately concluded that one solution to the world's ills—war, poverty, and environmental degradation—is to redefine our sense of community so it extends beyond our own neighbourhoods and also expands what Craig Kielburger calls "our spheres of compassion. The two most powerful letters in the English language," he says, "are not M.E. but W.E."

The Kielburgers are convinced that compassion can—and should—be taught. "We imagine," says Craig, "how fundamentally different our schools, communities, and world would be if we helped to raise a generation of compassionate young people."

existantes. » Marc ajoute : « L'entreprise sociale est la ressource la moins exploitée qui soit pour faire le bien. » Leur but est de déployer des pratiques d'affaires exemplaires pour provoquer des changements bénéfiques et durables. « Nous voulons faire en sorte que les gens, dit Marc, n'aient plus jamais besoin de la charité des autres. »

Depuis plus de vingt ans, les frères Kielburger ont mobilisé avec succès un vaste réseau de gens, des écoliers aux dirigeants d'entreprise. Les frères (Craig avec son diplôme en études de la paix et des conflits et son MBA; et Marc, avec ses diplômes en relations internationales et en droit) ont fini par conclure que s'il est une solution aux maux du monde – la guerre, la pauvreté et la dégradation environnementale –, elle consiste à redéfinir notre idée de communauté pour qu'elle déborde de notre milieu immédiat, et aussi à élargir ce que Craig appelle « nos sphères de compassion. Les deux lettres les plus puissantes de la langue anglaise, rappelle-t-il, ne sont pas M.E. mais W.E. » (Le nous et non le moi.)

Les Kielburger sont convaincus que la compassion peut – et doit – être enseignée. « Nous imaginons, dit Craig, comment nos écoles, nos milieux et le monde pourraient changer du tout au tout si nous contribuions à former une génération de jeunes doués de compassion. »

Guy Laliberté

O.C. | 2003
Officer of the Order of Canada
Officier de l'Ordre du Canada

THE BEGINNING WAS inauspicious. At the very first press conference in 1984, the blue and yellow big-top tent that would become the Cirque du Soleil's signature collapsed.

Later, in 1987, Cirque founder Guy Laliberté put all of his own money, and that of his fledgling circus troupe, into taking the circus to Los Angeles for the opening act of the Los Angeles Arts Festival. Had the move backfired, there would have been no money to bring everyone home. Famously, the Cirque du Soleil was a smash hit in California.

No one had seen anything like it. Here was a circus, but minus the animals. Here

C'ÉTAIT POURTANT mal parti. Lors de la conférence de presse inaugurale de 1984, la tente de cirque bleue et jaune qui allait devenir la marque de commerce du Cirque du Soleil s'effondra.

Plus tard, en 1987, le fondateur du Cirque Guy Laliberté investit tout ce qu'il possédait, ainsi que tout ce qu'avait sa troupe de cirque débutante, pour emmener son monde à Los Angeles pour la première partie du Festival des arts. S'il avait manqué son coup, il ne lui serait pas resté un sou pour rapatrier tous ses collaborateurs. Comme le veut la légende, le Cirque du Soleil remporta un succès monstre en Californie.

On n'avait jamais vu rien de tel. Un cirque, mais sans animaux. Un théâtre, mais sans paroles. Les acrobaties audacieuses, l'air de mystère, les musiciens en chair et en os,

1. With cast members in New York, 2011. / *Avec des membres de la troupe à New York en 2011.*

2. Guy Laliberté at the MGM Grand in Las Vegas, 2005. / *Guy Laliberté au MGM Grand de Las Vegas en 2005.*

was theatre, but without words. The daring acrobatics, the air of mystery, the live musicians, the dramatic lighting, the costumes and special effects—all appealed. "We're happiness merchants," Laliberté once said, "giving people the opportunity to dream like children."

Born in Quebec City in 1959, Laliberté saw the Barnum and Bailey circus as a child and read P.T. Barnum's biography. He left home at the age of fourteen and lived a hand-to-mouth existence busking in Europe as a juggler, stilt walker, harmonica and accordion player, and fire-eater. He came back home to take his one stab at traditional labour (working at a hydro-electric dam), but he soon lost that job in the wake of a strike. He took it as an omen and returned to street performance.

The watershed moment came in 1984 when the government of Quebec offered a $1.5 million contract to Guy Laliberté and his partner to create what was then called Le Grand Tour du Cirque du Soleil as part of celebrations marking the 450th anniversary of Jacque Cartier's arrival in New France. Laliberté came up with the name for the troupe after contemplating sunsets in Hawaii. The sun, he said, "stands for energy and youth," the hallmarks of a new troupe that was originally conceived as a one-year project.

What launched Cirque du Soleil as a financial empire was Guy Laliberté's concept of having not just one touring show, but many shows running simultaneously. Though each themed show was unique, there was also a formula. As Laliberté once put it, "You need your 'wow,' your tender moment, and humour. We have our conventions."

Today, Cirque has four thousand employees and an estimated annual revenue approaching

l'éclairage dramatique, les costumes et les effets spéciaux, tout plaisait au public. « Nous sommes des marchands de bonheur, a dit Laliberté un jour, nous permettons aux gens de rêver comme des enfants. »

Né à Québec en 1959, Laliberté avait vu enfant le cirque de Barnum et Bailey et lu la biographie de P.T. Barnum. Il avait quitté la maison à l'âge de quatorze ans et tiré le diable par la queue en Europe à faire le jongleur, l'échassier, à jouer de l'harmonica et de l'accordéon, à avaler du feu. Il était rentré au pays pour y faire sa seule tentative sur le marché du travail de monsieur Tout-le-Monde (il avait travaillé sur un barrage hydro-électrique), mais il avait vite perdu son emploi dans la foulée d'une grève. Il y avait vu un signe et était retourné à son métier d'amuseur public.

La chance lui sourit en 1984 quand le gouvernement du Québec offrit un contrat de 1,5 million de dollars à Laliberté et à son associé pour créer ce qu'on allait alors appeler Le Grand Tour du Cirque du Soleil dans le cadre des célébrations du 450ᵉ anniversaire de l'arrivée de Jacques Cartier en Nouvelle-France. Laliberté avait imaginé le nom de la troupe après avoir contemplé des couchers de soleil à Hawaii. Le soleil, a-t-il dit, « représente l'énergie et la jeunesse », la signature d'une nouvelle troupe qui devait être à l'origine un projet ne devant durer qu'une année.

Ce qui a fait du Cirque du Soleil un empire financier fut cette idée de Laliberté qui consistait à ne pas avoir qu'un seul spectacle en tournée, mais de nombreux spectacles sillonnant le monde simultanément. Même si chaque spectacle à thème était unique, il y avait aussi une formule. Comme l'a dit un jour Laliberté, « il y faut de l'étonnement, un moment de tendresse et de l'humour. Nous avons nos conventions. »

1   2

$1 billion. In 2015, Guy Laliberté sold his majority stake in Cirque du Soleil while maintaining a 10 per cent share. Today he continues to cultivate his passions, from poker to philanthropy—his One Drop Foundation, bolstered by a $100 million infusion from its founder, fights global poverty by offering access to clean water. "Water is the source of life," Laliberté says. "Everything exists only because we have water on this planet. One person dies every twenty seconds because they don't have access to clean water."

In 2009, he spent ten days inside the International Space Station. He used the occasion to both raise awareness of water resource issues on Earth and have some fun—part of the time he wore a clown's red nose.

Aujourd'hui, le Cirque compte quatre mille employés et engrange des revenus annuels approchant le milliard de dollars. En 2015, Guy Laliberté a vendu sa part majoritaire dans le Cirque du Soleil mais conservé dix pour cent des actions. Il cultive aujourd'hui ses passions, dont le poker et la philanthropie : sa fondation One Drop, tonifiée par un don de 100 millions de dollars de son fondateur, combat la pauvreté dans le monde en offrant l'accès à l'eau potable. « L'eau est la source de toute vie, dit Laliberté. Tout existe parce que nous avons de l'eau sur la planète. Il y a une personne qui meurt à toutes les vingt secondes parce qu'elle n'a pas accès à l'eau potable. »

En 2009, il a passé dix jours à l'intérieur de la Station spatiale internationale. Il a profité de l'occasion pour sensibiliser le public aux problèmes que posent les ressources hydriques de la Terre et s'amuser un peu : pendant son séjour dans l'espace, il arborait un nez de clown rouge.

M.G. Venkatesh Mannar

O.C. | 2012
Officer of the Order of Canada
Officier de l'Ordre du Canada

HIDDEN HUNGER—the chronic lack of essential minerals and vitamins—afflicts two billion people in the world and leads to stunted growth, cognitive impairment, compromised immune systems, and potentially death. For decades, Venkatesh Mannar has led a global initiative to battle the problem, and he has been remarkably successful at convincing governments, industry, and non-governmental organizations around the world that the solution is as simple as adding a pinch of salt. *Iodized* salt.

Born in Chennai, India, in 1949, Mannar studied chemical engineering in the

LA FAIM INAPPARENTE, soit la carence chronique en minéraux essentiels et en vitamines, frappe deux milliards de personnes dans le monde; elle est la cause de la croissance ralentie de l'être humain, de la déficience cognitive, de l'affaiblissement du système immunitaire, et peut aussi causer la mort. Pendant des décennies, Venkatesh Mannar a piloté une initiative mondiale visant à contrer le problème, et il a su convaincre comme personne les gouvernements, l'industrie et les organisations non gouvernementales du monde entier que la solution est aussi simple que l'adjonction d'une pincée de sel. De sel *iodé*.

Né à Chennai, en Inde, en 1949, Mannar a étudié le génie chimique aux États-Unis, puis il est rentré pour travailler dans

1. Explaining the concept of salt fortification to students in Ottawa in 2012. / *Expliquant la notion de fortification par le sel à des étudiants à Ottawa en 2012.*

2. In a salt processing plant in Indonesia in 2012. / *Dans une usine de traitement du sel en Indonésie en 2012.*

3. Fortifying salt with iodine to prevent the deficiency that affects health and cognitive development. / *La fortification du sel à l'iode prévient les carences qui nuisent à la santé et au développement cognitif.*

United States and then returned home to work in the family's salt harvesting business—as his ancestors had done for five generations. In the early 1990s, he became involved in studies conducted by UNICEF and the World Health Organization that looked at adding iodine and iron to salt as a way of reducing mental impairment. He moved to Canada with his wife and two sons in 1990, and began working as president of a small Ottawa-based non-profit organization called Micronutrient Initiative, which today has an annual budget of $60 million, a staff of 150, and programs that reach almost 500 million people in 75 countries.

Adding nutrients to salt is a challenging task—taste, texture, colour, and the manufacturing process are all affected. One of Mannar's singular contributions was to develop technologies that allowed iodine to be added. This is still regarded as one of the most successful public health campaigns in recent memory. Mannar has also been working on adding other nutrients such as iron, folic acid, vitamin B12, and zinc to salt and other foods.

During his nineteen-year tenure as president of Micronutrient Initiative, Mannar led the efforts to deliver half a billion vitamin A capsules from Canada every year to young children in seventy countries to improve their immunity levels and odds of survival. Another of Mannar's projects was to deliver oral rehydration salts and zinc supplements to children weakened by diarrhea—both to treat it and to prevent recurrences. Since diarrhea kills one million children every year, invariably in less developed countries where access to clean water is difficult, this was an extraordinary initiative.

l'entreprise familiale de récolte du sel, comme ses devanciers le faisaient depuis cinq générations. Au début des années 90, il a pris part à des études de l'UNICEF et de l'Organisation mondiale de la santé qui visaient à ajouter de l'iode et du fer dans le sel afin de réduire les déficiences mentales. Il a émigré au Canada avec sa femme et ses deux fils en 1990, et il a débuté comme président d'une petite organisation sans but lucratif établie à Ottawa et appelée Initiative pour les micronutriments qui a aujourd'hui un budget de 60 millions de dollars, un effectif de 150 personnes et des programmes qui rejoignent près de 500 millions d'individus dans 75 pays.

L'adjonction de nutriments au sel n'est pas chose facile : le goût, la texture, la couleur et le procédé de fabrication du sel s'en trouvent modifiés. Mannar s'est signalé ici par le développement de technologies qui facilitent l'ajout d'iode. On considère que c'est l'une des campagnes de santé publique les plus réussies de mémoire récente. Mannar a aussi travaillé sur l'idée d'ajouter d'autres nutriments comme le fer, l'acide folique, la vitamine B12 et le zinc au sel et à d'autres aliments.

Au cours de ses dix-neuf années à la tête de l'Initiative pour les micronutriments, Mannar a été à l'origine des efforts visant à livrer chaque année, à partir du Canada, un demi-milliard de capsules de vitamine A dans soixante-dix pays pour y améliorer les degrés d'immunité et les chances de survie des jeunes enfants. Un autre projet de Mannar consistait à livrer des sels de réhydratation orale et des compléments de zinc aux enfants atteints de diarrhée, pour traiter cette maladie et prévenir les rechutes. Étant donné que la diarrhée tue un million d'enfants par année, invariablement dans les pays moins développés

1   2   3

Professor Levente Diosady, who directs the Food Engineering program at the University of Toronto (where Venkatesh is an adjunct professor), says Mannar "has an incredible drive to help the poor. He travels tirelessly. He never gives up. He is a very persuasive, charming man."

Venkatesh Mannar has spent many years educating world leaders on the scale of malnutrition worldwide. "The solutions," he says, "are very cost-effective—if you invest a dollar in fortification, you get back $30 to $40 in terms of improved human health, better productivity, and mental and physical development in children." The beauty of the program lies in its simplicity and low cost.

Kul Gautam, former deputy executive director with UNICEF, says, "Mannar is one of those relatively little known and unsung heroes of public health and nutrition."

Although Mannar has retired from the Micronutrient Initiative, he remains active, writing books and research papers and serving as a visiting professor at the University of Toronto and Cornell University.

où l'accès à l'eau potable est difficile, ce fut là une initiative extraordinaire.

Le professeur Levente Diosady, qui dirige le Programme d'ingénierie alimentaire à l'Université de Toronto (où Venkatesh est professeur auxiliaire), dit de Mannar qu'il est « décidé comme personne à aider les pauvres. Il voyage sans arrêt. Il n'abandonne jamais. C'est un homme très persuasif, charmant. »

Venkatesh Mannar a consacré de nombreuses années de sa vie à sensibiliser les leaders du monde entier aux maux de la malnutrition. « Les solutions, dit-il, sont très efficientes. Si vous investissez un dollar dans la fortification alimentaire, vous récupérez entre 30 et 40 dollars en santé humaine améliorée, en productivité rehaussée et en développement mental et physique des enfants. » La beauté du programme réside dans sa simplicité et son coût imbattable.

Kul Gautam, l'ancien directeur exécutif adjoint de l'UNICEF, dit : « Mannar est l'un des héros méconnus de la santé publique et de la nutrition. »

Mannar s'est retiré de l'Initiative pour les micronutriments mais il demeure actif, il écrit des livres et des rapports de recherche et est professeur invité à l'Université de Toronto et à l'Université Cornell.

H. Harrison McCain

C.C. | 1991 O.C. | 1984

Companion of the Order of Canada
Compagnon de l'Ordre du Canada
Officer of the Order of Canada
Officier de l'Ordre du Canada

THE ANCESTORS of Harrison McCain left County Donegal in Ireland in the 1820s, two decades before the Great Famine, which was triggered when potato crops—a staple in the Irish diet—failed repeatedly due to potato blight. Yet it was potatoes, especially the frozen kind, that would make the McCain family fortune.

McCain's ancestors were known as savvy farmers, with a nose for both enterprise and innovation. They did not just grow potatoes; they grew *seed* potatoes and made a business of exporting them to Latin America. McCain was cut from that same entrepreneurial cloth. Until he came along,

LES ANCÊTRES de Harrison McCain avaient quitté le comté de Donegal en Irlande dans les années 1820, vingt ans avant la Grande Famine qui se mit à sévir lorsque les récoltes de pommes de terre – aliment essentiel du paysan irlandais – furent dévastées à répétition par le mildiou de la pomme de terre. L'ironie a voulu que ce soit justement la pomme de terre, surtout sous sa forme surgelée, qui fasse la fortune de la famille.

Les ancêtres de McCain étaient des cultivateurs avertis, qui avaient du flair pour le commerce et l'innovation. Ils ne se contentaient pas de cultiver la pomme de terre; ils cultivaient aussi des pommes de terre de semence qu'ils exportaient vers l'Amérique latine. McCain a hérité de leur fibre entrepreneuriale. Avant lui, les pommes de

1. Harrison McCain, at home. / *Harrison McCain chez lui.*

2. Harrison and Marion (Billie) McCain. / *Harrison et Marion (Billie) McCain.*

3. Outside his house in 2000. / *À l'extérieur de sa maison en 2000.*

the potatoes grown on land near his home had always been baked or cooked in water or oil. He asked the crucial question: What if the potatoes were precooked and then frozen so that cooking them meant simply popping them in the oven?

Four McCain brothers (Harrison, Wallace, Robert, and Andrew) were involved in the risky launch of the french fry empire, but the family timed their venture perfectly. Women were entering the workforce in the mid-1950s, and getting food on the table quickly became a priority. At the same time, fast food restaurants were being launched and expanded as chains, which increased the demand for potatoes. One of the first of its kind, the McCain operation in Florenceville, New Brunswick, would eventually lead to the creation of fifty-five other factories around the world and to the company becoming the world's leading producer of french fries and other frozen food.

Once asked about the secret of his success, McCain answered, "Right place, right time. Next question." But hard work never hurt, either. He calculated that he spent 140 nights in one year on his corporate jet as he travelled on inspection trips to branch plants or sales offices in Europe, Australia, and Japan.

Harrison McCain spoke rapid-fire English—and he drove his Cadillac just as fast. He was assertive, salty-tongued, headstrong, and charismatic, and many people were inspired by his drive and determination. The father of five children prided himself on his loyalty to friends and family, and the famously long and bitter dispute with his brother Wallace over corporate succession plans was a hard pill to swallow.

McCain's biographer and friend, Donald Savoie, tells the story in *Harrison McCain:*

terre qui poussaient sur la terre familiale avaient toujours été cuites au four, bouillies dans l'eau ou frites dans l'huile. Ce fut lui qui posa la question essentielle : et si les pommes de terre étaient précuites puis surgelées, et qu'il suffisait de les réchauffer au four avant de servir?

Les quatre frères McCain (Harrison, Wallace, Robert et Andrew) osèrent se lancer dans la pomme frite surgelée, mais la famille avait parfaitement choisi son heure pour fonder son empire. Les femmes entraient sur le marché du travail au milieu des années 50, et elles avaient moins de temps pour faire la cuisine. Au même moment, on vit apparaître diverses chaînes de restauration rapide, ce qui accrut la demande pour la pomme de terre. L'entreprise McCain de Florenceville au Nouveau-Brunswick, une pionnière dans son genre, allait préluder à la construction de cinquante-cinq autres usines ailleurs sur la planète, faisant de la maison l'un des premiers producteurs de frites et d'autres aliments surgelés dans le monde.

Un jour où on lui demandait le secret de sa réussite, McCain répondit : « Nous étions là au bon endroit, au bon moment. Prochaine question. » Mais travailler d'arrache-pied, ça ne nuit pas non plus. Il calculait qu'il passait 140 nuits par an à bord de son avion d'affaires pour aller inspecter ses succursales ou ses bureaux de vente en Europe, en Australie et au Japon.

Harrison parlait à une vitesse hallucinante et conduisait sa Cadillac presque aussi vite. Il n'hésitait pas à imposer ses vues, il avait le verbe coloré, il était têtu et charismatique, et sa volonté et sa détermination en ont fait un modèle pour beaucoup. Ce père de cinq enfants se félicitait de sa loyauté envers ses amis et sa famille, et la tristement célèbre querelle au sujet de l'avenir

1

2

3

Single-Minded Purpose of being Harrison's replacement on the Order of Canada advisory committee and seeking the entrepreneur's advice. "Do not give the Order to a businessman who has only made money," he suggested. "That's the easy part. Give it to a businessman who has given back to his community. That's the test."

Harrison McCain was generous, and his philanthropy extended to many national causes—from the National Gallery of Canada to the Canadian Foundation for AIDS Research—but he was especially keen on helping the region where he was born. Former New Brunswick premier Frank McKenna once said of Harrison McCain's charitable impulse, "He recognized an inescapable reality that when it came to giving, New Brunswick might be 1,000 miles from Toronto but Toronto was 5,000 miles from New Brunswick."

de l'entreprise qui l'a opposé si longtemps à son frère Wallace fut un épisode pénible dans sa vie.

Le biographe et ami de McCain, Donald Savoie, raconte dans *Harrison McCain: Single-Minded Purpose* comment il a remplacé Harrison au comité consultatif de l'Ordre du Canada et lui a demandé conseil au préalable : « Ne donne pas l'Ordre du Canada à un homme d'affaires qui n'a fait que gagner de l'argent, lui a-t-il dit. Ça, c'est le plus facile. Donne-le à un homme d'affaires qui a redonné à son milieu. C'est le seul mérite qui vaille. »

Harrison McCain était généreux, et nombre de causes nationales ont bénéficié de sa philanthropie – le Musée des beaux-arts du Canada, par exemple, ou la Fondation canadienne de recherche sur le sida – mais il tenait surtout à aider sa région natale. L'ancien premier ministre du Nouveau-Brunswick Frank McKenna a dit un jour des élans charitables de Harrison McCain : « Quand il s'agissait de donner, il n'oubliait jamais que le Nouveau-Brunswick est peut-être à 1 000 milles de Toronto, mais que Toronto est à 5 000 milles du Nouveau-Brunswick. »

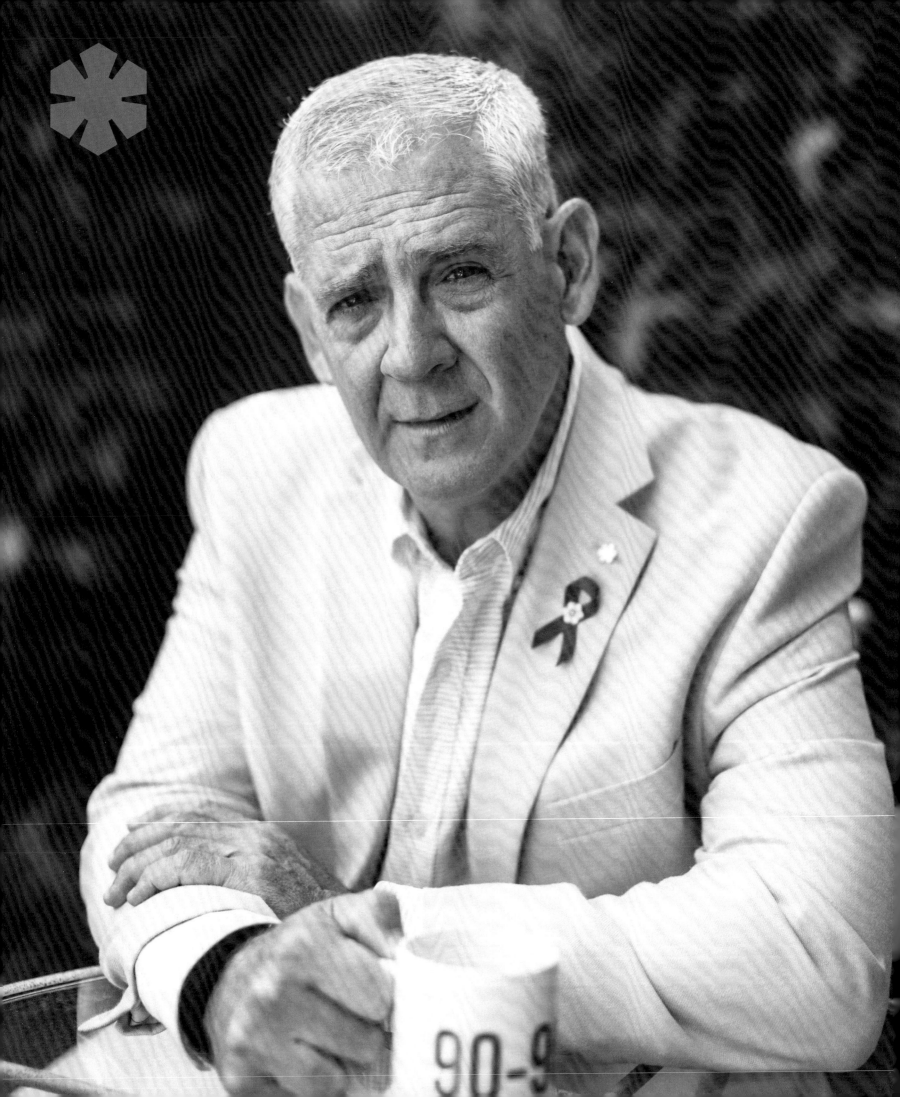

Julio Montaner

O.C. | 2014

Officer of the Order of Canada
Officier de l'Ordre du Canada

WHEN DR. JULIO MONTANER was inducted into the Canadian Medical Hall of Fame in 2015, Dr. Graydon Meneilly, head of the Department of Medicine at the University of British Columbia, said, "Few can say they change the world every day. Julio changes the world every day."

Science was much discussed in Montaner's home when he was growing up in Buenos Aires, Argentina. His mother was a botanist, and his father was a prominent pulmonary specialist who developed a unique approach to treating tuberculosis: Do not hit the disease with one drug; hit it with several at once.

QUAND LE DR **JULIO MONTANER** entra au Temple de la renommée médicale canadienne en 2015, son collègue, Graydon Meneilly, chef du département de médecine de l'Université de la Colombie-Britannique, a dit : « Rares sont ceux qui peuvent dire qu'ils changent le monde tous les jours. Julio, lui, change le monde tous les jours. »

Montaner a grandi dans une famille de Buenos Aires où l'on parlait volontiers science. Sa mère était botaniste et son père un grand spécialiste de la médecine pulmonaire qui avait mis au point une technique unique pour traiter la tuberculose : ne pas attaquer le mal avec un seul médicament mais avec plusieurs d'un coup.

Au milieu des années 90, Julio Montaner s'est retrouvé lui aussi spécialiste de la médecine pulmonaire à l'Hôpital Saint-Paul de

144

1. At the B.C. Centre
for Excellence in HIV/
AIDS. / *Au Centre
d'excellence* VIH/
*sida de la Colombie-
Britannique.*

Fast-forward to the mid-1990s and Julio Montaner is a pulmonary specialist at St. Paul's Hospital in Vancouver, a city in which HIV/AIDS was cutting a deadly swath through the gay population. What had brought him to Canada was a chance encounter. Dr. Montaner had heard Dr. James C. Hogg, a physician from the University of British Columbia, speak at a medical conference in South America. The two had connected, and the Canadian physician had been so struck by Montaner's passion and intelligence that he offered him a fellowship.

In Vancouver, Dr. Montaner adapted his father's multiple drug approach to the management of his HIV/AIDS patients—and was completely taken aback by how well it worked. Not only were his patients staying alive, they ceased to be infectious. What came to be called "treatment as prevention" revolutionized the care of HIV/AIDS patients in British Columbia, and around the world, and dramatically changed the impact of the disease. With the right drug cocktail, AIDS was no longer a death sentence but a chronic, manageable disease. Patients on the antiretroviral program now have life spans close to that of the general population.

In the early 1990s, HIV/AIDS cases in Vancouver were spiking at an alarming rate. That trend stopped abruptly in 1996 as the triple therapy regimen kicked into high gear. The new standard of care unveiled at the 1996 International AIDS Conference, hosted by Montaner and his UBC colleagues in Vancouver, changed the course of the HIV/AIDS pandemic forever.

"The sense of excitement," says the architect of this made-in-Canada plan, "was absolutely palpable. It was incredible. Within months, mortality, death rates, and progression to AIDS

Vancouver, ville où le VIH/sida décimait la population homosexuelle. C'était le hasard qui l'avait conduit là. Le Dr Montaner était allé entendre James C. Hogg, un médecin de l'Université de la Colombie-Britannique, à une conférence médicale en Amérique du Sud. Les deux s'étaient liés, et le médecin canadien avait été tellement ébloui par la passion et l'intelligence de Montaner qu'il lui avait offert un poste de chercheur.

Arrivé à Vancouver, Montaner a entrepris d'appliquer l'approche multimédicamentaire de son père au traitement des patients atteints du VIH/sida, et les résultats l'ont confondu. Non seulement ses patients restaient en vie, ils n'étaient plus contagieux. Ce qu'on en est venu à appeler le « traitement comme prévention » a révolutionné le traitement des patients VIH/sida en Colombie-Britannique et plus tard ailleurs dans le monde, et l'impact de la maladie s'en est trouvé radicalement réduit. Si l'on administrait le bon cocktail de médicaments, le sida cessait d'être une condamnation à mort et devenait une maladie chronique gérable. Les patients bénéficiant du programme d'antirétroviraux ont maintenant une longévité comparable au reste de la population.

Au début des années 90, les cas de VIH/sida à Vancouver augmentaient à un rythme effarant. Cette tendance a été stoppée net en 1996 lorsqu'on a généralisé le régime de la trithérapie. Cette nouvelle norme de traitement, dévoilée lors de la Conférence internationale sur le sida de 1996, dont les hôtes étaient Montaner et ses collègues de l'Université de la Colombie-Britannique à Vancouver, a changé pour toujours le cours de la pandémie du VIH/sida.

L'architecte de ce régime *made in Canada* dit : « L'enthousiasme était palpable. On n'en revenait pas. En quelques mois, la mortalité, les taux de

among people taking triple therapy was way down. And so were new HIV infections."

In 2014, the UN formally endorsed Treatment as Prevention as the road map to end HIV/AIDS as a public threat by 2030. By 2020, the UN hopes to meet its "90-90-90 target," which would see 90 per cent of the world's HIV-infected individuals diagnosed, 90 per cent of them getting treatment, and 90 per cent of them becoming non-infectious. "None of this would have been possible without the close co-operation of the provincial government in B.C. and the support of the Canadian Institute for Health Research" said Montaner.

The father of four children, Dr. Montaner is the winner of numerous prizes, including the Albert Einstein World Award of Science for bringing "progress to science and benefit to mankind."

morbidité et la progression du sida chez les personnes profitant de la trithérapie avaient beaucoup baissé. Même chose pour les nouveaux cas de VIH. »

En 2014, l'ONU a officiellement adopté le Traitement comme méthode de prévention pour faire en sorte que le VIH/sida cesse d'être une menace pour la santé publique d'ici 2030. L'ONU espère atteindre en 2020 la cible « 90-90-90 », où 90 pour cent des porteurs du VIH seraient diagnostiqués, 90 pour cent recevraient le traitement voulu et 90 pour cent cesseraient d'être contagieux. « Rien de tout cela n'aurait été possible sans l'étroite co-opération du gouvernement provincial de la Colombie-Britannique et le soutien des Instituts de recherche en santé du Canada, a déclaré Montaner.

Père de quatre enfants, le Dr Montaner a remporté de nombreux prix, dont le prix scientifique mondial Albert-Einstein qui récompense ceux qui « ont fait avancer la science pour le bien de l'humanité. »

Yannick Nézet-Séguin

c.c. | 2012

Companion of the Order of Canada
Compagnon de l'Ordre du Canada

YANNICK NÉZET-SÉGUIN had been playing the piano for five years when, at age ten, he happened to see the legendary Charles Dutoit conducting an outdoor concert in Montreal. That year, 1985, the Chœur polyphonique de Montréal visited his school, and Nézet-Séguin subsequently decided to join the choir. During one rehearsal break, the choral conductor playfully asked if anyone wanted to try conducting. Yannick put up his hand. Wrist and body working in tandem, he simply knew what to do—and so his ambition to be a conductor was born. At the age of thirteen, he entered the Conservatoire de musique du Québec

YANNICK NÉZET-SÉGUIN jouait du piano depuis qu'il avait cinq ans quand, à l'âge de dix ans, il a eu la chance de voir le légendaire Charles Dutoit diriger un concert en plein air à Montréal. La même année, en 1985, le Chœur polyphonique de Montréal s'est produit à son école, et Nézet-Séguin a décidé de s'y joindre. Lors d'une pause pendant une répétition, le chef de chorale a demandé à la blague si quelqu'un voulait essayer de diriger. Yannick a levé la main. Le poignet et le corps travaillant à l'unisson, il savait d'instinct quoi faire, et c'est ainsi que lui est venue l'ambition de se faire chef d'orchestre. À l'âge de treize ans, il est entré au Conservatoire de musique du Québec à Montréal, d'où il est sorti plus tard avec cinq premiers prix, dont le Premier prix avec grande distinction pour le piano.

148

1. He "conquers every orchestra he meets," wrote *The New York Times* in 2009. / *« Il conquiert tous les orchestres qu'il dirige »*, écrivait le New York Times *en 2009.*

2. Many critics have remarked on his "muscular" conducting style. / *De nombreux critiques ont souligné son style de direction « musclé ».*

à Montréal, graduating with five first prizes—including Premier prix, avec grande distinction (First Prize, with Great Distinction) in piano.

Today, at what some call "the impossibly young age of forty," Nézet-Séguin is music director of Montreal's Orchestre Métropolitain, the Rotterdam Philharmonic, and the Philadelphia Orchestra. It seems that no matter where he is invited to be a guest conductor elsewhere in the world, local musicians, audiences, and critics do not want him to leave. "[He] conquers every orchestra he meets," *The New York Times* declared in 2009.

In the fall of 2015, Nézet-Séguin conducted the Philadelphia Orchestra with Pope Francis in attendance; opened the Metropolitan Opera's season (Verdi's *Otello*); threw out the first pitch in a Philadelphia Phillies baseball game; and was named artist of the year by *Musical America*, the prestigious classical music magazine. In June of 2016, it was announced that he would be taking over as music director of the Metropolitan Opera in New York City. Among the many honours that have come his way are the Prix Denise-Pelletier, awarded by the Quebec government, and a Juno for one of his more than forty recordings.

Several characteristics mark Nézet-Séguin as a luminary in the conducting world. One is his ebullience. *The Financial Times* called him "the greatest generator of energy on the international podium." One soprano calls him "Mighty Mouse" for his compact stature and toned frame, and many critics have remarked on his "muscular" conducting style. Another distinguishing trait is his ability to establish an immediate rapport with musicians he has just met. His collaborative impulse

Aujourd'hui, « à l'âge tout bonnement stupéfiant de quarante ans », aux yeux de certains en tout cas, Nézet-Séguin est directeur musical de l'Orchestre métropolitain de Montréal, du Philharmonique de Rotterdam et de l'Orchestre de Philadelphie. Il semble que peu importe où il aboutit dans le monde comme chef invité, les musiciens du lieu, les auditoires et les critiques cherchent à le retenir. Le *New York Times* affirmait à ce sujet en 2009 : « Il conquiert tous les orchestres qu'il dirige. »

À l'automne de 2015, Nézet-Séguin a dirigé l'Orchestre de Philadelphie devant le pape François; il a inauguré la saison d'opéra du Metropolitan avec l'*Otello* de Verdi; il a lancé la première balle de la saison au match des Phillies de Philadelphie; et il a été nommé artiste de l'année par la revue *Musical America*, le prestigieux magazine de musique classique. En juin 2016, il est devenu le nouveau directeur musical du Metropolitan Opera de New York. Parmi les nombreux honneurs qu'il a remportés, on compte le prix Denise-Pelletier du gouvernement du Québec et un Juno pour l'un de ses plus de quarante enregistrements.

Nézet-Séguin ne fait rien comme les autres, et c'est pourquoi il est devenu une sommité dans le monde des chefs d'orchestre. Par exemple, son exubérance. Le *Financial Times* a dit de lui qu'il était « le plus grand générateur d'énergie de la scène internationale. » Une soprano l'a baptisé *Mighty Mouse* (la Super-Souris) du fait de sa stature compacte et de son corps d'athlète, et de nombreux critiques ont justement souligné son style de direction « musclé ». Il est également réputé pour ce don qu'il a d'établir immédiatement un rapport avec les musiciens dont il vient tout juste de faire la connaissance. Son instinct collaboratif

means that he is less the taskmaster and more the psychologist.

"My job," he once said, "is more to make people so confident in themselves that they bring their A game." What he brings as a young conductor, by his own admission, is his impeccable preparation (on airplanes, and even on vacation, he spends most of his time poring over scores) and his genuine nature.

Yannick Nézet-Séguin travels around the world at a torrid pace. His managers (his parents, both formerly university professors) help to plan and maintain a career that may take their son to Berlin, Paris, London, and New York, all in the course of a year as he directs this or that orchestra or opera company. He also has a ritual that keeps him steady. He wears his grandfather's ring and touches it before going on stage. "I have a moment," he says, "where I touch the ring and think of him. He passed away before seeing me conduct, so this is a small way of sharing."

fait en sorte qu'il est moins père Fouettard et davantage psychologue.

« Mon travail, a-t-il dit un jour, consiste à faire en sorte que les gens aient tellement confiance en eux-mêmes qu'ils jouent de leur mieux. » Ce qu'offre ce jeune chef d'orchestre, et il le dit lui-même, c'est sa préparation impeccable (il passe presque tout son temps à étudier les partitions, qu'il soit en avion ou en vacances) et son authenticité.

Yannick Nézet-Séguin parcourt le monde à un rythme infernal. Ses imprésarios (qui sont ses parents, tous deux anciens professeurs d'université) l'aident à planifier et à soutenir une carrière qui le conduit à Berlin, Paris, Londres, New York, et tout cela pendant une année où il doit diriger tel orchestre ou telle compagnie d'opéra. Il a aussi un rituel qui l'aide à garder les pieds sur terre. Il porte au doigt la bague de son grand-père et la caresse avant de monter sur scène. « C'est un moment, dit-il, où je touche cette bague et je pense à lui. Il est décédé avant de me voir diriger, c'est donc une façon de partager modestement avec lui ce que je vis. »

F. ROL.
MOTOR
LATERAL
R. HEM.
INTERPRETIVE
VISUAL SENS.
AUDITORY SENS.
INTERPRETIVE
MOTOR
INTERPRETIVE
CORTEX
CORTEX
R. HEM.
BRAIN STEM

Wilder
G. Penfield

C.C. | 1967

Companion of the Order of Canada
Compagnon de l'Ordre du Canada

"BRAIN SURGERY is a terrible profession," Wilder Penfield once remarked. He said he would have hated his chosen profession but for one thing: He was convinced that the nature of such operations would change in his lifetime, and indeed, neurosurgery did undergo a sea change during the twentieth century—and in no small part thanks to Wilder Penfield.

In 1928, at the age of thirty-seven, he moved from New York to Montreal, where one of his first patients was his own sister, Ruth. She had been tormented all her life by terrible headaches and epileptic seizures, and now a brain tumour threatened

« LA NEUROCHIRURGIE est un métier épouvantable », a dit un jour Wilder Penfield. Il aurait détesté la profession qu'il avait choisie n'eut été d'une chose : il était convaincu que la nature de telles interventions changerait du tout au tout de son vivant, et effectivement, la chirurgie cérébrale a changé totalement de visage au cours du 20ᵉ siècle, et ce, en bonne partie grâce à lui.

En 1928, à l'âge de trente-sept ans, il a quitté New York pour Montréal où l'une de ses premières patientes fut sa propre sœur, Ruth. Elle avait été tourmentée toute sa vie par des migraines effroyables et des crises d'épilepsie, et la vie de la jeune mère était désormais menacée par une tumeur au cerveau. Dans ses mémoires, *No Man Alone*, Penfield raconte comment il avait les genoux qui tremblaient à l'idée d'opérer

1. With students, 1950s. **/** *Avec ses étudiants, dans les années 50.*

2. Wilder Penfield in Sherrington's laboratory for mammalian physiology, in 1916. He wears a white collar and tie with his lab coat, to take his examination in the Honours School of Physiology. **/** *Wilder Penfield au Laboratoire Sherrington pour la physiologie des mammifères en 1916. Il porte un collet blanc et une cravate sous son sarrau et s'apprête à passer l'examen de la Honours School of Physiology.*

3. With one of his instruments. **/** *Avec un de ses instruments.*

the life of the young mother. In his memoir, *No Man Alone,* Penfield remembers how his knees trembled at the prospect of operating on a sibling. In what came to be known as "the Montreal procedure," he administered a local anesthetic to his sister, removed her skull cap, and began excising as much of her malignant tumour as he could—while she was still awake. Indeed, she was so chatty that he had to hush her before the operation commenced.

Penfield was only able to extend his sister's life by three years, but by modifying daring surgical techniques he had first seen used in Germany, he increased the survival rates for many patients—and especially those with epilepsy.

Wilder Graves Penfield, it seemed, was born to greatness. Head of his class in high school, he went to Oxford University as a Rhodes scholar in 1914, and then studied literature at Princeton University, where he excelled both as a student and as an athlete. He was named class president and voted "best all-round man" by his classmates. When he was still at Princeton, Penfield decided to pursue medicine because "it seemed to be the best way to make the world a better place to live in."

Wilder Penfield believed first and foremost in collaboration, and so he was frustrated by infighting at the New York Neurological Institute, which had hired him as a surgeon after he graduated. A chance encounter with philanthropist David Rockefeller led to Penfield moving to Montreal, where he was able to realize his dream. Funded by Rockefeller, the provincial government, and the city, he went on to form the Montreal Neurological Institute. Neurologists, neurosurgeons, and neuropathologists now worked as a team, with Wilder Penfield at

un membre de sa famille. Dans ce qu'on s'est mis à appeler par la suite la « procédure de Montréal », il lui administra un anesthésique local, ouvrit la calotte crânienne et entreprit d'exciser tout ce qu'il pouvait de la tumeur maligne, alors qu'elle était toujours éveillée. Même qu'elle bavardait tant qu'il dut la faire taire avant le commencement de l'opération.

Penfield put non seulement prolonger la vie de sa sœur de trois ans, mais en ayant adapté les techniques chirurgicales audacieuses qu'il avait vues pour la première fois en Allemagne, il accrut la longévité de nombreux patients, particulièrement chez les épileptiques.

On aurait dit que Wilder Graves Penfield était né pour faire de grandes choses. Premier de sa classe à l'école secondaire, il était entré à Oxford en 1914 à titre de boursier Rhodes, après quoi il avait étudié la littérature à Princeton, où il avait excellé à titre d'étudiant et d'athlète. Il avait été élu président de sa classe et « meilleur homme toutes catégories » par ses condisciples. C'est à Princeton qu'il décida de faire des études de médecine « parce cela me semblait être le meilleur moyen de faire un monde plus vivable. »

Wilder Penfield croyait fermement dans la collaboration, d'où l'agacement que lui inspiraient les querelles intestines qui avaient cours à l'Institut neurologique de New York où on l'avait embauché comme chirurgien à sa sortie de la faculté de médecine. Ayant fait par hasard la connaissance du philanthrope David Rockfeller, Penfield décida d'aller s'établir à Montréal où il put réaliser son rêve. Avec l'appui financier de Rockfeller, du gouvernement provincial et de la ville de Montréal, il fonda l'Institut neurologique de Montréal. Désormais, neurologues, neurochirurgiens et neuropathologistes allaient travailler main dans la main,

the helm. His academic treatises on the brain and his mapping of the brain were groundbreaking, and some of his surgical techniques remain in use today.

In 1934, the American-born surgeon became a Canadian citizen. He would soon come to be called "the greatest living Canadian." After "retiring," and true to his belief that "Rest, with nothing else, results in rust," he devoted his life to public service (he was, for example, cofounder of the Vanier Institute of the Family) and to writing medical biographies and historical novels.

Sir George Pickering, former Regius Professor of Medicine at Oxford University, once remarked that "Wilder Penfield was not only a great surgeon and a great scientist, he was an even greater human being."

avec Wilder Penfield aux commandes. Ses traités savants sur le cerveau et sa cartographie du cerveau marquèrent une percée dans son domaine, et certaines de ses techniques chirurgicales sont toujours employées aujourd'hui.

Ce chirurgien né aux États-Unis fut fait citoyen canadien en 1934. On se mit vite à l'appeler « le plus grand Canadien vivant ». Après avoir pris sa « retraite », fidèle à sa devise selon laquelle « le repos et rien d'autre, c'est la rouille assurée », il consacra sa vie au bien public (il cofonda par exemple l'Institut Vanier pour la famille) et écrivit des biographies médicales ainsi que des romans historiques.

Sir George Pickering, l'ancien Professeur Regius de médecine à Oxford, a dit un jour que « Wilder Penfield était non seulement un grand chirurgien et un grand scientifique mais un être humain encore plus grand. »

Aaju Peter

C.M. | 2011
Member of the Order of Canada
Membre de l'Ordre du Canada

READER OF SEVEN languages, speaker of four. Singer/songwriter/musician. Writer. Activist. Designer and maker of traditional sealskin garments. Lawyer. Translator. Heavy equipment operator. And that's the abridged version of Aaju Peter's remarkable life journey.

Born in the northern Greenland community of Arkisserniaq in 1960, Aaju Peter was the daughter of itinerant Inuit parents who sent her to school in Denmark when she was just eleven. When she returned at eighteen, she was teased for having lost her Greenlandic language and culture. "I was the perfect product of three hundred

ELLE LIT EN SEPT langues. Elle en parle quatre. Elle est chanteuse, compositrice et musicienne. Écrivaine aussi. Militante. Styliste et créatrice de vêtements traditionnels en peau de phoque. Avocate. Traductrice. Opératrice de machinerie lourde. Et ça, c'est la version abrégée du remarquable parcours d'Aaju Peter.

Née en 1960 dans la communauté d'Arkisserniaq, dans le nord du Groenland, Aaju Peter est la fille de parents inuits itinérants qui l'ont envoyée à l'école au Danemark quand elle n'avait que onze ans. Quand elle est rentrée dans son pays à dix-huit ans, on la taquinait parce qu'elle avait oublié sa langue et sa culture groenlandaises. « J'étais le produit parfait de trois cents ans d'assimilation, dit-elle de cette époque. Je ne me retrouvais même pas

They Desire a Better Country / *Ils désirent une patrie meilleure*
Aaju Peter

1. With furs she made from seal skin, 2014. Her house (top right) overlooks Frobisher Bay and the town of Iqaluit. / *Avec des fourrures qu'elle a taillées dans des peaux de phoque, 2014. Sa maison (en haut à droite) surplombe la baie de Frobisher et la ville d'Iqaluit.*

2. Showing traditional Inuit designs on her forehead, chin, and hands. / *Expliquant les dessins traditionnels inuits sur son front, son menton et ses mains.*

years of assimilation," Peter says of that time. "I couldn't even fit in with my own people." But she would find another people to embrace—in the Canadian Arctic.

In her early twenties, she met and married a man from Nunavut, and they moved to Iqaluit, where she immersed herself in the Inuit language and culture while raising her five children. The youngest was still a toddler when the marriage failed and she became a single mother, a circumstance that led to her working with heavy machinery while helping to build Iqaluit's breakwater.

A tireless activist who travelled widely in the Arctic, Peter soon realized that a lack of infrastructure—airports, roads, docks, and satellite broadband—plagued northern communities. "What opportunity is there," Peter asks, "for anyone in the community, aside from being a carver, or aside from making handicrafts?"

When Nunavut became a territory in 1999, it had just one Inuit lawyer (Paul Okalik, who later became the premier). A one-time law school program was created to address this problem, and Peter—though she had expressed no previous interest in the law—decided to become part of a group of ten people who entered. She did it because she believed that Northerners needed to be empowered by having legal experts who could speak with their own voices. Peter's studies required enormous persistence: four years of hard work, including displacing herself to article in Ottawa (at Nelligan O'Brien Payne) because there were no northern law firms to foster her skills.

In 2008, Peter was in a film-making workshop with Alethea Arnaquq-Baril, who was then making a film about ancient Inuit body art.

parmi les miens. » Mais elle allait trouver un autre peuple d'adoption dans l'Arctique canadien.

Au début de la vingtaine, elle a épousé un homme du Nunavut, et les deux sont allés s'installer à Iqaluit où elle s'est immergée dans la langue et la culture inuites tout en élevant ses cinq enfants. Le plus jeune marchait tout juste quand le mariage s'est disloqué. Elle s'est retrouvée mère monoparentale, et c'est ainsi qu'elle a dû apprendre à actionner des machineries lourdes quand on a bâti le brise-lames d'Iqaluit.

Quand le Nunavut est devenu un territoire en 1999, on n'y comptait qu'un seul avocat inuit (Paul Okalik, qui devint plus tard premier ministre). Pour combler cette lacune, l'on créa un programme ponctuel d'étude du droit, et Peter – qui pourtant n'avait jamais auparavant ressenti le moindre intérêt pour le droit – a décidé de se joindre au groupe de dix personnes qui allait en profiter. Elle l'a fait parce qu'elle était convaincue que les habitants du Nord sauraient mieux se tenir debout s'ils avaient à leur disposition des experts en droit qui parlent leur langue. Ces études ont exigé d'elle une persévérance sans faille : ce furent quatre années à travailler d'arrache-pied, et il lui fallut s'exiler à Ottawa pour faire son stage (chez Nelligan O'Brien Payne) parce qu'il n'existait pas de cabinet d'avocats dans le Nord où elle aurait pu parfaire ses compétences.

En 2008, Peter a pris part à un atelier de cinématographie en compagnie d'Alethea Arnaquq-Baril, qui tournait un film sur l'art corporel des Inuits d'autrefois. De là, Peter s'est fait tatouer des dessins inuits traditionnels sur le front, le menton et les mains. Un an plus tard, elle n'est pas passée inaperçue lorsqu'elle a comparu devant le Parlement de l'Union européenne à Strasbourg, où elle avait été invitée à prendre la parole avant que l'UE ne vote

That led to Peter having traditional designs tattooed on her forehead, chin, and hands. A year later, she cut a striking figure at the European Union parliament in Strasbourg, France, where she had gone to speak as the EU prepared to vote on whether to ban the import of seal hides into Europe. Dressed in a traditional *amauti* (parka), she angrily denounced the ban. "We are one of the world's last traditional hunting cultures," she told reporters, "and seals have been essential to our survival for thousands of years. Should 600 people in [Europe] be allowed to define the terms of our existence?"

Politicians who oppose the seal hunt on grounds of animal cruelty, she pointed out, have no issue with force-feeding ducks for foie gras or confining calves to make veal. Meanwhile, the seal product ban continues.

Peter's list of favourite foods reveals her deep connection to the Inuit culture: "Crow berries, blackberries, mixed with seal brain, seal blood, and seal fat (*akusimajuq*)... This is my reality."

To her Order of Canada investiture ceremony, Peter wore a sealskin vest as a point of pride. "It depicts the *amauti* tail on the back and the *amauti* front," she said, describing her design. "It shows the long heritage we have and the ingenious invention the Inuit have of carrying a baby that made it possible for them to keep moving and not have their babies freeze to death. I want my granddaughter, who is two, to wear the same."

la mesure interdisant l'importation de peaux de phoque en Europe. Vêtue du traditionnel *amauti* (un parka), elle a dénoncé cette interdiction avec feu : « Notre culture est l'une des dernières au monde à pratiquer la chasse traditionnelle, a-t-elle déclaré aux reporters présents, et le phoque est essentiel à notre survie depuis des milliers d'années. Et l'on va permettre à 600 personnes ici de définir nos conditions d'existence? »

Les politiciens qui s'opposent à la chasse au phoque parce qu'ils réprouvent la cruauté envers les animaux, a-t-elle fait valoir, sont les mêmes qui tolèrent le gavage des canards pour la production de foie gras et le confinement des veaux. Cela dit, il demeure interdit d'importer en Europe les produits du phoque.

Les mets que préfère Peter illustrent le lien profond qu'elle entretient avec la culture inuite : « Les baies de camarine et les mûres mêlées à la cervelle de phoque, au sang de phoque, au gras de phoque (*akusimajuq*) [...] C'est ça ma réalité. »

Lors de la cérémonie d'investiture de l'Ordre du Canada, Peter s'est fait un point d'honneur de revêtir pour l'occasion une veste en peau de phoque. « La mienne montre la queue de l'*amauti* à l'arrière et à l'avant, a-t-elle dit pour décrire son modèle. Cela rappelle notre patrimoine ancien et cette invention ingénieuse que les Inuits ont mise au point pour permettre à la femme de porter son bébé sans cesser de marcher, pour éviter que le petit meure de froid. Je veux que ma petite-fille, qui a deux ans, porte le même vêtement un jour. »

Oscar E. Peterson

c.c. | 1984 o.c. | 1972

Companion of the Order of Canada
Compagnon de l'Ordre du Canada
Officer of the Order of Canada
Officier de l'Ordre du Canada

OSCAR PETERSON played the piano with such speed and dexterity that Louis Armstrong called him "the man with four hands," while Count Basie said, "Oscar Peterson plays the best ivory box I've ever heard." Most pianists play with one dominant hand, with the other in a complementary role, but Peterson improvised with both hands—and to dazzling effect. A stroke in 1993 at the age of 68 would tame his left hand, but he still went on touring, composing, and recording. Broadcaster Ross Porter put it well: "Playing with half of what most other pianists had, he was still light years ahead of everyone else."

OSCAR PETERSON jouait du piano avec une célérité et une dextérité telles que Louis Armstrong l'avait baptisé « l'homme à quatre mains » alors que Count Basie disait de son côté : « Oscar Peterson est le plus grand virtuose du piano que j'aie jamais entendu. » La plupart des pianistes ont une main dominante, l'autre étant confinée à un rôle complémentaire, mais Peterson improvisait des deux mains, avec un effet stupéfiant. L'embolie qui le frappa en 1993 à l'âge de 68 ans allait ralentir sa main gauche, mais il continua de faire des tournées, de composer et d'enregistrer. L'animateur radio Ross Porter l'a dit mieux que personne : « Même s'il jouait avec la moitié des moyens dont disposaient la plupart des

1. Oscar Peterson and his sister Daisy. / *Oscar Peterson et sa sœur Daisy.*

2. Photograph taken for a CBC TV documentary in the late 1970s. / *Photographie prise lors du tournage d'un documentaire de la CBC à la fin des années 70.*

The son of immigrants from the Caribbean (his father, from the British Virgin Islands, was a railroad porter, and his mother, from St. Kitts, was a maid), he grew up in a working-class Montreal neighbourhood. Peterson began playing the family's rented piano at the age of five. He recalled his father saying, "'If you're going to go out there and be a piano player, don't just be another one. Be the best.' He always had the belief in me, for which I'm grateful." That support would fuel Peterson's drive to practise for four to six hours a day.

By the age of fourteen, he was playing live gigs on his own weekly radio show. Convinced that his son was getting a swollen head, Daniel Peterson had him listen to Art Tatum playing "Tiger Rag." Overwhelmed by the legendary pianist's wizardry, Peterson had nightly "crying fits" and could not play for two months.

One day in 1949, when Peterson was just twenty-four, jazz impresario Norman Granz was in a Montreal cab when he heard Peterson playing live on the radio from the Alberta Lounge. He told his driver to take him there. Granz, who would later become Peterson's manager, convinced Peterson to play at Carnegie Hall in New York. The show featured legendary jazz giants such as Charlie Parker, Lester Young, and Coleman Hawkins, but the imposing young man from Montreal (he was six feet three and weighed 250 pounds) "stopped the concert dead cold in its tracks," reported *Down Beat* magazine. This was the turning point in the musical career of Oscar Peterson.

A jazz virtuoso, "the Master of Swing" played in concerts all over the world. He would release two albums every year and appeared on some

autres pianistes, il conservait des années-lumière d'avance sur tous les autres. »

Fils d'immigrants des Caraïbes (son père, qui était des Îles Vierges britanniques, était employé des wagons-lits, et sa mère, originaire de Saint-Kitts, était bonne), il grandit dans un quartier ouvrier de Montréal. Sa famille avait chez elle un piano en location, et il se mit à en jouer à l'âge de cinq ans. Il se rappelait avoir entendu son père dire : « "Si tu veux faire pianiste, ne sois pas comme les autres. Sois le meilleur." Il a toujours cru en moi, et je lui en suis toujours reconnaissant. » Appui moral qui allait encourager Peterson à répéter de quatre à six heures par jour.

À l'âge de quatorze ans, il jouait en direct dans sa propre émission de radio hebdomadaire. Convaincu que son fils commençait à avoir la grosse tête, Peterson père lui fit écouter *Tiger Rag* d'Art Tatum. Bouleversé par le jeu magique du légendaire pianiste, Peterson se mit à avoir des « crises de larmes » la nuit et fut incapable de jouer pendant deux mois.

Un jour, en 1949, alors que Peterson n'avait que vingt-quatre ans, l'imprésario de jazz Norman Granz se trouvait dans un taxi à Montréal quand il entendit Peterson jouer en direct à la radio depuis l'Alberta Lounge. Il ordonna au chauffeur de s'y rendre tout de suite. Granz, qui allait devenir le gérant de Peterson, convainquit son futur protégé de venir jouer au Carnegie Hall de New York. Le spectacle mettait en vedette des légendes du jazz comme Charlie Parker, Lester Young et Coleman Hawkins, mais l'imposant jeune homme de Montréal (il faisait six pieds trois pouces et 250 livres) « figea le concert d'un coup », rapporta le magazine *Down Beat*. Ce fut le point tournant dans la carrière d'Oscar Peterson.

1

2

two hundred albums by other artists, including Dizzy Gillespie, Ella Fitzgerald, and Billie Holliday. He won just about every award the jazz world had to offer, including a Juno and eight Grammys. Among Oscar Peterson's best-known works are *Canadiana Suite*—"a musical portrait of the Canada I love"—and "Hymn to Freedom," embraced as an anthem by the civil rights movement.

"The music field," Peterson once observed, "was the first to break down racial barriers, because in order to play together, you have to love the people you are playing with, and if you have any racial inhibitions, you wouldn't be able to do that."

Ce virtuose du jazz, le « maître du swing », donna des concerts dans le monde entier. Il devait faire paraître deux albums par année et figurer dans quelque deux cents albums produits par d'autres artistes, notamment Dizzy Gillespie, Ella Fitzgerald et Billie Holliday. Il remporta tous les honneurs que le monde du jazz avait à offrir, dont un Juno et huit Grammy. Ses œuvres les plus connues sont *Canadiana Suite* – « un portrait en musique du Canada que j'aime » – et *Hymn to Freedom* qui devint l'hymne du mouvement des droits civiques.

« C'est dans la musique, fit remarquer un jour Peterson, où l'on a vu le racisme reculer pour la première fois, parce que pour jouer avec d'autres, il faut aimer ceux avec qui on joue, et si l'on est le moindrement raciste, l'amour n'est jamais au rendez-vous. »

Chantal Petitclerc

C.C. | 2009

Companion of the Order of Canada
Compagnon de l'Ordre du Canada

HERE IS A MEASURE of Chantal Petitclerc's confidence and wit: Early on in her storied career as a wheelchair racer, she told her coach, "I know in my heart I am the best in the world. We just need to get faster." And here is a measure of her discipline: "You don't win it in front of 91,000 people," she once said. "You win it on a rainy day in Montreal when you have three training sessions and you not only go but you do it right that day and the next and the next…"

In 1982, Petitclerc was thirteen years old and living in her hometown of Saint-Marc-des-Carrières, near Trois-Rivières in Quebec, when a heavy barn door fell on her.

VOILÀ QUI DONNE une idée de la confiance et de l'humour de Chantal Petitclerc. Au début de sa carrière légendaire comme coureuse en fauteuil roulant, elle a dit à son entraîneur : « Je sais dans mon cœur que je suis la meilleure au monde. Il faut juste que j'aille plus vite. » Et voici qui donne une idée de sa discipline personnelle : « On ne gagne pas seulement devant 91 000 personnes, a-t-elle dit un jour. On gagne par un jour pluvieux à Montréal parce qu'on s'entraîne trois fois par jour, et non seulement on y va, mais on fait ça ce jour-là et le lendemain, et le surlendemain … »

Ayant grandi dans son village natal de Saint-Marc-des-Carrières, près de Trois-Rivières au Québec, Chantal avait treize ans en 1982 quand la lourde porte de la grange lui est tombée dessus. L'accident devait la

164

1. Winning the final in the women's 800 metres at the Beijing Paralympic Games in 2008. / *Remportant le 800 mètres féminin à Beijing en 2008.*

2. Celebrating after winning the 200-metre final, Beijing. / *Elle a remporté la finale du 200 mètres à Beijing : c'est la fête.*

The accident deprived her of the use of her legs. "I saw it as a challenge," she says, "not a tragedy." The first thing she did was take to the swimming pool to increase her fitness and strength, knowing this would allow her to live a more independent life while relying on a wheelchair. Swimming awakened a latent competitive instinct, and, at the age of eighteen, Petitclerc entered her first wheelchair race. Using a home-made chair, she came in dead last. That would never happen again.

Chantal Petitclerc is arguably one of the most celebrated track athletes in history. Competing at Paralympic Games, Commonwealth Games, and Olympic Games, she has won twenty-one medals—fourteen of them gold. At the Beijing Olympics in 2008, she won two races ninety minutes apart, setting a world record in each event.

The five-foot-five dynamo was an intimidating foe who could hit speeds of thirty-three kilometres an hour. One competitor said of her, "Racing her you want to get tough and beat her, but at the same time you are in awe of her."

Petitclerc fought hard to tear down the barriers put up between able-bodied and disabled athletes. That is why she feels a special connection to the Commonwealth Games. It was the first fully integrated competition—meaning that all medals counted toward a country's totals whether or not the athlete competed in a chair.

"As a Paralympic athlete," Petitclerc once said, "you fight so hard to show and prove that being an athlete is the same, and the training is the same, and the level of dedication and work it takes to get there are the same." Her long-time coach, Peter Eriksson, agrees: "You look at it and

priver pour toujours de l'usage de ses jambes. « J'y ai vu un défi, dit-elle, et non un malheur. » La première chose qu'elle a faite a été de se mettre à la natation pour améliorer son conditionnement et se fortifier, sachant que cela lui permettrait de faire une vie plus indépendante dans son fauteuil roulant. La natation éveilla son instinct de compétitrice et à l'âge de dix-huit ans, elle prit part à sa première course en fauteuil roulant. Ayant utilisé un fauteuil de fabrication artisanale, elle se classa dernière. Et cela ne lui arriva plus jamais.

On peut dire que Chantal Petitclerc est l'une des championnes d'athlétisme les plus connues de l'histoire. Participante aux Jeux paralympiques, aux Jeux du Commonwealth et aux Jeux olympiques, elle a remporté vingt et une médailles, dont quatorze d'or. Aux Jeux de Beijing en 2008, elle a remporté deux courses avec quatre-vingt-dix minutes d'écart, établissant un record mondial dans les deux compétitions.

Cette dynamo de tout juste cinq pieds était une adversaire intimidante qui pouvait atteindre des vitesses de trente-trois kilomètres à l'heure. Une compétitrice a dit d'elle : « Quand on l'affronte, on a envie de jouer dur et de la battre, mais au même moment, on ne peut que l'admirer. »

Petitclerc s'est dépensée sans compter pour décloisonner le monde des athlètes valides et handicapés. Voilà pourquoi elle se sent une affinité particulière avec les Jeux du Commonwealth. Ce fut la première compétition complètement intégrée, ce qui signifiait que toutes les médailles comptaient dans le classement d'un pays, même si certains athlètes compétitionnaient en fauteuil roulant.

« Tout paralympien, a-t-elle dit un jour, doit se battre bec et ongles pour prouver qu'il est un athlète comme les autres; l'entraînement est le

1

2

say 'She was a great Paralympian.' No, no, no. She was a very good athlete. No matter what, in history, she's one of the best female athletes in Canada."

Chantal Petitclerc has received almost a dozen awards. In 2008, she was named Canadian Press's female athlete of the year—the first Paralympian to be so honoured. And in 2016, she was back in the news when she was named Canada's chef de mission at the Paralympic Games in Rio de Janeiro and also named to the Senate. These are fitting rewards for an athlete who has raced all over the world, often cheered on by flag-waving Canadians. "Canada isn't just a country," she once said. "It's my team."

même pour tous, et pour atteindre ce niveau, il faut y investir autant d'ardeur et de travail que les autres. » Son entraîneur de toujours, Peter Eriksson, est d'accord : « On la regarde et on dit : "C'était une grande paralympienne." Non, c'est faux. C'était une très grande athlète. On dira ce qu'on veut, c'est une des meilleures athlètes féminines de l'histoire au Canada. »

Chantal Petitclerc a remporté une douzaine de prix. En 2008, elle a été nommée athlète féminine de l'année par la Presse canadienne, la première paralympienne à récolter cet honneur. Et en 2016, elle a refait parler d'elle quand elle a été nommée chef de mission du Canada aux Jeux paralympiques de Rio de Janeiro ainsi qu'au Sénat. Récompenses bien méritées pour cette athlète qui a compétitionné partout dans le monde, souvent sous les applaudissements de Canadiens agitant l'unifolié. « Le Canada, ce n'est pas seulement mon pays, a-t-elle dit un jour, c'est mon équipe. »

Christopher Plummer

c.c. | 1969
Companion of the Order of Canada
Compagnon de l'Ordre du Canada

THE LEGENDARY cartoonist Al Hirschfield, who drew a memorable sketch of Christopher Plummer admiring a martini glass in 1997, had special praise for Plummer. That year, the actor starred in a one-man play on Broadway called *Barrymore*, for which he would win a Tony Award. *The New York Times* said his performance "confirms his reputation as the finest classical actor of North America." Hirschfield's response? "He's a much better Barrymore than Barrymore."

Christopher Plummer has played the role of both real people (Caesar, Tolstoy, Aristotle) and imagined ones (Hamlet, Lear, Oedipus). He has acted with Laurence

LE LÉGENDAIRE caricaturiste Al Hirshfield, qui avait tracé un portrait mémorable de Christopher Plummer admirant un verre de martini en 1997, a fait l'éloge de son sujet d'une manière bien spéciale. Cette année-là, l'acteur était la vedette d'une pièce pour acteur seul sur Broadway intitulée *Barrymore*, qui lui valut plus tard un prix Tony. Le *New York Times* dit de sa prestation qu'elle confirmait « la réputation qu'il a d'être le plus grand acteur classique d'Amérique du Nord. » La réponse de Hirshfield : « Il est bien meilleur en Barrymore que Barrymore lui-même. »

Christopher Plummer a incarné des personnages historiques (César, Tolstoï, Aristote) aussi bien que des personnages fictifs (Hamlet, Lear, Œdipe). Il a joué avec Laurence Olivier, Glenda Jackson, Maggie Smith et Al Pacino. Et en 2012, à l'âge de

168

1. Photograph taken off-camera during the shooting of the film *The Fall of the Roman Empire*, 1964. / *Photo prise hors caméra lors du tournage du film* La Chute de l'empire romain, *1964.*

2. In a recording studio in 1968. / *Dans un studio d'enregistrement en 1968.*

3. Christopher Plummer honoured during a film festival in Los Angeles, 2015. / *Christopher Plummer honoré lors d'un festival du film à Los Angeles, 2015.*

Olivier, Glenda Jackson, Maggie Smith, and Al Pacino. And in 2012, at the age of eighty-two, he won an Oscar—the oldest actor ever to do so.

The great-grandson of Sir John Abbott, Canada's third prime minister, Arthur Christopher Orme Plummer was born in 1929 and raised in Quebec on what he calls in his much admired memoir, *In Spite of Myself,* "a tiny atoll of privilege." Fluent in both English and French, he studied to become a classical pianist, but his acting in high school caught the attention of the *Montreal Gazette*'s theatre critic, Herbert Whittaker, who was also a director on the amateur stage. He cast Plummer as Oedipus in Jean Cocteau's *La Machine Infernale.*

That led to more work, but his rise as an actor was hardly meteoric. Plummer's Broadway debut came in 1953 when the show he was in—*The Starcross Story*, which he later called "a dated English piece of little merit"—opened and closed on the same night. But he never lost his love for acting. In 2010, when he won both a Screen Actors Guild Award as well as an Academy Award for Best Supporting Actor for *Beginners* (in which he plays a father who declares his homosexuality near the end of his life), Plummer said, "I just can't tell you what fun I've had being a member of the world's second-oldest profession. When they honour you, it's like being hit by the Holy Grail."

Among his other honours are two Tony Awards, two Emmys, a Golden Globe Award, and the Governor General's Performing Arts Award for Lifetime Artistic Achievement.

For fifteen years, Plummer lived in London, England, and played leading roles with the National Theatre and the Royal Shakespeare Theatre. Although he has acted in more than

82 ans, il a remporté un Oscar, l'acteur le plus âgé à réaliser cet exploit.

L'arrière-petit-fils de sir John Abbott, troisième premier ministre du Canada, Arthur Christopher Orme Plummer est né en 1929 et a grandi au Québec dans ce qu'il a appelé dans ses mémoires fort admirées, *In Spite of Myself,* « un minuscule atoll de privilège. » Parlant couramment l'anglais et le français, il a étudié pour devenir pianiste classique, mais son jeu de scène à l'école secondaire a capté le regard du critique dramatique du *Montreal Gazette*, Herbert Whittaker, qui était également metteur en scène amateur. Il confia à Plummer le rôle d'Œdipe dans *La Machine infernale* de Jean Cocteau.

Cette prestation fut le prélude à d'autres engagements, mais son ascension au théâtre n'eut rien de météorique. Il fit ses débuts sur Broadway en 1953 dans une pièce – *The Starcross Story*, qu'il qualifia plus tard de « pièce anglaise surannée de peu d'intérêt » – dont la première et la dernière eurent lieu le même soir. Mais son amour pour le théâtre ne faiblit jamais pour autant. En 2010, lorsqu'il eut remporté un prix de la *Screen Actors Guild* ainsi qu'un Oscar pour le meilleur acteur de soutien pour le film *Beginners* (où il incarne un père de famille qui déclare son homosexualité au soir de sa vie), Plummer a déclaré : « Je ne peux tout simplement pas vous dire le plaisir que je ressens à pratiquer le deuxième plus vieux métier du monde. Quand le milieu vous honore, on a l'impression d'entrer dans le saint des saints. »

Parmi ses autres distinctions, on compte : deux prix Tony, deux Emmy, un *Golden Globe* et le Prix du Gouverneur général pour les arts de la scène pour les réalisations de toute une vie.

Pendant quinze ans, Plummer a vécu à Londres où il a tenu de grands rôles au National Theatre et

1

2

3

one hundred movies, Plummer famously prefers the stage to the cinema. He used to deride *The Sound of Music*—the movie for which he is best known—though he has softened that stance in recent years.

Des McAnuff, the former artistic director of the Stratford Festival, calls Plummer "the consummate actor. He combines every skill set—sensitivity to text, appetite for language, the ability to bring emotion to abstract words, psychological realism. He can inhabit a three-dimensional character with his voice alone. He's a brilliant mimic, and it's not superficial. He can transform himself utterly into another human being."

Given that some of his greatest triumphs occurred after the age of eighty, it is no surprise that Plummer's greatest fear is losing his memory. Actors, he once opined, "never retire … We want to drop dead on stage. That would be a nice theatrical way to go."

au Royal Shakespeare Theatre. Il a joué dans plus de cent films, mais on sait de lui qu'il préfère la scène au grand écran. Il ne se gênait pas d'ailleurs pour se moquer de *La Mélodie du bonheur*, le film qui a fait sa célébrité, mais il est plus indulgent à ce sujet depuis quelques années.

Des McAnuff, l'ancien directeur artistique du Festival de Stratford, qualifie Plummer « d'acteur consommé. Il réunit en lui tous les talents : la sensibilité au texte, l'amour de la langue et la faculté d'injecter de l'émotion dans les mots les plus abstraits, le réalisme psychologique. Il peut habiter un personnage tridimensionnel rien qu'avec sa voix. C'est un imitateur brillant, et son jeu n'est jamais superficiel. Il peut littéralement se métamorphoser en un être humain entièrement différent de lui. »

Étant donné qu'il a connu ses plus grands triomphes à quatre-vingts ans passés, on ne se surprend pas d'apprendre que sa plus grande crainte est de perdre la mémoire. Les acteurs, a-t-il dit un jour, « ne prennent jamais leur retraite […] C'est mourir sur scène que nous voulons. Une sortie théâtrale à souhait. »

John C. Polanyi

c.c. | 1979   o.c. | 1974

Companion of the Order of Canada
Compagnon de l'Ordre du Canada
Officer of the Order of Canada
Officier de l'Ordre du Canada

JOHN POLANYI was once asked how much of his day is spent thinking about physical chemistry. "I don't think I ever stop," he replied. "There are burners that are at the front […] and then there are those […] at the back. But the stove's on all the time."

Indeed it is. Polanyi has published more than 250 scientific papers, most of them on what he calls "the molecular dance in chemical reaction" or "reaction dynamics." In 1986, and after he had been engaged in pure research for thirty years, he and two colleagues won the Nobel Prize in Chemistry. Basic science, Polanyi laments, has taken a back seat to applied science. "That's

ON A DEMANDÉ un jour à John Polanyi combien d'heures par jour il passait à songer à la chimie physique. « Je crois bien que j'y pense tout le temps, a-t-il répondu. C'est comme une cuisinière : il y a les ronds à l'avant […] et les ronds à l'arrière. Mais le four chauffe tout le temps. »

En effet. Polanyi a publié plus de 250 textes scientifiques, la plupart portant sur ce qu'il appelle « la danse des molécules dans la réaction chimique » ou « la dynamique des réactions ». En 1986, après avoir fait de la recherche pure pendant trente ans, il a gagné le prix Nobel de chimie avec deux de ses collègues. La science fondamentale, déplore Polanyi, a été supplantée par la science appliquée. « C'est dommage, dit-il, parce que personne – et sûrement pas les gouvernements – ne peut prédire quelles

1. Photograph taken at a lecture in Spain, 2015. **/** *Photo prise lors d'une conférence en Espagne, 2015.*

2. Cleaning an oil painting in 1961. **/** *Nettoyant une peinture à l'huile en 1961.*

3. With Pierre Trudeau in 1978. **/** *Avec Pierre Trudeau en 1978.*

4. In his laboratory at the University of Toronto, 1986. **/** *Dans son laboratoire à l'Université de Toronto en 1986.*

a pity," he says, "because no one—and certainly not governments—can predict which new scientific insights might one day serve humankind." "It's the scientist free to pilot his vessel across hidden shoals," he once wrote, "who gives the best value." His research led to the creation of powerful chemical lasers—a boon to science, medicine, and industry.

Polanyi was born in Germany, in 1929, to a family of Hungarian intellectuals. His father was a professor of chemistry who was powerfully drawn to philosophy, and his uncle was an economist critical of market capitalism. The family moved to Britain in 1933. In late 1940, when he was eleven, Polanyi was one of a group of fifty British children (hosted by the University of Toronto) sent to Canada to avoid German bombs. He spent three years at University of Toronto Schools (UTS), and then returned to wartime Britain and the venerable Manchester Grammar School. He was educated at the University of Manchester and did research at Princeton, but has taught at the University of Toronto since 1956.

And while science has always been his passion, John Polanyi has also devoted a great deal of his time to fighting for peace and human rights. In 1960, he was one of an international group of scientists who gathered in Moscow for an early discussion on nuclear disarmament. Soon after, he became the inaugural Chair of the Canadian Pugwash Group, part of an international movement to foster peace that would win the Nobel Peace Prize in 1995.

For his efforts in both science and community service, Polanyi has been awarded numerous prizes. In 2011, as part of the International Year of Chemistry, his image appeared on a

nouvelles découvertes scientifiques profiteront un jour à l'humanité. » « C'est le scientifique qui est libre de naviguer entre les récifs à fleur d'eau, a-t-il écrit un jour, qui vous en donne le plus pour votre argent. » Sa recherche a conduit à la création de puissants lasers chimiques, un grand bienfait pour la science, la médecine et l'industrie.

Polanyi est né en Allemagne en 1929, dans une famille d'intellectuels hongrois. Son père était un professeur de chimie amoureux de la philosophie, et son oncle un économiste en guerre contre les vices du capitalisme. La famille émigra en Angleterre en 1933. À la fin de 1940, alors qu'il avait onze ans, Polanyi se retrouva dans un groupe de cinquante enfants britanniques (parrainés par l'Université de Toronto) qu'on avait envoyés au Canada pour qu'ils échappent aux bombes allemandes. Il passa trois ans dans les Écoles de l'Université de Toronto, après quoi il rentra en Angleterre, qui était toujours en guerre, et fut admis à la vénérable Manchester Grammar School. Il étudia à l'Université de Manchester et fit des recherches à Princeton, mais il enseigne à l'Université de Toronto depuis 1956.

Même si la science a été sa passion de toujours, John Polanyi a aussi consacré une bonne partie de son temps à lutter pour la paix et les droits de la personne. En 1960, il adhéra à un groupe international de scientifiques qui se réunit à Moscou pour l'une des premières discussions sur le désarmement nucléaire. Peu après, il fut le premier président du Groupe canadien Pugwash, organisation membre d'un mouvement international pour la paix qui a été couronné par le prix Nobel de la paix en 1995.

Pour son action scientifique et sociale, Polanyi a reçu nombre de récompenses. En 2011, dans le cadre de l'Année internationale de

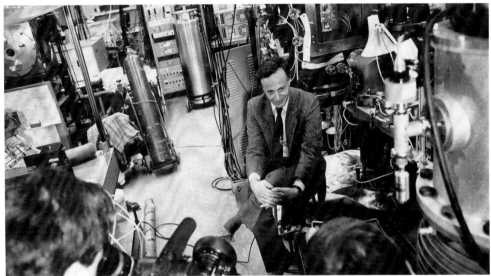

1 | 4

Canada Post stamp. And in honour of his Nobel Prize, the Ontario government established five John Charles Polanyi Prizes worth $20,000 each. Canada's Natural Sciences and Engineering Research Council also created the John C. Polanyi Award, with $250,000 going to an outstanding Canadian researcher.

In 2014, Polanyi wrote an op-ed piece lamenting a Canadian Senate committee's support for a U.S. missile defence shield. The Americans, he declared, have spent more than $200 billion on the project, which "suffers from the twin drawbacks that it does not work and that it opposes armaments with still more armaments. [Canadian] national priorities lie elsewhere, in diplomacy and disarmament. If we don't remain true to our beliefs, why have a country?"

chimie, son image est apparue sur un timbre de Postes Canada. Et pour marquer son prix Nobel, le gouvernement de l'Ontario a créé cinq prix John Charles Polanyi d'une valeur de 20 000 dollars chacun. Le Conseil de recherches en sciences naturelles et en génie du Canada a également créé le prix John C. Polanyi qui remet 250 000 dollars à un chercheur canadien de mérite.

En 2014, Polanyi a publié une lettre d'opinion où il s'en prenait à un comité du Sénat canadien qui avait donné son aval au bouclier de défense antimissiles américain. Les Américains, écrivait-il, ont consacré plus de 200 milliards à ce projet qui « présente deux lacunes dans la mesure où il est inopérant et dans la mesure où il oppose des armements à d'autres armements. Les priorités du Canada sont ailleurs : dans la diplomatie et le désarmement. Si nous ne sommes pas fidèles à nos convictions, à quoi bon avoir un pays? »

Janet Rossant

c.c. | 2015
Companion of the Order of Canada
Compagnon de l'Ordre du Canada

IN THE EARLY 1970s, British-born Janet Rossant was studying zoology at Oxford University, where she was mentored by John Gurdon—a developmental biologist interested in frog embryos. The question Gurdon asked then—how does a single cell develop into a complex organism?—captivated Rossant, who was soon doing similar research with mouse embryos. "Mice and humans," she says, "share many genes and pathways that regulate development in a very similar way."

Her PhD thesis at Cambridge in 1975, which was on "determination and

AU DÉBUT des années 70, la Britannique Janet Rossant étudiait la zoologie à Oxford où elle avait pour mentor John Gurdon, un biologiste du développement qui s'intéressait aux embryons de grenouilles. La question que posait alors Gurdon – comment une cellule isolée se développe-t-elle dans un organisme complexe? – captiva la jeune femme, qui se mit bientôt à faire des recherches semblables sur les embryons de souris. « Les souris et les humains, dit-elle, partagent nombre de gènes et de circuits qui régulent leur développement largement de la même manière. »

Sa thèse de doctorat à Cambridge en 1975, qui portait sur la « détermination et la différenciation aux premiers stades de l'embryon du mammifère », a marqué le début d'une carrière étincelante, de sa notoriété mondiale et d'une percée dans le monde de la recherche

1. In 2010. / *En 2010.*

2. Rossant: "I am fundamentally a basic biologist, driven by my curiosity about how the world works." / *Rossant : « Essentiellement, je suis une biologiste basique et je reste curieuse de savoir comment le monde fonctionne. »*

3. Rossant: "How is it that complex, rational organisms such as ourselves can arise from a single cell, the size of a speck of dust?" / *Rossant : « Comment des organismes complexes et rationnels comme les nôtres peuvent-ils naître d'une seule cellule qui a la taille d'un grain de poussière? »*

differentiation in the early mammalian embryo," marked the beginning of a sterling career, global recognition, and research breakthroughs that could have significant implications for how we prevent and treat major illnesses. Marriage to a Canadian brought Rossant to Canada, where she found work in 1977 at Brock University in the Niagara region of Ontario, teaching biology and doing research. She began to network with other scientists in Buffalo and Toronto, and, more importantly, to collaborate with them. Collaboration has been the hallmark of her research life.

As head of the SickKids Research Institute in Toronto until 2015, Rossant oversaw a staff of two thousand and an annual budget in the $200 million range. Opened in 2013, the new research tower was built on a small downtown lot and is tall by necessity, but Rossant pushed for a design with multi-level open spaces that encourage staff to interact. Mary Jo Haddad, the former president and CEO of the Hospital for Sick Children, admires Rossant for her vision and creativity in developing a new research and learning centre all while leading her own research lab, publishing articles, travelling to conferences all over the world, sitting on scientific panels, and helping to shape Ontario's scientific strategy. "To have that all in one person," says Haddad, "is pretty profound ... For women who either aspire to great things in science or who look to find role models they can emulate, Janet is one of those people."

Rossant has recently taken on a new challenge as president of the Gairdner Foundation, which administers the Canada Gairdner Awards, one of the world's most prestigious prizes for health research. She is also a professor

qui pourrait avoir des effets importants dans la prévention et le traitement de grandes maladies. C'est son mariage avec un Canadien qui a fait en sorte que Rossant a émigré au Canada, où elle a trouvé un travail en 1977 à l'Université Brock, dans la région du Niagara en Ontario, à enseigner la biologie et à faire de la recherche. Elle s'est mise en rapport alors avec d'autres chercheurs à Buffalo et à Toronto, et chose encore plus importante, elle a commencé à collaborer avec eux. La collaboration a d'ailleurs été le fait dominant de sa vie de chercheure.

À titre de directrice de l'Institut de recherche de l'Hôpital des enfants malades de Toronto jusqu'en 2015, Rossant avait sous ses ordres un effectif de deux mille employés et un budget annuel dans les deux cents millions de dollars. Inaugurée en 2013, la nouvelle tour de recherche a été bâtie sur un petit terrain du centre-ville et est haute par nécessité, mais Rossant a exigé un design à espaces ouverts multiétagés pour encourager le personnel à interagir. Mary Jo Haddad, l'ancienne présidente et PDG de l'Hôpital des enfants malades, admire Rossant pour la vision et la créativité qu'elle a déployées dans le développement du nouveau centre de recherche et d'apprentissage, et ce, sans cesser de diriger son propre laboratoire de recherche, publier des articles, assister à des conférences de par le monde, siéger à des comités scientifiques et contribuer au façonnement de la stratégie scientifique de l'Ontario. « Trouver tout cela en une seule personne, dit Haddad, c'est rarissime [...] Pour les femmes qui aspirent à faire de grandes choses dans le domaine scientifique ou qui cherchent des modèles à imiter, Janet est la femme à suivre. »

Rossant relève depuis quelque temps un défi nouveau à titre de présidente de la Fondation

1   2   3

at the University of Toronto and deputy scientific director of the Canadian Stem Cell Network. The list of prizes honouring her work is lengthy and includes the Michael Smith Prize, Canada's most prestigious health research award.

Forty years of work on mouse embryos have landed Janet Rossant right in the thick of stem cell research that holds the promise of regenerative medicine (the ability to grow a new heart or pancreas) and personalized medicine (medicine tailor-made to match individuals' needs)—thanks to what she calls "the power of the cell."

"I am fundamentally," says Janet Rossant, "a basic biologist, driven by my curiosity about how the world works. The question that has fascinated me for over thirty years is one that we can all relate to: How is it that complex, rational organisms such as ourselves can arise from a single cell, the size of a speck of dust?" The answer to this mighty question may lie with a mouse.

Gairdner qui administre les prix du même nom, l'un des prix les plus prestigieux au monde dans la recherche en santé. Elle est également professeure à l'Université de Toronto et directrice scientifique adjointe du Réseau canadien de cellules souches. La liste des distinctions qu'elle a cumulées est fort longue, et l'on compte notamment le prix Michael Smith, le prix canadien le plus reconnu pour la recherche en santé.

Quarante ans de travaux sur les embryons de souris ont situé Janet Rossant au cœur de la recherche sur les cellules souches, domaine riche de promesses pour la médecine regénérative (la faculté de faire pousser un nouveau cœur ou un nouveau pancréas) et la médecine personnalisée (une médecine taillée sur mesure qui correspond aux besoins particuliers d'un individu) grâce à ce qu'elle appelle « le pouvoir de la cellule ».

« Essentiellement, dit-elle, je suis une biologiste basique et je reste curieuse de savoir comment le monde fonctionne. La question qui me fascine depuis plus de trente ans est bien simple : comment des organismes complexes et rationnels comme les nôtres peuvent-ils naître d'une seule cellule qui a la taille d'un grain de poussière ? » La réponse à cette question colossale pourrait bien provenir d'une souris.

David W. Schindler

O.C. | 2013
Officer of the Order of Canada
Officier de l'Ordre du Canada

SHODDY, RACIST, and *pea-brained* are not words normally used by research scientists, but the brilliant and outspoken David Schindler is no ordinary scientist. His groundbreaking research has led to significant changes in our government's handling of water and earned him a reputation as a skilled communicator of science who does not mince words.

In 2012, Schindler slammed the research used to support the development of the rapidly expanding Alberta oil sands: "Both background studies and environmental impact assessments have been shoddy, and could not really even be called

LES CHERCHEURS scientifiques ne sont pas gens enclins à l'injure, à dire par exemple que le travail d'untel est « bâclé », qu'un collègue est « raciste » ou que tel projet est « idiot. » Mais le brillant et rarement complaisant David Schindler n'est pas un chercheur comme les autres. Ses recherches pointues ont modifié en profondeur la manière dont les gouvernements gèrent les eaux, et cela lui a valu d'être considéré comme un communicateur scientifique habile qui ne mâche pas ses mots.

En 2012, Schindler a condamné sans appel la recherche faite pour encourager l'exploitation fulgurante des sables bitumineux de l'Alberta : « Les études de fond aussi bien que les évaluations environnementales ont été bâclées et ne méritent même pas le qualificatif de "scientifiques." » Il a dénoncé

1. Photo taken for a magazine article that reflected on his life in science. / *Photo prise pour un article de magazine qui traitait de sa vie scientifique.*

2. In 2013, on his retirement from the University of Alberta. / *Lors de sa prise de retraite de l'Université de l'Alberta en 2013.*

science." He was equally scathing when he lamented "the disregard for treaty rights" associated with oil sands development.

He has lamented weak environmental protection in Canada and was sharply critical of Fisheries and Oceans Canada under the Harper government for "removing habitat provisions, despite the fact that eighty per cent of all species in decline are in decline because their habitat is under attack. I think *pea-brained* is the only term that fits."

David Schindler is a limnologist—a scientist who studies the ecology of inland waters. Though he was born in Fargo, North Dakota, in 1940, Schindler grew up in the lake country of northwestern Minnesota. His earliest memory is of going fishing with his uncle at night, sometimes into the small hours. The decisive moment in his life came in his university years when he abandoned his studies in engineering to pursue zoology after a summer job with a biology professor led him to read a classic book written in 1958: *Ecology of Invasions by Animals and Plants,* by Charles Elton.

Schindler later studied aquatic ecology at Oxford as a Rhodes Scholar and joined the faculty of Trent University in Peterborough, Ontario, in 1966. In 1968, he was appointed head of the newly formed Experimental Lakes Area (ELA) that included forty-six test lakes in northwestern Ontario. Schindler conducted landmark "whole-lake experiments," including one that demonstrated with stark photographic evidence the role of phosphorous in fish-killing algae blooms. American biologist James Elser called an aerial photograph showing half the lake clear and the other half green "the single most powerful image in the history of

avec la même véhémence le « mépris des droits issus des traités » associé à l'extraction des sables bitumineux.

Il a décrié l'affaiblissement de la protection environnementale au Canada et critiqué vivement le ministère des Pêches et Océans du gouvernement Harper pour avoir « supprimé les dispositions relatives à l'habitat en dépit du fait que quatre-vingts pour cent de toutes les espèces en déclin sont justement dans cette situation parce que leur habitat est assiégé. C'est une politique idiote, il n'y a pas d'autre terme qui convienne. »

David Schindler est limnologiste, soit un scientifique qui étudie l'écologie des eaux intérieures. Quoique né à Fargo, dans le Dakota du Nord, en 1940, il a grandi dans le pays des lacs qu'est le nord-ouest du Minnesota. Il se rappelle avoir été à la pêche avec son oncle, tout petit, et les deux y allaient la nuit, parfois jusqu'au petit matin. Sa vie a changé quand il a délaissé ses études en génie pour passer à la zoologie après qu'un emploi d'été auprès d'un professeur de biologie l'a conduit à lire un classique de 1958 de Charles Elton, *Ecology of Invasions by Animals and Plants.*

Schindler a plus tard étudié l'écologie aquatique à Oxford à titre de boursier Rhodes, et il est entré comme professeur à l'Université Trent de Peterborough en 1966. En 1968, il a été nommé à la tête de la Région des lacs expérimentaux qui réunissait quarante-six lacs témoins dans le nord-ouest de l'Ontario. Schindler y a mené des « expériences englobant des lacs entiers », expériences marquantes dont l'une qui a démontré avec force preuves photographiques le rôle du phosphore dans les efflorescences d'algues mortelles pour le poisson. Le biologiste américain James Elser a dit de la photo qui montrait la moitié du lac propre et l'autre moitié verte qu'elle était « l'image la plus

limnology." That study led to worldwide bans on phosphates in detergents. Schindler also proved that acid rain was killing fish and many other aquatic species, and government policy once again shifted accordingly.

In a career that spanned fifty years, the now retired Schindler neither sought nor relished the limelight, but his allegiance to water ecology forced his hand. "Hassling with politicians," he once said, "is like playing chess with a gorilla. The game is boring, and you know you're going to win, but you have got to be prepared to duck once in a while when they get angry and take a swing at you."

The list of Canadian and international awards bestowed on David Schindler is long and includes the prestigious Stockholm Water Prize and the Gerhard Herzberg Gold Medal, the highest honour for Canadian researchers. Schindler is also admired for his hard work and disdain for holidays (his colleagues at the ELA, said one, saw him as "a kind of superman"). Schindler once said, "For me, science is like eating and drinking. I'd feel pretty empty on a day when I didn't do any."

forte dans l'histoire de la limnologie. » Cette étude a mené à l'interdiction mondiale de l'utilisation des phosphates dans les détergents. Schindler est aussi l'homme qui a prouvé que les pluies acides tuaient les poissons et nombre d'autres espèces aquatiques, et une fois de plus, la politique gouvernementale s'en est trouvée modifiée.

Dans une carrière qui s'est étendue sur plus de cinquante ans, Schindler, qui est aujourd'hui à la retraite, n'a jamais recherché les feux de la rampe, mais son attachement à l'écologie aquatique l'a parfois contraint à sortir de sa réserve. « Se quereller avec des politiciens, a-t-il dit un jour, c'est comme jouer aux échecs avec un gorille. Le jeu est ennuyeux, vous savez que vous allez gagner, mais vous devez être prêt à esquiver les coups de temps à autre quand la bête se fâche. »

La liste des prix canadiens et étrangers qui ont été remis à David Schindler est longue et comprend le prestigieux Prix de l'eau de Stockholm et la Médaille d'or Gerhard Herzberg, l'honneur le plus considérable pour les chercheurs canadiens. Schindler est également admiré pour son travail acharné et son dédain des vacances (ses collègues de la Région des lacs expérimentaux voyaient en lui « une sorte de surhomme »). Schindler a dit un jour : « Pour moi, la science, c'est comme boire et manger. Je ne me vois pas vivre sans. »

Jeffrey Skoll

o.c. | 2011

Officer of the Order of Canada
Officier de l'Ordre du Canada

A WORD TO THE WISE: Refrain from using the word *can't* around Jeffrey Skoll, because this is a man with a knack for making the impossible, possible.

Born in 1965, Skoll grew up in Montreal, studying electrical engineering at the University of Toronto before taking an MBA at Stanford University. Two experiences shaped his life. First, his father—who survived a diagnosis of cancer when Skoll was a teenager—openly lamented that he had placed career ahead of loftier, personal goals. Jeffrey Skoll vowed never to make that same mistake. Second was his friendship with software engineer Pierre

UN BON CONSEIL : ne jamais dire *je ne peux pas* en présence de Jeffrey Skoll parce que c'est un homme qui a le don de faire l'impossible. Né en 1965, Skoll a grandi à Montréal, étudié le génie électrique à l'Université de Toronto et obtenu son MBA de l'Université Stanford. Deux personnalités ont influencé le cours de sa vie. D'abord son père – qui a survécu à un cancer alors que Skoll était adolescent – qui s'en voulait d'avoir fait passer sa carrière avant des buts plus élevés, plus personnels. Jeffrey Skoll s'est juré d'éviter ce piège. Ensuite son ami, l'ingénieur logiciel Pierre Omidyar, qui l'a engagé pour dresser le plan d'affaires de ce qui allait devenir eBay. L'entreprise a fait des deux hommes des milliardaires presque instantanément.

184

Omidyar, who hired Skoll to write a business plan for what would become eBay. That venture would make both men almost instant billionaires.

What Jeffrey Skoll did with his fortune is what sets him apart. Initially he sought the advice of someone he admired—John Gardiner, former Secretary of Health, Education and Welfare under President Lyndon Johnson and architect of the Great Society programs of the 1960s. "Bet on good people doing good things," Gardiner told Skoll. "That advice," Skoll said, "became our mantra."

Skoll left eBay and devoted all his time to a series of philanthropic initiatives that blended his business savvy with his humanitarian impulse. In 2005, he moved to Los Angeles, where he launched a company that produces feature films that also promote progressive social values. "Won't work," Skoll was told. But eighty films (including *An Inconvenient Truth*, *Fast Food Nation*, *Spotlight*, and *Lincoln*), fifty Oscar nominations, and thirteen actual Oscars later, the company is thriving. Today, he chairs the Skoll Foundation, which supports "social entrepreneurship" on five continents to the tune of $80 million in grants each year.

Jeffrey Skoll is both a positive thinker and a big thinker, and he surrounds himself with like-minded people. The Skoll Global Threats Fund, for example, was established to tackle huge challenges such as climate change, peace in the Middle East, the nuclear issue, disease pandemics, and water crises.

Asked about his drive to fight poverty and inequality, Skoll cites the influence not only of his parents but also of the Jewish community

C'est ce que Jeffrey Skoll a fait de sa fortune qui le distingue des autres. Au début, il a sollicité le conseil d'un homme qu'il admirait, John Gardiner, l'ancien secrétaire à la santé, à l'éducation et à l'aide sociale du président Johnson et l'architecte des programmes de la Grande Société des années 60. « Misez sur les bonnes personnes qui font le bien », lui conseilla Gardiner. Et Skoll de dire : « Ce conseil est devenu notre devise. »

Skoll a quitté eBay et consacré tout son temps à une série d'initiatives philanthropiques où son sens des affaires nourrissait son impulsion humanitaire. En 2005, il s'est installé à Los Angeles où il a lancé une entreprise qui produit des longs métrages porteurs de valeurs sociales progressistes. « Ça ne marchera pas », qu'on a dit à Skoll. Mais quatre-vingts films plus tard, notamment *Une vérité qui dérange*, *Fast Food Nation*, *Spotlight* et *Lincoln*, cinquante nominations aux Oscars et treize statuettes du même nom, sa compagnie va on ne peut mieux. Il préside aujourd'hui la Fondation Skoll qui encourage « l'entrepreneuriat social » sur cinq continents à raison de 80 millions de dollars en subventions chaque année.

Jeffrey Skoll est un penseur positif qui voit grand, et il s'entoure de gens qui pensent comme lui. Le Fonds Skoll sur les menaces à la vie dans le monde, par exemple, a été créé pour relever d'immenses défis comme le changement climatique, la paix au Moyen-Orient, la question nucléaire, les pandémies et les pénuries hydriques.

Interrogé à propos de la résolution qu'il a de lutter contre la pauvreté et l'inégalité, Skoll mentionne non seulement l'influence de ses parents mais aussi celle de la communauté juive au sein de laquelle il a grandi. Il a été exposé tôt au

1   2

in which he was raised. He was exposed to *tikkun olan*—a Hebrew concept meaning "to heal the world" with acts of kindness and associated with the pursuit of social justice.

As a member of The Giving Pledge, Jeffrey Skoll has given away fifty per cent of his fortune, and expects another significant portion to follow. "There's really only so much that you need, or your family needs," he says. "All else is to be turned, hopefully smartly, into a benefit for the world."

principe *tikkun olan*, concept hébreu qui signifie « guérir le monde » par des actes de bonté et la quête de justice sociale.

En tant que membre de The Giving Pledge (la « promesse de don »), Jeffrey Skoll a fait don de cinquante pour cent de sa fortune et s'attend à se défaire d'un autre pan important de son bien. « Ce dont on a besoin pour soi-même ou sa famille, c'est peu de chose, dit-il. Tout le reste doit servir, intelligemment j'espère, à faire le bien autour de soi. »

Joseph R. Smallwood

c.c. | 1986
Companion of the Order of Canada
Compagnon de l'Ordre du Canada

"THE LITTLE FELLOW from Gambo," as Joseph Roberts Smallwood called himself, was indeed little—five feet, five inches tall—but as CBC broadcaster and fellow Newfoundlander Rex Murphy once said, "What he lacked in altitude he more than made up for in attitude."

Joey (as he came to be called) Smallwood was born on Christmas Eve in 1900 in a lumber camp near Gambo, Newfoundland; twelve siblings would follow. As biographer Harold Harwood noted in his book *Joey*, Smallwood grew up "poison poor beside the docks," yet he held the conviction that "he was different, an outsider with a thirst

« LE PETIT GARS de Gambo », surnom que se donnait Joseph Roberts Smallwood, était un petit homme en vérité, ne mesurant que cinq pieds cinq pouces, mais comme l'a dit un jour le communicateur de la CBC et son compatriote terre-neuvien Rex Murphy : « Ce qui lui manquait en altitude, il le trouvait amplement dans son attitude. »

Joey (comme on l'appelait familièrement) Smallwood était né la veille de Noël en 1900 dans un camp de bûcherons près de Gambo, Terre-Neuve; douze autres frères et sœurs allaient suivre. Comme l'a écrit son biographe Harold Harwood dans son livre *Joey*, Smallwood avait grandi « pauvre comme la gale du côté des docks », mais avec la conviction qu'il était « différent, un marginal qui avait le goût de la grandeur. »

188

1. Reading at home, 1969. / *Lisant chez lui, 1969.*

2. On receiving the Order of Canada, 1988. / *Récipiendaire de l'Ordre du Canada, 1988.*

for greatness." Before the age of fourteen, young Joey had declared two ambitions: to be named a knight and to be elected prime minister of his own country.

The knighthood never happened, but Smallwood came close on the second goal: He became premier of Newfoundland and played a definitive role in the charged referendum of 1949 that made Canadians out of all Newfoundlanders. Union with the United States, independence, and Confederation were all options on the table that year. Smallwood used his experience as a newspaperman and broadcaster to champion union with Canada, but emotions ran high before the vote. On one occasion, Smallwood's car was surrounded by a boisterous crowd who rocked the car and tried to tip it over. On the day of the vote, a mob opposed to Confederation forced their way into a Smallwood rally, but two burly bodyguards quickly ushered him out a side door to safety.

Joey Smallwood was a fearless and formidable politician. He was premier of the new province from 1949 to 1972, an unchecked reign that saw him accused of autocratic manners and bullying tactics. Self-taught and inclined to self-aggrandize, he was a man of stark contradictions: Once in power, the former socialist and unionist turned against both philosophies. He believed passionately in the welfare state and the social safety net yet hobnobbed with bankers and dictators. He was as opportunistic as he was altruistic.

Smallwood championed Newfoundland and himself. "I'd like to go down," he once said, "as the greatest Newfoundlander that ever lived." His post-retirement project—one that pushed him into personal bankruptcy—was

Avant l'âge de quatorze ans, le petit Joey avait déclaré ses deux ambitions : être fait chevalier et être élu premier ministre de son pays.

Il n'a jamais été adoubé chevalier, mais Smallwood a presque atteint son second but : il est devenu premier ministre de Terre-Neuve et a joué un rôle de premier plan dans le référendum déchirant de 1949 qui a fait de tous les Terre-Neuviens des Canadiens.

L'annexion aux États-Unis, l'indépendance et l'adhésion à la Confédération étaient les choix qui s'offraient aux électeurs cette année-là. Smallwood a mis à profit son métier de journaliste et de communicateur pour se faire le champion de l'union avec le Canada, mais les émotions étaient à fleur de peau dans les jours précédant le vote. En une occasion, sa voiture fut cernée par une foule bruyante qui secoua le véhicule et menaça de le faire basculer. Le jour du vote, des émeutiers opposés à la Confédération s'immiscèrent par la force dans un ralliement organisé par Smallwood, mais heureusement, deux gardes du corps costauds le sortirent de là en toute hâte par une porte dérobée.

Joey Smallwood était un homme politique formidable qui ne craignait rien. Il fut premier ministre de sa province de 1949 à 1972, règne incontesté qui lui valut de se faire reprocher ses manières autocratiques et ses tactiques d'intimidation. Autodidacte et enclin à l'autoglorification, il donnait aisément dans la contradiction. Une fois au pouvoir, lui qui avait été socialiste et prosyndical, il a tourné le dos à ces deux convictions. Il croyait passionnément dans l'État providence et le filet social mais ne dédaignait pas de sympathiser avec des banquiers et des dictateurs. Son opportunisme n'avait d'égal que son altruisme.

1

2

the five-volume *Encyclopedia of Newfoundland and Labrador.* Some people lauded him for pulling Newfoundland, and especially its rural and outport communities, out of poverty. Others maligned him for various failed projects that were meant to industrialize Newfoundland. He was particularly criticized for the Churchill Falls hydroelectric project in Labrador, which was deemed a raw deal for "The Rock" and a sweet deal for Quebec.

When he died in 1991, *The New York Times* obituary referred to Joey Smallwood as "a salty figure who both infuriated and delighted Canadians" and a man disinclined "to offer smooth comforts when blunt words would do." How ironic that words were never a problem for "the little fellow from Gambo," because he was almost three years old before he uttered his first one.

Smallwood aimait claironner les vertus de Terre-Neuve et les siennes. « J'aimerais qu'on dise de moi un jour que j'ai été le plus grand Terre-Neuvien de notre histoire. » Son projet de retraite – qui le contraignit à déclarer faillite – fut son *Encyclopédie de Terre-Neuve et du Labrador* en cinq volumes. Certains lui furent reconnaissants d'avoir arraché Terre-Neuve, surtout ses campagnes et ses petits ports de pêche, à la pauvreté. D'autres lui en voulurent pour ses divers projets avortés qui devaient avoir pour effet d'industrialiser Terre-Neuve. Il fut à ce sujet durement critiqué pour le projet hydro-électrique du Labrador qui désavantagea la province et favorisa le Québec.

À sa mort en 1991, le *New York Times* dit de Joey Smallwood qu'il était « un personnage au franc-parler qui savait enrager et envoûter les Canadiens » et un homme peu enclin à « prononcer des paroles de consolation si la franchise faisait l'affaire. » Ironie du sort, « le petit gars de Gambo » sut toujours manier la parole, lui qui n'avait pas prononcé un mot avant l'âge de trois ans.

John Stanton

C.M. | 2009
Member of the Order of Canada
Membre de l'Ordre du Canada

IN 1981, thirty-three-year-old John Stanton was carrying 238 pounds on a medium frame, smoking two packs of cigarettes, and flopping onto his couch at the end of long days working as a grocery chain executive. Today, he is the guru of recreational running in Canada, with a long list of marathons, triathlons, and Iron Man competitions on his resumé along with a host of awards—including one from the Canadian Medical Association for promoting health and motivating a million Canadians to join walking or running programs.

The decisive moment came in 1981, when Stanton decided to join his sons in a three-kilometre run. Once an athlete who

EN 1981, John Stanton, homme de taille moyenne âgé de 33 ans et cadre dans une chaîne d'alimentation, pesait 238 livres, fumait deux paquets de cigarettes par jour et se contentait de s'affaler sur le divan au terme d'une longue journée. Le même homme est aujourd'hui le gourou de la course récréative au Canada et compte à son actif une longue liste de marathons, de triathlons et d'épreuves de l'homme de fer ainsi qu'une flopée de récompenses, dont celui de l'Association médicale canadienne pour avoir fait la promotion de la santé et motivé des millions de Canadiens à prendre part à des programmes de marche ou de course.

Stanton a vécu son chemin de Damas en 1981 lorsqu'il a décidé de se joindre à ses

1. On a winter run near his home in Edmonton. *I* *Lors d'une course d'hiver près de sa maison à Edmonton.*

2. Morning run. *I* *La course du matin.*

3. Giving a pep talk before a run. *I* *Fouettant le moral des troupes avant une course.*

had played high school football and competitive hockey, he had let himself go—and he was barely able to finish the short run. It was a classic wakeup call, and Stanton heeded it in a major way. Currently, his marathon count stands at sixty-one, and he continues to extol the rewards of motion even in his late sixties.

When he first started running, many stores sold sports equipment but none specialized in running shoes. So, in 1984, he launched the Running Room. He started small—really small. The first store in Edmonton was an eight-foot-by-ten-foot space in a house shared with a hairdresser. Today, Stanton and his sons operate more than one hundred stores, with more than one thousand employees, all over North America.

"We supply the knowledge and the inspiration," Stanton once said of the Running Room ethos, "the runner supplies the perspiration." Over time, the stores evolved into resource centres—places where a solitary runner could not only get the latest gear but also join running clubs and learn about upcoming charity runs. Stanton notices a key difference between running groups in the U.S. and Canada: While American groups compete with each other, Canadian groups support each other.

The notion of including and encouraging other runners occurred to John Stanton one cold winter morning in Edmonton at the end of a twenty-mile run. He was congratulating himself when he had another thought: "Why do you do a group run and finish and jump in your car and say you were the fastest? I thought, 'Let's build some camaraderie with some pace groups. Make it open—then we'll inspire people to stay with it.'"

deux fils dans une course de trois kilomètres. Cet ancien athlète, qui avait joué au football à l'école secondaire et du hockey compétitif, s'était laissé aller depuis le temps, et il arriva tout juste à achever la course. Cas classique de révélation, à laquelle Stanton donna suite d'une manière peu ordinaire. Il vient de courir son soixante et unième marathon et ne cesse de vanter les bienfaits de l'activité physique même s'il approche de la fin de la soixantaine.

Quand il a commencé à courir, bon nombre de magasins vendaient du matériel sportif mais aucun ne se spécialisait dans la vente de chaussures de course. Voilà pourquoi il a ouvert le Coin des coureurs en 1984. Il a commencé en petit, très petit même. Son premier magasin à Edmonton était un espace de huit pieds sur dix dans une maison qu'il partageait avec une coiffeuse. Aujourd'hui, Stanton et ses fils exploitent plus d'une soixantaine de magasins et comptent plus de mille employés partout en Amérique du Nord.

« Nous fournissons le savoir et l'inspiration, a dit un jour Stanton de l'éthique du Coin des coureurs, et le coureur fournit la transpiration. » Au fil du temps, les magasins sont devenus des centres de ressources où le coureur solitaire peut non seulement acquérir le matériel dernier cri mais aussi se joindre à des clubs et s'informer sur les courses caritatives. Stanton souligne la différence qu'il y a entre les groupes de course aux États-Unis et ceux qu'on trouve au Canada : les groupes américains privilégient la compétition, tandis que les groupes canadiens s'entraident.

L'idée d'inclure et d'encourager les autres coureurs est venue à John Stanton un matin froid d'hiver à Edmonton au terme d'une course de vingt milles. Il était en train de se féliciter lorsqu'il lui est venu une autre pensée : « Pourquoi

1   2   3

Stanton's epiphany inspired a sea change in the sport of running in Canada. British author Alan Sillitoe's short story "The Loneliness of the Long Distance Runner" (also made into a movie) captured running as it was initially: a competitive sport for lone males. But women, says Stanton, "have come to the sport in droves and they've brought a more social aspect to it. They run for stress relief, weight control, and self-esteem."

John Stanton still indulges in the odd vice, such as chocolate ice cream—but only on Sundays and only if he has done a long run.

prendre part à une course collective si le seul résultat, c'est de monter dans sa voiture à la fin en se disant "le plus rapide, c'était moi?" » C'est là que je me suis dit : « Établissons des liens de camaraderie entre groupes de cadence. Ouvrons les cadres, et encourageons les gens à courir. »

L'épiphanie qu'a vécue Stanton a révolutionné la pratique de la course au Canada. La nouvelle de l'auteur britannique Alan Sillitoe, « La solitude du coureur de fond » (dont on a également tiré un film), dépeignait ce qu'était la nature de la course à ses débuts : un sport compétitif pour hommes seuls. Mais les femmes, dit Stanton, « ont envahi le sport en masse et y ont injecté un caractère plus social. Elles courent pour alléger le stress, contrôler leur poids et acquérir une meilleure estime d'elles-mêmes. »

John Stanton s'autorise encore à l'occasion quelque plaisir coupable, une glace au chocolat par exemple, mais seulement le dimanche, et après une longue course.

Ian G. Stirling

O.C. | 2000
Officer of the Order of Canada
Officier de l'Ordre du Canada

STANDING UPRIGHT, adult male polar bears can measure close to three metres tall and weigh more than seven hundred kilograms, making them the largest land carnivores in the world. "The first time I saw one," says Ian Stirling, "I was pretty much overwhelmed. They are larger and more magnificent in their natural habitat than one can imagine, and I still feel like that every time I see one."

Stirling has conducted groundbreaking research on the ecological relationships between polar bears, seals, and sea ice for more than forty years as a research

UN OURS POLAIRE adulte, debout, peut mesurer jusqu'à trois mètres de haut et peser plus de sept cents kilos, ce qui en fait le plus grand carnivore terrestre au monde. « La première fois que j'en ai vu un, dit Ian Stirling, j'ai été pas mal impressionné. Il est plus grand et plus magnifique dans son habitat naturel qu'on ne peut l'imaginer, et cette impression me revient chaque fois que j'en vois un. » Stirling a mené des recherches innovantes sur les rapports écologiques entre les ours polaires, les phoques et les glaces marines pendant plus de quarante ans à titre de chercheur à Environnement Canada et professeur auxiliaire à l'Université d'Edmonton. Il a étudié l'ours en prenant les moyens les plus divers : par exemple, en montant à bord d'un hélicoptère pour les suivre à la piste et ensuite les immobiliser en toute sécurité pour faire

1. At home in his office in 2016. / *Chez lui dans son bureau en 2016.*

2. Ian Stirling and his book on polar bears, 2011. / *Ian Stirling et son livre sur les ours polaires en 2011.*

scientist with Environment Canada and as an adjunct professor at the University of Alberta in Edmonton. He has studied the bears using diverse methods—using a helicopter to track them before safely immobilizing and tagging them, observing the behaviour of undisturbed bears from sturdy lookouts, travelling on the sea ice to examine the breeding habitat of seals, and integrating key components of Inuit knowledge. This research led to more than three hundred scientific publications.

Stirling was the first scientist to take a long-term, in-depth approach to understanding what made it possible for polar bears and seals to evolve and survive in their sea ice habitat. Several decades of different studies fit together—like parts of a jigsaw puzzle.

Stirling's research, for example, underscores how climate change affects polar bears. They need sea ice as platforms from which to hunt, but because of global warming, the breakup of the sea ice in the spring is now occurring progressively earlier. This deprives the bears of important sources of fat—seal pups with little experience of predators—and leads to leaner bears with underweight cubs that do not survive well, or sometimes no cubs at all. The bears, says Stirling, "have to survive for longer periods now on a smaller supply of stored fat. This is like filling the gas tank of your car three-quarters full and then expecting to drive as far as you could on a full tank."

He fears that unless climate change is halted, half the polar bear populations in the north will disappear in coming decades. "We have changed the Arctic in huge ways," he says, "and that has been a very sad thing to document."

le marquage; il a observé son comportement en toute liberté à partir d'un point fortifié; il s'est déplacé sur les glaces en mer pour étudier l'habitat de reproduction du phoque, et il a intégré dans ses méthodes des éléments essentiels du savoir inuit. Ces recherches lui ont permis de publier plus de trois cents textes scientifiques.

Stirling a été le premier savant à se doter d'une approche en profondeur axée sur le long terme pour comprendre ce qui permet à l'ours polaire et au phoque d'évoluer et de survivre dans la mer glaciale. Ses études diverses s'étalant sur plusieurs décennies s'emboitent comme les morceaux d'un casse-tête.

Les recherches de Stirling, par exemple, illustrent la manière dont le changement climatique impacte l'ours polaire. Les banquises lui servent de plate-forme pour chasser, mais à cause du réchauffement de la planète, les glaces de mer se disloquent progressivement plus tôt au printemps. Ce qui prive l'ours de sources importantes de graisse – qu'il tire des petits phoques qui n'ont aucune expérience des prédateurs – et c'est ce qui donne à la longue des ours plus maigres et des oursons au poids insuffisant qui ont du mal à survivre, et parfois pas d'oursons du tout. L'ours, dit Stirling, « doit survivre pendant des périodes plus longues avec une provision restreinte de graisse. C'est comme remplir son réservoir d'essence aux trois quarts et s'attendre ensuite à conduire le plus loin possible comme on le ferait avec un réservoir plein. »

Il craint qu'à moins qu'on ne stoppe le changement climatique, la moitié des populations d'ours polaires dans le Nord va disparaître dans les décennies à venir. « Nous avons changé l'Arctique en profondeur, dit-il, et c'est une chose très triste à démontrer. »

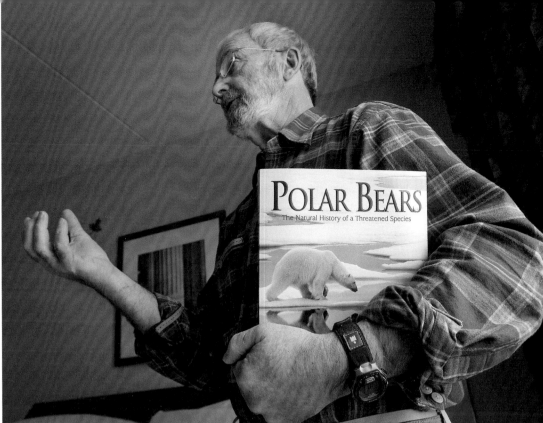

1

2

Now retired, but still an adjunct professor in the University of Alberta's Department of Biological Sciences and a research scientist emeritus with Environment Canada, Stirling is the author of five books on bears. His many honours include the (Canadian) Northern Science Award, Fellowship in the Royal Society of Canada, and Weston Family Prize for Lifetime Achievement in Northern Research.

Another long-time northern researcher, Monique Bernier (her special field of interest is in developing remote sensors to evaluate water resources), calls Stirling "highly respected in the North due to his consideration of Indigenous knowledge, his support for co-management with northern communities, and his role as an advocate for the Arctic."

Stirling dedicated his trailblazing book *Polar Bears: The Natural History of a Threatened Species* to his six grandchildren, "in the hope that their world, and that of their grandchildren, will still include polar bears roaming the sea ice of the Arctic."

Aujourd'hui à la retraite, mais toujours professeur auxiliaire au département de sciences biologiques de l'Université de l'Alberta et chercheur scientifique émérite à Environnement Canada, Stirling a écrit cinq livres sur les ours. Parmi les nombreux honneurs qu'il a remportés, on compte le Prix canadien de la recherche scientifique sur le Nord, son entrée à la Société royale du Canada et le Prix de la famille Weston pour les réalisations d'une vie dans la recherche sur le Nord.

Une autre chercheure expérimentée et spécialiste du Nord, Monique Bernier (son créneau est le développement des capteurs à distance pour l'évaluation des ressources hydriques) dit de Stirling qu'il est « très respecté dans le Nord pour sa prise en compte du savoir autochtone, son soutien à la cogestion avec les communautés nordiques et sa défense de l'Arctique. »

Stirling a dédié son maître livre *Polar Bears: The Natural History of a Threatened Species* à ses six petits-enfants « dans l'espoir que leur monde, et celui de leurs petits-enfants, sera encore habité par des ours polaires rôdant sur les banquises de l'océan Arctique. »

Jean Vanier

c.c. | 1986   o.c. | 1971
Companion of the Order of Canada
Compagnon de l'Ordre du Canada
Officer of the Order of Canada
Officier de l'Ordre du Canada

AT THE END of the Second World War, seventeen-year-old Jean Vanier was living in Paris, where his father was working as the Canadian ambassador. He and his mother—who served with the Canadian Red Cross—offered clothing, survival kits, and shelter to concentration camp survivors and other displaced people as they arrived in the city by train. Vanier never forgot the experience, and it infused him with an abiding sense of compassion. Nineteen years later, he invited two intellectually challenged men to live with him in a house he had bought in Trosly-Breuil, a small town in northern France. That invitation changed both his life and the lives of many others.

À LA FIN de la Seconde Guerre mondiale, Jean Vanier avait dix-sept ans et vivait à Paris où son père était ambassadeur du Canada. Il aidait sa mère, qui était au service de la Croix-Rouge canadienne, à secourir les survivants des camps de concentration et autres personnes déplacées qui arrivaient en ville par le train en leur fournissant des vêtements, des trousses de survie, ou en leur trouvant de quoi se loger. Moments mémorables qui lui donnèrent pour la vie le goût de soulager la souffrance des autres. Dix-neuf ans plus tard, il invita deux hommes ayant des déficiences intellectuelles à venir vivre avec lui dans la maison qu'il avait achetée à Trosly-Breuil, un petit bourg du nord de la France. Cette invitation changea sa vie et celle de bien d'autres.

1. Vanier at L'Arche: "These are beautiful people. People of the heart." / *Vanier à L'Arche : « Ce sont de belles personnes. Des gens de cœur. »*

2. With members of one of his L'Arche residences, 1988. / *Avec des pensionnaires d'une de ses résidences de L'Arche, 1988.*

3. In France, 2016. / *En France, 2016.*

The two men were Raphael Simi, who spoke very little, and Phillipe Seux, who "spoke too much," as Vanier would later recall with a smile. "What people with intellectual disabilities want," he says, "is fun and laughter … and laughter is at the heart of community." The two men once bought a rigged mustard pot, and when a state inspector came around one day, they enticed him to open it. The lid flew off like a jack-in-the-box, and the room filled with laughter.

Vanier would eventually name his house L'Arche, which is French for "ark" or "refuge," but also means "bridge"—as in a bridge that connects heaven and earth. Today there are fifty such communities in forty-seven countries around the world. Labour is a key element of L'Arche's programs, and residents, assisted by helpers, are taught pottery, candle making, and bee keeping, among other activities. The work fosters self-worth and forges bonds. As Vanier says, "A community is alive when … its members feel they have to work together … if only to ensure that they can all eat tomorrow!"

Jean Vanier was born in Geneva in 1928, the son of Georges Vanier, who would become the Governor General of Canada in 1959. At the age of thirteen, Jean joined the British Royal Navy and later the Royal Canadian Navy. In 1950, he left the military and subsequently obtained a doctorate in philosophy and taught at the University of Toronto. In 1964, a friendship with a priest led him to become aware of the plight of institutionalized men and women. "People with [mental] disabilities," he once said, "have been among the most oppressed and humiliated. They were called idiots. But these are beautiful people. People of the heart."

Les deux hommes avaient pour nom Raphaël Simi, qui parlait très peu, et Philippe Seux, qui « parlait trop », comme Vanier allait le rappeler plus tard avec un sourire. « Ce que veulent les personnes qui ont des déficiences intellectuelles, dit-il, c'est s'amuser et rire […] et le rire est au cœur de la vie en société. » Les deux hommes firent un jour l'achat d'un pot de moutarde truqué, et lorsque l'inspecteur de l'État passa plus tard, ils lui demandèrent de l'ouvrir. Le couvercle bondit comme un polichinelle, et tout le monde éclata de rire.

Vanier devait baptiser sa maison L'Arche, qui veut dire « refuge » mais aussi « pont », comme dans un pont qui relie le ciel et la terre. Il y a aujourd'hui cinquante refuges semblables dans quarante-sept pays. Le travail est un élément essentiel des programmes de L'Arche, et ses résidents, assistés par des aidants, apprennent la poterie, la fabrication de bougies et l'apiculture, entre autres activités. Le travail génère la dignité et permet de forger des liens. Comme le dit Vanier : « Une communauté prend vie lorsque […] ses membres ont le sentiment qu'ils doivent travailler ensemble […] ne serait-ce que pour assurer la subsistance de tous demain! »

Jean Vanier est né à Genève en 1928. Son père, Georges Vanier, allait être fait gouverneur général du Canada en 1959. À l'âge de treize ans, Jean s'engagea dans la Royal Navy britannique et joignit plus tard les rangs de la Marine royale du Canada. En 1950, il quitta l'uniforme pour faire un doctorat de philosophie et enseigna quelque temps à l'Université de Toronto. En 1964, il se lia avec un prêtre et prit conscience de la misère des hommes et des femmes qui étaient institutionnalisés. « Les personnes qui ont des déficiences mentales, a-t-il dit un jour, comptent parmi les plus opprimées et

1   2   3

The "gentle giant" (Jean Vanier is more than six feet tall) has continued to spread his message that people with disabilities "are important in themselves, but they also have a message to give to humanity. I'm talking about going to those who are most rejected and listening. They have something to say."

In 2015, Vanier received the $2 million Templeton Prize, awarded in previous years to Mother Teresa and the Dalai Lama. The prize "honours a living person who has made an exceptional contribution to affirming life's spiritual dimension."

Vanier has written thirty-one books, many of them about inclusion, tenderness, and compassion. The helper, he cautions, should never feel superior to or separate from the helped—who most appreciate charity when it is motivated by human solidarity rather than by duty. Jean Vanier's advice to those who would like to serve but who have little time is this: "Find somebody who is lonely . . . visit a little old lady who has no friends or family. Bring her flowers. People say 'but that's nothing.' It is nothing—but it's also everything."

les plus humiliées. On les traitait d'idiots. Mais ce sont de belles personnes. Des gens de cœur. »

Le « doux géant » (il mesure plus de six pieds) n'a eu de cesse de propager son évangile, à savoir que les personnes qui ont des handicaps « sont importantes en elles-mêmes, mais elles ont aussi un message à transmettre à l'humanité. Je dis qu'il faut aller vers ceux qui sont les plus rejetés et les écouter. Ils ont quelque chose à dire. »

En 2015, Vanier a reçu le prix Templeton, qui avait été remis par les années précédentes à mère Teresa et au Dalaï-Lama. Le prix « honore un être vivant qui a contribué exceptionnellement à l'affirmation de la dimension spirituelle de la vie. »

Vanier a écrit trente et un livres, dont bon nombre traitent de l'inclusion, de la tendresse et de la compassion. L'aidant, fait-il valoir, ne doit jamais se sentir supérieur ou différent par rapport à celui ou celle qu'il aide, et la personne aidée apprécie au plus haut point la charité quand celle-ci est motivée davantage par la solidarité humaine que le devoir. Voici le conseil que donne Jean Vanier à ceux qui voudraient aider mais qui ont peu de temps : « Trouvez quelqu'un qui est seul [. . .] Rendez visite à la petite vieille qui n'a ni amis ni famille. Offrez-lui des fleurs. Les gens vous diront : "mais ce n'est rien." Ce n'est rien, et pourtant, c'est l'essentiel. »

Lise Watier

o.c. | 2012 c.m. | 1991
Officer of the Order of Canada
Officier de l'Ordre du Canada
Member of the Order of Canada
Membre de l'Ordre du Canada

LISE WATIER knows something about transformation.

She was born in Montreal in 1942, the only child of a father who sold cars and a mother who bought clothing for her sister's boutique. Educated by nuns, Watier thought at first she wanted to be a nun herself, or a missionary, or perhaps a concert pianist.

There was not much money in the Watier household, but Lise's mother knew something about style and grooming, and Lise took notice. At the age of eighteen, this thin, shy girl had a makeup lesson, looked in the mirror, and saw, for the first

LISE WATIER sait ce que c'est que de changer de peau.

Elle est née à Montréal en 1942, la fille unique d'un père vendeur de voitures et d'une mère qui voyait aux achats à la boutique de vêtements de sa sœur. Éduquée par les religieuses, elle a songé au début de sa vie à se faire religieuse elle-même ou missionnaire, ou peut-être même pianiste de concert.

La famille Watier n'était pas très riche, mais la mère de Lise savait se faire une beauté, et cela n'échappa pas à la petite Lise. À l'âge de dix-huit ans, la jeune fille maigre et timide prit une leçon de maquillage, se regarda dans le miroir et vit, pour la première fois, une jolie fille. Transformation magique qui l'amena à s'intéresser aux produits de beauté. Quand elle et ses copines

1. In the 1980s. / *Dans les années 80.*

2. Watier: "Generosity is beauty." / *Watier : « La générosité, c'est la beauté. »*

time, a pretty girl. She thought of it as a form of magic and began to take an interest in beauty products. When Watier and her teenage friends went out to dances, she put on their makeup for them. After reading the autobiography of perfume magnate Helena Rubinstein, *My Life for Beauty*, Watier decided she would one day launch her own cosmetics line.

A chance encounter with a television producer when Watier was twenty got her into commercials, and she was soon offered a job hosting her own show. For the next six years, that was Watier's life—two hours of live television a day, focusing on issues of concern to women at a time when many women were still primarily homemakers or just beginning to enter the workforce. They needed advice, and many looked to Watier to provide it.

Next, she established the Lise Watier Institute—a school that offered women courses in grooming and self-esteem. In 1972, she decided to establish her own cosmetics firm, though she had only a very basic knowledge of chemistry and no experience in business. However, she possessed steely determination in abundance. Told she would never succeed, she told herself, "Prove them wrong."

She began to incorporate natural ingredients such as aloe vera, watercress, red clover, and, later, Labrador tea into her creams and powders. Told in 1993 that a new scent she wanted to call Neiges (*neige* means snow) would never fly because of its negative association with the cold, she went ahead regardless. That perfume became the flagship product in her cosmetics empire.

Since her company was sold in 2016, Watier and her family have dedicated themselves to

sortaient danser, c'était elle la maquilleuse en titre de la bande. Après avoir lu l'autobiographie de l'impératrice du parfum Helena Rubinstein, *My Life for Beauty*, elle décida de lancer un jour sa propre compagnie de produits de beauté.

Ayant eu la chance de rencontrer un réalisateur de télévision à l'âge de vingt ans, elle se mit à tourner des publicités, et on lui offrit bientôt d'animer sa propre émission de télévision. Pendant les six années qui suivirent, ce fut toute sa vie : deux heures de télévision en direct par jour, traitant de questions qui intéressaient les femmes de l'époque à un moment où bon nombre d'entre elles étaient essentiellement ménagères ou commençaient tout juste à pénétrer le marché du travail. Elles avaient besoin de conseils, et elles furent nombreuses à se tourner vers Lise Watier pour s'informer.

Puis elle créa l'Institut Lise Watier, une école qui enseignait aux femmes à se mettre belles et à acquérir l'estime d'elles-mêmes. En 1972, elle décida de fonder sa propre entreprise de cosmétiques même si ses notions de chimie étaient sommaires et qu'elle avait zéro formation en affaires. Mais sa volonté de fer compensait largement. Quand on lui dit qu'elle ne réussirait jamais, elle se dit : « Je vais leur prouver qu'ils ont tort. »

Elle se mit à incorporer des ingrédients naturels comme l'aloe vera, le cresson, le trèfle rouge et, plus tard, le thé du Labrador dans ses crèmes et ses poudres. Quand on lui dit qu'un nouveau parfum qu'elle voulait baptiser *Neiges* ne marcherait jamais à cause de son association négative avec le froid, elle fonça quand même. Ce parfum devint le produit phare de son empire de cosmétiques.

Depuis qu'elle a vendu son entreprise en 2016, Lise Watier et sa famille se consacrent à la

1   2

the Lise Watier Foundation, created in 2009. Its mission is to direct funds to organizations across Canada for specific programs aimed at helping women become financially independent. "The key to a better life for women," she once said, "often takes place through financial independence."

However, true beauty, for Lise Watier, is about giving to others. "Generosity is beauty," she maintains, adding that the happiest people she knows are those who give to others. She has been extremely successful in spreading the word. Today, more than fifty banks, insurance companies, telecommunications companies, and other enterprises support her foundation and its work.

Fondation Lise Watier qui a été fondée en 2009. Sa mission consiste à financer des organisations canadiennes qui lancent des programmes destinés à aider les femmes à acquérir leur indépendance financière. « L'essentiel d'une vie meilleure pour les femmes, a-t-elle dit un jour, c'est souvent l'indépendance financière. »

Cependant, la vraie beauté, selon Lise Watier, consiste à donner. « La générosité, c'est la beauté », croit-elle, ajoutant que les personnes les plus heureuses qu'elle connaît sont celles qui donnent aux autres. Il faut croire que son message a très bien passé. Aujourd'hui, plus de cinquante banques, compagnies d'assurances et de télécommunications et d'autres entreprises soutiennent sa fondation et son œuvre.

V. James Weisgerber

O.C. | 2013
Officer of the Order of Canada
Officier de l'Ordre du Canada

JAMES WEISGERBER has had many titles in his long life of service—the Bishop of Saskatoon, the Archbishop of Winnipeg, and president of the Canadian Conference of Bishops. In the Catholic faith, bishops are traditionally addressed as Your Grace, and Weisgerber has received enough honorary doctorates that some call him Doctor Grace, though his formal title is currently Archbishop Emeritus. However, his *preferred* title these days is the plain and simple Father Jim. "He has a common touch," says Archbishop Albert LeGatt of Saint Boniface, Manitoba, "and is able to engage with and collaborate with many, many people."

JAMES WEISGERBER a porté bien des titres dans sa longue vie vouée à son prochain : évêque de Saskatoon, archevêque de Winnipeg et président de la Conférence canadienne des évêques, entre autres. L'usage catholique veut que l'on s'adresse à un évêque en l'appelant « monseigneur », et le père Weisgerber a reçu tant de doctorats honorifiques que certains l'ont même appelé « docteur monseigneur », mais son titre officiel est en ce moment « archevêque émérite ». Cependant le titre qu'il préfère ces jours-ci est simplement « père Jim ». « Il a le tour avec les gens, dit l'archevêque Albert LeGatt de Saint-Boniface, au Manitoba, et il sait se lier avec beaucoup, beaucoup de monde. »

Le fils d'immigrants allemands, Weisgerber est né à Vibank, en Saskatchewan, en

1. On the pilgrim's walk in Spain, 2015. / *Sur le chemin de Compostelle, en Espagne, en 2015.*

2. With two young friends at a mission in Brazil. / *Avec deux jeunes amis dans une mission au Brésil.*

3. Pope Benedict XVI greeting National Chief Phil Fontaine in 2009 as Archbishop Weisgerber looks on. / *Le pape Benoît XVI accueillant le chef national Phil Fontaine en 2009 sous le regard de l'archevêque Weisgerber.*

The son of German immigrants, Weisgerber was born in Vibank, Saskatchewan, in 1938 and is fluent in German, English, and French. As dean of arts at Notre Dame College in Wilcox, Saskatchewan, he taught French, philosophy, and religious studies. His work as a parish priest in Regina and Fort Qu'Appelle brought him into contact with Aboriginal communities, and led him to become a staunch advocate for First Nations people. "Apology is one thing," Weisgerber once said. "Redressing the wrong is a whole other journey we have to get into."

"What we need," he said on another occasion, "is to get to know each other, our lives, our cultures, and our histories. Such efforts require courage, risk-taking, perseverance, and patience, but there is no other road. The Residential Schools and their legacy are seen by so many of the Aboriginal Peoples as a major cause of much of their suffering. They need to have this story told and they need the story to be heard…"

Weisgerber played a key role in organizing a meeting in 2009 at the Vatican between a Canadian delegation from the Assembly of First Nations and Pope Benedict XVI. The pope expressed his sorrow at the anguish caused by "the deplorable conduct of some members of the Church" who had worked in the residential schools. In 2013, Weisgerber was made an Officer of the Order of Canada "for his work as a champion of reconciliation and social justice, promoting deeper understanding between Aboriginal and non-Aboriginal people."

One year later, the archbishop emeritus received the St. Edmund Campion Medal, which is presented during the University of Regina's Campion College graduation ceremonies. "He

1938 et parle couramment l'allemand, l'anglais et le français. Quand il était doyen de la faculté des arts du Collège Notre-Dame de Wilcox, en Saskatchewan, il enseignait le français, la philosophie et les sciences religieuses. Son vicariat à Regina et à Fort Qu'Appelle l'ont mis en rapport avec les communautés autochtones et en ont fait un avocat ardent des Premières Nations. « Demander pardon, c'est une chose, a-t-il dit un jour, mais redresser des torts est l'autre bout de chemin qui nous reste à faire. »

« Ce dont nous avons besoin, a-t-il dit aussi, c'est d'apprendre à nous connaître les uns les autres : nos vies, nos cultures, notre histoire. Mais un tel effort demande du courage, de l'audace, de la persévérance, de la patience, et c'est une démarche essentielle. Nombre de peuples autochtones considèrent que les pensionnats et leurs séquelles sont largement à l'origine de leurs souffrances. Ils doivent raconter ce qui leur est arrivé et ils doivent être entendus. »

Weisgerber a joué un rôle capital dans l'organisation d'une rencontre en 2009 au Vatican entre une délégation de l'Assemblée des Premières Nations et le pape Benoît XVI. Le pape a alors exprimé son chagrin devant l'angoisse causée par « la conduite déplorable de certains membres de l'Église » qui avaient travaillé dans les pensionnats. En 2013, Weisgerber a été fait « officier de l'Ordre du Canada pour son œuvre de réconciliation et de justice sociale, pour sa promotion d'une meilleure compréhension entre Autochtones et non-Autochtones. »

Un an plus tard, l'archevêque émérite a reçu la Médaille St. Edmund Campion qui est généralement remise à l'occasion des cérémonies de collation des grades du Collège Campion de l'Université de Regina. « Il est, a déclaré alors le

1

2

3

is," said Campion president Dr. John Meehan, "what we want our students to become." The medal honours individuals "whose life and activities have exemplified in an outstanding way the service of faith and promotion of justice—ideals embedded in the Jesuit philosophy of education at the College."

In Winnipeg in 2012, four Anishinaabe elders—all of them residential school survivors—symbolically adopted Weisgerber. The five men shared a ceremonial pipe to the sound of singing and drumming and exchanged gifts, with the archbishop receiving a blanket decorated with the four colours of the Anishinaabe people. "I have accepted James Weisgerber as part of my family, as my brother," said Tobasonakwut Kinew. "We are now prepared to move ahead as brothers and sisters."

président de Campion, le Dʳ John Meehan, ce que nous voulons que nos étudiants deviennent. » La médaille honore les personnes « dont la vie et les activités illustrent sans conteste le service à la foi et la promotion de la justice, idéaux qui s'incarnent dans la philosophie jésuite de l'éducation au Collège Campion. »

À Winnipeg, en 2012, quatre anciens anishinabis – tous des survivants des pensionnats – ont adopté symboliquement Mgr Weisgerber. Les cinq hommes ont partagé le calumet cérémoniel au son des chants et des tambours, puis ils ont échangé des présents, l'archevêque recevant pour sa part une couverture aux quatre couleurs du peuple anishinabi. « J'ai accueilli James Weisgerber au sein de ma famille, à titre de frère, a dit Tobasonakwut Kinew. Nous sommes maintenant prêts à avancer en tant que frères et sœurs. »

Hayley Wickenheiser

O.C. | 2011

Officer of the Order of Canada
Officier de l'Ordre du Canada

"THE FEMALE Wayne Gretzky," as some call her, Hayley Wickenheiser started playing hockey with her brothers at the age of five on a backyard rink in Saskatchewan. By the age of fifteen, she was playing on Canada's national women's team—the youngest player ever to make that squad. Twenty-two years later, at the age of thirty-seven, "Wick" has her sights set on the 2018 Winter Olympics in South Korea.

It is hard to imagine another female athlete matching Wickenheiser's accomplishments. With four gold medals and one silver from a total of five Olympic Games,

« LA WAYNE GRETZKY en jupons », comme l'appellent certains, Hayley Wickenheiser a commencé à jouer au hockey avec ses frères à l'âge de cinq ans sur la patinoire de la cour en Saskatchewan. À quinze ans, elle jouait avec l'équipe nationale féminine, la plus jeune à avoir été admise au sein de l'équipe dans toute son histoire. Vingt-deux ans plus tard, à trente-sept ans, « Wick » vise les Jeux olympiques d'hiver de 2018 en Corée du Sud.

On imagine difficilement une autre athlète féminine capable de réaliser les exploits de Wickenheiser. Avec ses quatre médailles d'or et une d'argent pour un total de cinq olympiades, elle a à son actif plus de médailles d'or que tous les olympiens canadiens et a été nommée deux fois la joueuse la plus utile dans ces épreuves. Elle a joué dans douze championnats mondiaux pour femmes. Ses statistiques font état de

1. The gold medal game, 2014. / *Le match pour la médaille d'or, 2014.*

2. After winning the gold medal in 2010. / *Après avoir remporté la médaille d'or en 2010.*

3. Flag bearer at the 2014 Winter Olympic Games in Sochi, Russia. / *Porte-drapeau aux Jeux olympiques d'hiver de 2014 à Sochi, en Russie.*

she has the most gold medals of any Canadian Olympian and was twice named Most Valuable Player in these competitions. She has played in twelve women's world championships. Her stats sheet records 388 points in 296 games played for Team Canada. She also holds a place in the record books as the first woman to score while playing in a men's professional league in Finland in 2003.

"I don't like to lose at anything," Wickenheiser once said. *Sports Illustrated* ranked her among the top twenty-five "toughest athletes in the world," noting that "no player in women's hockey drives to the net with such purpose and fury." Wickenheiser has also played softball for Canada at the Olympic level.

And yet, for all her competitiveness, her compassion burns bright. "When you help somebody else," she says, "you always help yourself. It's just a way of stepping out of the intense pressure cooker of performing and competing … I play a silly game, but I am grateful for what I have. We need to stop more often and express that. We are so lucky to live in Canada. As Canadians, we need to be good leaders and good citizens of the world and show the way."

A poised, articulate ambassador for her sport, and a much called upon humanitarian, Hayley Wickenheiser supports a number of charities, including Right To Play, on whose behalf she has made two trips to Africa. This charity also benefits from WickFest, a festival of hockey that draws four thousand female hockey players to Calgary every year. She also volunteered to help tear down houses ruined in the flooding that hit Alberta in 2013—a relief effort she called "one of the most rewarding things I've ever been a part of."

388 points en 296 matchs avec Équipe Canada. Elle a été aussi la première femme à avoir joué dans une équipe professionnelle masculine, en Finlande en 2003, autre record.

« Je déteste perdre », a-t-elle dit un jour. La revue *Sports Illustrated* l'a classée parmi « les vingt-cinq athlètes les plus endurants au monde », faisant remarquer « qu'il n'est pas de joueuse au hockey féminin qui fonce vers le filet avec plus de résolution et d'ardeur. » Hayley Wickenheiser a également joué au softball pour le Canada au niveau olympique.

Si compétitive soit-elle, elle s'illustre également par sa compassion. « Quand on aide quelqu'un, dit-elle, on s'aide toujours soi-même. Ce n'est qu'une manière d'échapper au feu de la compétition […] Le hockey, ce n'est qu'un jeu après tout, mais je suis reconnaissante pour ce que j'ai. Il faut prendre plus souvent le temps de s'arrêter et de le dire. Nous avons également la chance immense de vivre au Canada. En tant que Canadiens, nous devons être de bons leaders, de bons citoyens du monde, et donner l'exemple. »

Ambassadrice pondérée et éloquente de son sport, et militante humanitaire très en demande, Hayley Wickenheiser soutient plusieurs œuvres caritatives, dont Right to Play pour le compte de laquelle elle a accompli deux missions en Afrique. Cette œuvre bénéficie aussi du soutien de WickFest, un festival de hockey qui attire quatre mille joueuses de hockey à Calgary chaque année. Elle s'est aussi portée volontaire pour raser des maisons ruinées par l'inondation qui a frappé l'Alberta en 2013, opération de secours dont elle a dit qu'elle était « l'une des choses les plus exaltantes que j'aie faites de ma vie. »

Elle est la mère d'un adolescent, Noah. Elle l'a emmenée à des matchs de hockey partout dans

She is the mother of son Noah, now a teenager. She brought him to hockey games all over the world as a child, but he has no interest in the sport and often brings a book in case he gets bored. Wickenheiser believes that motherhood has saved her from what she calls "the disease of me"—the all-or-nothing focus on training and performance that can consume elite athletes.

Given her hockey commitments, it took sixteen years for Wickenheiser to complete her degree in kinesiology, and she is now completing a master's degree in medical science that she hopes will lead to medical school. After shadowing emergency department physicians for hundreds of hours, she astutely observed that their snap decision making and teamwork remind her of the game she knows and plays so well.

le monde quand il était enfant, mais lui-même n'est guère sportif, et il prend souvent un livre avec lui pour tromper l'ennui. Wickenheiser croit que la maternité l'a sauvée de ce qu'elle appelle « la maladie du moi », cette hantise de l'entraînement et de la performance qui ruine parfois les athlètes d'élite.

À cause de sa pratique du hockey, il lui a fallu seize ans pour compléter son diplôme de kinésiologie, et elle achève en ce moment une maîtrise en sciences médicales qui lui ouvrira un jour, espère-t-elle, les portes de la faculté de médecine. Après avoir suivi des urgentistes pendant des centaines d'heures, elle a compris comme personne que le don qu'ils ont de décider rapidement et de travailler en équipe lui rappelle le sport qu'elle connaît si bien et où elle a fait sa marque comme personne.

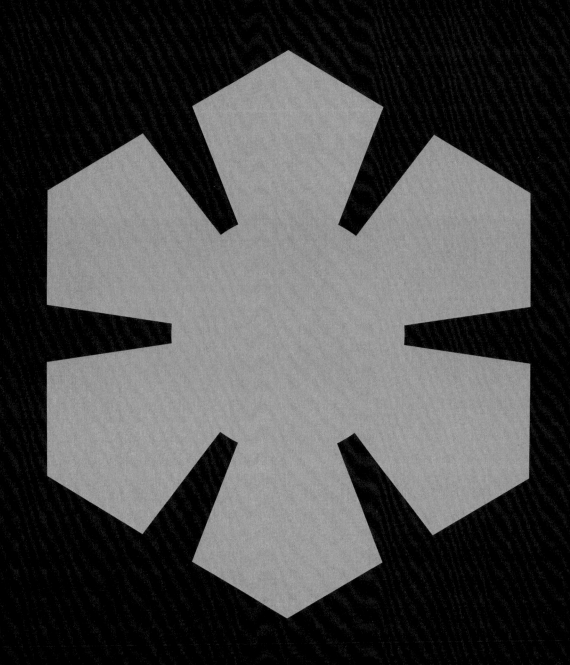

David Johnston

C.C. | 1997   O.C. | 1988

Companion of the Order of Canada
Compagnon de l'Ordre du Canada
Officer of the Order of Canada
Officier de l'Ordre du Canada

WHEN DAVID JOHNSTON became the twenty-eighth Governor General of Canada in 2010, he let it be known that service would define his tenure. "Service," he noted in his installation speech, "whether it is to family, community, or country, is the highest, most noble of callings." This man has many stories to tell from his own life about kindness begetting kindness "in a virtuous circle." In the 1950s, for example, the dean of Admissions at Harvard decided to broaden its base to include gifted students from the working and middle classes. And so it was that David Johnston, the son of

QUAND DAVID JOHNSTON est devenu le 28ᵉ gouverneur général du Canada en 2010, il a fait savoir que l'idée de service serait au cœur même de son mandat. « Le service, a-t-il déclaré dans son discours d'installation, qu'il soit rendu à la famille, à la collectivité ou au pays, est la plus grande et la plus noble des vocations. »

Cet homme pourrait citer maints exemples de sa vie personnelle où la bonté a engendré la bonté – « comme dans un cercle vertueux. » Dans les années 50, par exemple, le doyen des admissions à Harvard a décidé d'élargir la clientèle de l'université en y faisant admettre des étudiants doués issus de la classe ouvrière et de la classe moyenne. Et c'est ainsi que David Johnston, le fils d'un quincailler du nord de l'Ontario, s'est retrouvé boursier de cette prestigieuse maison où il a excellé en classe aussi bien que

a hardware retailer in northern Ontario, got a scholarship to the Ivy League school where he excelled both in the classroom and on the ice. Johnston was such a talented player that his coach (a former NHL scoring champion) arranged a tryout with the Boston Bruins. Would Johnston pursue law—or hockey?

Tom Heintzman, OC, a Toronto lawyer who played with Johnston on that Harvard team, observed that "David would catch the puck in his teeth to stop it going into the net . . . he was an all-American because of his determination." But Johnston only weighed 150 pounds; the odds were stacked against a sustained pro career. So, Johnston chose law. Even so, he felt it necessary "to make a clean break from the game I loved." Rather than studying in North America where NHL teams might tempt him, Johnston accepted a scholarship offer from Cambridge in the UK. "It was time," he concluded, "to get on with my law career."

And so he did. After obtaining law degrees at Cambridge and Queen's University, Johnston began his academic career at Queen's and the University of Toronto, where he started to specialize in securities regulation, corporation law, public policy, and information technology law. Throughout his career, he has written widely on these and other subjects, authoring or co-authoring more than two dozen books. And today he is passing on his love of books to his fourteen grandchildren, who call him Grandpa Book.

Johnston has gained a reputation for energy, keen intelligence, discretion, fairness, and leadership. In academe, he was viewed as a builder and innovator. He was dean of Law at Western

sur la glace. Johnston avait tant de talent que son entraîneur (un ancien champion compteur de la LNH) lui a ménagé un essai avec les Bruins de Boston. Johnston avait le choix : le droit ou le hockey?

Tom Heintzmann, O.C., un avocat de Toronto qui a joué avec Johnston dans l'équipe de Harvard, a fait observer que « David était prêt à arrêter la rondelle avec ses dents pour l'empêcher d'entrer dans le filet [. . .] c'est sa détermination qui en faisait un athlète accompli. » Mais Johnston ne pesait que cent cinquante livres; les chances de faire une carrière professionnelle étaient minces. Johnston a donc préféré le droit. Tout de même, il a jugé nécessaire de « rompre pour toujours avec le sport que j'aimais. » Plutôt que de poursuivre ses études en Amérique du Nord où d'autres équipes de la LNH auraient pu le tenter, Johnston a accepté une bourse de Cambridge. « Le moment était venu, a-t-il songé, de me lancer en droit pour de bon. »

Ce qu'il a fait. Après avoir obtenu des diplômes de droit de Cambridge et de l'Université Queen's, Johnston a entrepris sa carrière universitaire à Queen's, puis à l'Université de Toronto, où il s'est spécialisé dans la réglementation des valeurs mobilières, le droit des sociétés, la politique gouvernementale et le droit de la technologie d'information. Pendant sa carrière, il a écrit abondamment sur ces sujets et d'autres, signant ou cosignant plus d'une vingtaine de livres. Et il transmet aujourd'hui sa passion pour le livre à ses quatorze petits-enfants, qui l'appellent « grand-papa Livre ».

Pendant sa carrière, Johnston s'est fait connaître pour son dynamisme, son intelligence vive, sa discrétion, son honnêteté et son leadership. Dans le milieu universitaire, il s'est taillé une réputation de bâtisseur et d'innovateur. Il

University, then principal and vice-chancellor at McGill University before becoming president of the University of Waterloo. He also chaired many commissions, task forces, and inquiries concerning the environment, the economy, and information technology. But according to Robert Prichard, OC, former president of the University of Toronto, it is Johnston's unshakable commitment to philanthropy that marks him "as fine a Canadian as I know."

Right from the start in his mandate as Governor General, Johnston declared his vision of "a smart and caring nation," one that supports children and families, reinforces innovation and learning, and encourages philanthropy. He reinvigorated the Caring Canadian Award, first launched by former Governor General Roméo LeBlanc, giving it official Canadian honour status as the Sovereign's Medal for Volunteers. He launched My Giving Moment—a national campaign to help Canadians recognize that each of us has something to give. He created the Rideau Hall Foundation to support the work of the Office of the Governor General. And in 2016, he launched the Governor General's Innovation Awards to celebrate Canadian ingenuity in all its forms. That same year saw the publication of his book *The Idea of Canada: Letters to a Nation*, in which he called service "love made visible."

David Johnston will step down as Governor General in 2017. During the seven years he was in office, he was a consistent and eloquent voice for Canada's becoming a smarter and more caring country, where all can grow and contribute.

a été doyen de la faculté de droit à l'Université Western, après quoi principal et vice-chancelier de l'Université McGill ainsi que président de l'Université de Waterloo. Il a également présidé de nombreuses commissions, des groupes de travail et des enquêtes concernant l'environnement, l'économie et la technologie d'information. Mais selon Robert Prichard, O.C., ancien président de l'Université de Toronto, c'est la foi inébranlable de Johnston en la philanthropie qui en fait « le plus grand Canadien que je connaisse. »

Au premier jour de son mandat de gouverneur général, Johnston a tracé la vision qu'il avait d'une « nation avertie et bienveillante », qui vient en aide aux enfants et aux familles, qui stimule l'innovation et l'apprentissage et encourage la philanthropie. Il a ravivé le Prix du Gouverneur général pour l'entraide, créé par l'ancien gouverneur général Roméo LeBlanc, pour en faire la Médaille du souverain pour les bénévoles, une distinction honorifique canadienne officielle. Il a lancé la campagne nationale *Mes beaux moments* qui permet aux Canadiens de voir que chacun de nous a de quoi à contribuer. Il a créé la Fondation Rideau Hall qui soutient l'action du bureau du gouverneur général. Et en 2016, il a donné naissance aux Prix du Gouverneur général pour l'innovation pour célébrer l'ingéniosité des Canadiens sous toutes ses formes. Il a publié la même année son livre *Je vous écris: Lettres aux Canadiens* où il écrit que le service, c'est « l'amour rendu visible. »

David Johnston quittera ses fonctions en 2017. Au cours des sept années de son mandat, il s'est fait la voix constante et éloquente d'un Canada devenant un pays averti et bienveillant, où nous pouvons tous grandir et apporter notre contribution.

AFTERWORD:

A WORD ON
THIS BOOK'S GENESIS

———+———

HIS EXCELLENCY the Right Honourable David Johnston, Governor General of Canada, knew that the Order of Canada would mark its fiftieth anniversary in 2017. Early in 2015, then, he struck a committee to choose fifty recipients from among the almost seven thousand Canadians who have received the Order. Those individuals would be profiled in a book that would celebrate, in words and images, the Order and what it means to the nation. The stories chosen had to be inspirational and had to represent the rich mosaic of the country. Tasked with this assignment were seven individuals, all of whom were recipients of the Order: Michael Bliss, Raymond Chrétien, Elmer Hildebrand, Allison McCain, Stuart McLean, Shelagh Rogers, and Calvin Stiller as Chair.

In February of 2015, they gathered at Rideau Hall in Ottawa for their first meeting. And while the staff at the Chancellery of Honours in the Office of the Secretary to the Governor General was enormously helpful, the committee itself chose the members to be profiled, chose the author, and oversaw all editorial aspects of the book. The committee also decided to add a fifty-first profile—the Governor General himself.

This book captures only a handful of stories of inspiring excellence. *All* recipients of the Order of Canada between 1967 and July 2016 are listed in the pages that follow. Naming them is one more way of thanking them for all they have done for the people of Canada and for the rest of the world.

POSTFACE :

UN MOT SUR
LA GENÈSE DE CE LIVRE

SON EXCELLENCE le très honorable David Johnston, gouverneur général du Canada, savait que l'Ordre du Canada fêterait ses cinquante ans en 2017. Il a donc formé un comité au début de 2015 à qui il a demandé de sélectionner cinquante récipiendaires parmi les près de sept mille Canadiens qui ont été admis à l'Ordre. Ces personnes figureraient dans un livre qui raconterait, en mots et en images, en quoi consiste l'Ordre et ce qu'il représente pour le pays. Les récits ainsi composés se voudraient inspirants et incarneraient la riche mosaïque du pays. Cette tâche a été confiée à sept personnes, toutes membres de l'Ordre : Michael Bliss, Raymond Chrétien, Elmer Hildebrand, Allison McCain, Stuart McLean, Shelagh Rogers et Calvin Stiller, son président.

En février 2015, le groupe s'est réuni à Rideau Hall pour la première fois. Si le personnel de la Chancellerie des distinctions honorifiques du Bureau du secrétaire du gouverneur général a donné un fort coup de main, il reste que c'est le comité lui-même qui a choisi les personnes dont le livre parlerait, qui a désigné l'auteur et vu intégralement à l'édition du livre. C'est

également le comité qui a décidé d'ajouter un cinquante et unième profil, celui du gouverneur général lui-même.

Ce livre ne met en vedette qu'une poignée de vignettes inspirant l'excellence. Tous les récipiendaires de l'Ordre du Canada de 1967 à juillet 2016 sont nommés dans les pages qui suivent. Les nommer, c'est une fois de plus leur marquer notre gratitude pour tout ce qu'ils ont fait pour les Canadiens et le reste du monde.

MEMBERS, OFFICERS, AND COMPANIONS OF THE ORDER OF CANADA

MEMBRES, OFFICIERS ET COMPAGNONS DE L'ORDRE DU CANADA

HM Queen Elizabeth, The Queen Mother Windsor C.C., L.G., L.T., C.I., G.C.V.O., G.B.E., LL.D.

HRH The Prince Philip , Duke of Edinburgh P.C., K.G., K.T., O.M., G.B.E., O.N.Z., Q.S.O., A.C., G.C.L., C.C., C.M.M., C.D.

A

Abella, Irving Martin C.M., O.ONT.
Aberman, Arnold C.M.
Abraham, Hon. Alan Rockwell C.M., O.N.S., C.D.
Abrahamson, Calvin David O.C., S.O.M.
Abramsky, Diana Hains Meltzer C.M.
Abu-Laban, Baha C.M.
Acker, Carolyn C.M.
Ackman, Robert George O.C.
Adam, Dyane C.M.
Adams, Bryan O.C., O.B.C.
Adams, David O.C.
Adams, F. Wayne C.M., O.N.S.
Adams, Miriam C.M.
Adams, Nancy C.M.
Adamson, Anthony O.C.
Adaskin, Frances M. C.M.
Adaskin, Harry O.C.

Adaskin, Murray O.C.
Adkins, William C.M.
Affleck, Ewan C.M.
Aga Khan IV, HH Prince Karim C.C.
Aglukark, Susan O.C.
Agnew, Mary C. C.M.
Agrios, Jack N. O.C., Q.C.
Aguayo, Alberto J. O.C.
Ahenakew, Freda C.M., S.O.M.
Ahern, Ellen Aloysia C.M.
Aide, William John C.M.
Aikenhead, Bruce Alexander O.C.
Aird, Hon. John Black C.C., O.ONT., Q.C.
Aitken, Robert C.M.
Akerley, Irvin William C.M.
Aksayook, Etuangat C.M.
Aksich, Madeline-Ann C.M.
Alarie, Pierrette C.C.
Albo, Ida C.M.
Alcock, Norman Z. C.M.
Aldana, Patricia C.M.
Alexander, Hon. Lincoln M. P.C., C.C., O.ONT., Q.C.
Alford, Montague E. C.M.
Ali Khan, M. Azhar C.M., O.ONT.
Allan, Mary Elyse C.M.
Allan, Maurice C.M.
Allard, Gen. Jean V. C.C., C.B.E., G.O.Q., E.D., C.D.

Allen, Bertha C.M.
Allen, Douglas E.M. C.M.
Allen, Helen O.C.
Allen, Moyra O.C.
Alleyne, Archibald Alexander C.M.
Allie, R.P. Jean-Léon C.M.
Allmand, Hon. W. Warren P.C., O.C., Q.C.
Allodi, Mary Macaulay C.M.
Alloucherie, Jocelyne O.C.
Almond, Paul O.C.
Alonzo, Anne-Marie C.M.
Alper, Howard O.C.
Alsbury, J. Stewart C.M.
Alway, Richard Martin Holden O.C., O.ONT.
Amaron, Estelle Marguerite C.M.
Amato, Lanfranco C.M.
Ames, Michael M. C.M.
Anahareo, (Gertrude Moltke Bernard) C.M.
Anaka, Gregory C.M.
Anala, Sarah C.M.
Andermann, Frederick O.C., O.Q.
Anderson, Andrew Charles C.M.
Anderson, Anne C.M.
Anderson, Boyd M. C.M., S.O.M.
Anderson, Charles C.M.
Anderson, Hon. David A. P.C., O.C.
Anderson, Hon. Doris C.M.

Anderson, Doris H. C.C.
Anderson, Garry W. C.M.
Anderson, George D. C.M.
Anderson, J. Stuart O.C.
Anderson, Gen. James Ernest C.M., D.S.O., C.D.
Anderson, Patsy C.M.
André, Mathieu C.M.
Andrekson, Margaret Weir C.M.
Andrew, Caroline C.M.
Andrews, Brenda C.C.
Andrews, Lt. Col. Gerald Smedley C.M., O.B.C.
Andrews, Ralph LeMoine C.M.
Andrieux, Jean-Pierre C.M.
Angeconeb, Garnet C.M.
Angel, Aubie C.M.
Angel, John B. C.M.
Angélil, René C.M., O.Q.
Angelo, Mark C.M., O.B.C.
Angus, Henry F. O.C.
Angus, Margaret Sharp C.M.
Angus, Murray C.M.
Anhalt, Istvan O.C.
Anka, Paul O.C.
Annett, Louise Cimon C.M.
Anoee, Eric C.M.
Anselmo, Anthony G. C.M.
Antaki, Nabil N. C.M.

Bassett, Isabel C.M., O.ONT.
Bassett, Hon. John W.H. P.C., C.C., O.ONT.
Basso, Guido C.M.
Bastarache, L'hon. Michel C.C., C.R.
Bata, Sonja I. O.C., M.S.M.
Bata, Thomas J. C.C.
Bateman, Robert McLellan O.C., O.B.C.
Bates, David V. C.M.
Bates, Gordon A. O.C.
Bates, John Gordon C.M.
Bates, John S. C.M.
Bates, Maxwell C.M.
Batist, Gerald C.M.
Batshaw, Manuel G. C.M., C.Q.
Battcock, Adrian G. C.M.
Batten, Albert C.M.
Battersby, Geoffrey C.M.
Battle, Kenneth Robert C.M.
Battle, Robert F. C.M.
Baudouin, L'hon. Jean-Louis O.C., G.O.Q.
Baudoux, Msgr Maurice O.C.
Bauer, Rev. David O.C.
Baulu, Roger O.C., O.Q.
Baum, Gregory O.C.
Baumann, Alex Sasa O.C., O.ONT.
Baumann, Bertha C.M.
Bawden, Peter C. O.C.
Baxter, Cynthia C.M.
Baxter, Donald W. O.C.
Baxter&, Iain O.C., O.ONT., O.B.C.
Bayefsky, Aba C.M.
Bayer, Mary Elizabeth C.M.
Baylis, Françoise C.M.
Bazar, Beatrice C.M.
Beadle, Gert C.M.
Beall, Herbert W. O.C.
Beals, Carlyle S. O.C.
Beament, Brig. Gen. George Edwin C.M., O.B.E., E.D., C.D., Q.C.
Beamish, Richard James C.M., O.B.C.
Beamish, Robert E. C.M., O.M.
Bear, Shirley C.M.
Beare-Rogers, Joyce L. C.M.
Beasley, Larry C.M.
Beaton, George Hector O.C.
Beattie, Allan Leslie C.M., O.ONT., Q.C.
Beatty, Bruce W. C.M., S.O.M., C.D.
Beatty, David Ross C.M., O.B.E.
Beatty, Col. D.S. C.M.
Beatty, Patricia C.M.
Beaubien, R.P. Irénée O.C.
Beaubien, Jeanine C.M., O.Q.
Beauchamp, Jacques C.M.

Beauchemin, Lucette R. C.M.
Beauchemin, Micheline O.C., C.Q.
Beaudet, Guy C.M., E.D., C.D.
Beaudoin, L'hon. Gérald-A. O.C., O.Q., C.R.
Beaudoin, Jacques C.M.
Beaudoin, Jocelyn C.M.
Beaudoin, Laurent C.C., O.Q.
Beaulieu, Charles E. O.C., C.Q.
Beaulieu, Jacques O.C., G.O.Q.
Beaulne, Guy C.M., C.Q.
Beaulne, Yvon C.M.
Beauregard, Luc O.C., C.Q.
Beauvais, Emile M.A. C.M.
Beck, H. Thomas C.M., O.ONT.
Beck, James Murray C.M.
Becklake, Margaret C.M., G.O.Q.
Beckwith, John C.M.
Beddoe, Alan B. O.C.
Bedson, Derek R.C. O.C.
Beer, Charles T. C.M.
Beesley, J. Alan O.C., Q.C.
Beeston, Paul C.M.
Beetz, L'hon. Jean C.C., C.R.
Begg, Robert W. O.C.
Bégin, L'hon. Monique C.P., O.C.
Beharriell, Patricia Leone C.M.
Beil, Charles C.M.
Béique, Pierre O.C.
Beiser, Morton C.M.
Beker, Jeanne C.M.
Bélanger, Bernard C.M.
Bélanger, Jean-Luc C.M.
Bélanger, Jean M. O.C.
Bélanger, Laurent C.M., O.ONT.
Bélanger, Léonidas C.M.
Bélanger, Marcel O.C., G.O.Q.
Bélanger, Michel C.C.
Bélanger, Walter C.M., C.Q.
Belcourt, Anthony O.C.
Belcourt, Herbert Clifford C.M.
Béliveau, Jean C.C., G.O.Q.
Bell, Alfred M. C.M.
Bell, Allan Gordon C.M.
Bell, Carol Gay C.M., S.O.M.
Bell, Dama Lumley C.M.
Bell, Douglas L.D. C.M.
Bell, Brig. Gen. George Gray O.C., M.B.E., C.D.
Bell, Jack C.M., O.B.C.
Bell, John Kim O.C.
Bell, John M. O.C.
Bell, Lennox G. O.C.
Bell, R. Gordon O.C.

Bell, Ralph P. O.C.
Bell, Robert E. C.C.
Bell, Ruth Marion C.M.
Bell, Thomas Johnston O.C., M.C., C.D.
Bellamy, Rev. Kathrine C.M., O.N.L.
Bellavance, Sr. Louise C.M., C.Q.
Belleau, Bernard O.C.
Bellemare, Gaston C.M., O.Q.
Bellemare, Maurice O.C.
Bellini, Francesco O.C., O.Q.
Bell-Irving, Hon. Henry Pybus O.C., D.S.O., O.B.E., O.B.C., E.D., C.D.
Belmonte, Mimi M. C.M.
Belton, Gregory S. C.M., C.V.O.
Belyea, Helen R. O.C.
Belzberg, Frances C.M.
Belzberg, Jenny C.M., A.O.E.
Belzberg, Samuel O.C., O.B.C.
Belzile, Lt. Gen. Charles H. C.M., C.M.M., C.D.
Belzile, Hervé C.M.
Bencz, Marjorie C.M.
Bene, John G. O.C.
Benedict, Daniel C.M.
Benidickson, Agnes M. C.C., O.ONT.
Bennett, Avie C.C., O.ONT.
Bennett, Hon. Gordon L. O.C.
Bennett, Jalynn H. C.M.
Bennett, Myra M. C.M.
Bennett, Hon. William Andrew Cecil P.C., O.C.
Benoit, Claude C.M.
Benoît, Jehane O.C.
Benoît Roy, Simone Gabrielle Marie C.M.
Bensadoun, Aldo Albert Daniel O.C., C.Q.
Bensimon, Jacques C.M.
Bentall, H. Clark O.C.
Bentley, C. Fred O.C., A.O.E.
Bentley, James M. O.C.
Bentley, Peter J.G. O.C., O.B.C.
Beny, Roloff W. O.C.
Bérard, André O.C.
Bercuson, David Jay O.C.
Bergen, Henry John C.M., A.O.E.
Berger, Samuel C.M., Q.C.
Berger, Hon. Thomas R. O.C., O.B.C., Q.C.
Bergeron, Henri O.C.
Bergeron, Madeleine O.C.
Bergeron, Michel G. C.M., O.Q.
Bergeron, L'hon. Pierre C.M., C.R.
Bergeron, Pierre C.M.
Bergsagel, Daniel E. C.M.

Berkowitz, Norbert C.M.
Berlin, Boris O.C., O.ONT.
Berlinguet, Louis O.C., O.Q.
Bernard, Camille C.M.
Bernard, Wanda Thomas C.M., O.N.S.
Bernardi, Mario C.C.
Bernier, Jean-Guy C.M.
Bernier, Sylvie C.M., C.Q.
Bernstein, Alan O.C.
Berry, Albert E. O.C.
Berry, Johanne C.M.
Berry, Virginia C.M.
Bertolino, Daniel C.M.
Berton, Pierre C.C., O.ONT.
Bertram, Robert G. O.C.
Bertrand, Claude C.C.
Bertrand, Françoise O.C., C.Q.
Bertrand, Gilles Guy Pierre O.C.
Bertrand, R.P. Hector-Louis C.M.
Bertrand, Janette O.C., C.Q.
Bertrand, Marlene C.M.
Bérubé, Jean-Yves C.M.
Besner, Jeanne C.M.
Bessette, Louise C.M., O.Q.
Besso, Joseph M. C.M.
Best, Anita C.M.
Best, Carrie O.C.
Best, Charles H. C.C.
Best, Lyle R. C.M.
Bethune, Clarence C.M.
Betteridge, Lois Etherington C.M.
Beutel, Benjamin C.M.
Beveridge, James M.R. O.C.
Bevington, Stan C.M.
Bey, Salome C.M.
Bhartia, Prakash C.M.
Bhatia, Gurcharan Singh C.M.
Bherer, Wilbrod C.M., C.R.
Bialystok, Ellen O.C.
Bibby, Reginald W. O.C.
Bice, Clare C.M.
Bice, Ralph C.M.
Bickersteth, John Burgon C.M.
Bickert, Edward Isaac C.M.
Biddle, Sr., Charles C.M.
Biéler, André C. C.M.
Bielfeld, Rabbi Arthur Norman C.M.
Bienenstock, John C.M.
Bigelow, Wilfred Gordon O.C.
Biggar, James H. O.C.
Bigué, Germain C.M.
Billes, Alfred J. C.M.
Binnie, Hon. Ian Corneil C.C.

Binning, Bertram C. o.c.
Biondi, Ferdinand F. c.m., c.q.
Birch, Gary o.c.
Birchall, Cmdre Leonard Joseph c.m., o.b.e., d.f.c., o.ont., c.d.
Bird, Hon. Florence c.c.
Bird, J.W. Bud o.c.
Birdsell, Sandra Louise c.m., s.o.m.
Birks, George Drummond c.m.
Birney, Earle o.c.
Biron, Michel c.m.
Bisaillon, Guy c.m.
Bishop, Heather c.m., o.m.
Bissell, Claude T. c.c.
Bissett, David c.m., a.o.e.
Bisson, André o.c.
Bisson, L'hon. Claude o.c.
Bisson, Capt. Louis c.m., o.b.e.
Bissonnette, Anik o.c., c.q.
Bissonnette, Jean o.c., o.q.
Bissonnette, Pierre-André o.c., c.r.
Bitove, John L.N. c.m.
Bizier, Hélène-Andrée c.m.
Black, Donald W. c.m., s.o.m.
Black, Gwendolyn M. o.c.
Black, Harriet E. c.m.
Black, Harry o.c.
Black, James Thompson c.m.
Black, Sandra o.c., o.ont.
Black, William A. c.m.
Blackburn, George G. c.m., m.c.
Blackstein, Frederick P. c.m.
Blackwood, David Lloyd c.m., o.ont.
Bladen, Vincent W. o.c.
Blair, David F. c.m.
Blair, Hon. D. Gordon c.m., q.c.
Blair, S. Robert c.c.
Blais, Jean c.m.
Blais, Marie-Claire c.c., o.q.
Blais, Roger o.c., c.q.
Blais, Roger A. c.c., o.q.
Blaise, Clark o.c.
Blake, Hector (Toe) c.m.
Blake, Joyce M. c.m.
Blake, Mervyn A.C. c.m.
Blakeley, Phyllis R. c.m.
Blakeney, Hon. Allan Emrys p.c., o.c., s.o.m., q.c.
Blakey, Thurston c.m.
Bland, Roger c.m., m.b.
Blankstein, Marjorie c.m.
Blasco, Stefan Michael c.m.
Blaser, Robin c.m.

Blatherwick, Francis John c.m., o.b.e., c.d.
Bley, Paul c.m.
Blishen, Bernard c.m.
Bliss, Michael o.c.
Blohm, Hans-Ludwig c.m.
Blondin, George c.m.
Bloodworth, Margaret c.m.
Bloomberg, Lawrence S. c.m., o.ont.
Bloore, Ronald L. c.m.
Blumberg, Shirley c.m.
Blume, Warren T. c.m.
Blumenfeld, Hans o.c.
Blundell, William R.C. o.c.
Blusson, Stewart L. o.c.
Boadway, Robin W. o.c.
Boates, Roy E. c.m.
Bob, Dempsey o.c.
Bobak, Bruno Joseph c.m.
Bobak, Molly Lamb c.m., o.n.b.
Bobet, Jacques c.m.
Bock, Jeannette F. c.m.
Bocking, Douglas c.m.
Boddy, W.E. Brent c.m.
Boggs, Jean Sutherland c.c.
Boggs, William Brenton o.c., o.b.e.
Bogo, Marion o.c.
Bohne, Harald c.m.
Bois, Pierre o.c.
Boivin, Horace o.c., c.q., e.d., c.d.
Boivin, Pierre o.c.
Boky, Colette o.c.
Bolam, Elsa c.m.
Boldt, Arnold o.c.
Bolduc, L'hon. Roch o.c.
Bolger, Francis William Pius c.m., o.p.e.i.
Bolus, Malvina M. o.c.
Bombardier, Denise c.m., c.q.
Bond, J. Richard o.c., o.ont.
Bondar, Roberta Lynn o.c., o.ont.
Bondil, Nathalie c.m., c.q.
Boneham, Peter c.m.
Bonenfant, Jean-Charles o.c.
Bonenfant, Jean-Louis o.c., c.q.
Bonenfant, Yolande D. c.m.
Bonisteel, Roy c.m.
Bonneau, Louis-Philippe o.c.
Bonneau, Solomon c.m.
Bonnell, Edsel J. c.m.
Bonneville, Léo c.m.
Bonny, Yvette c.m., c.q.
Bonser, Bernard A. c.m.
Borcoman, James W. c.m.

Borden, Henry o.c., c.m.g., q.c.
Borden, Walter c.m., o.n.s.
Borgese, Elisabeth Mann c.m.
Borlase, Thea c.m.
Borlase, Timothy c.m., o.n.l.
Borovoy, A. Alan o.c.
Borradaile, Osmond H. o.c.
Bosc, Paul Michel c.m., o.ont.
Bosco, Monique c.m.
Boswell, David M. c.m.
Botsford, David c.m.
Botterell, E. Harry o.c., o.b.e.
Bouchard, L'hon. Benoît c.p., c.m.
Bouchard, Claude c.m., c.q.
Bouchard, David c.m.
Bouchard, Émile c.m., c.q.
Bouchard, Lt. Gen. J.J. Charles o.c., c.m.m., m.s.c., c.d.
Bouchard, Jacques c.m., c.q.
Bouchard, Jacques J. c.m.
Bouchard, Jeanne-d'Arc c.m., c.q.
Bouchard, May c.m.
Bouchard, Michel Marc o.c., c.q.
Bouchard, Micheline c.m., c.q.
Bouchard, Victor o.c., c.q.
Boucher, Gaétan o.c., c.q.
Boucher, John B. c.m.
Boucher, Marcelle c.m.
Boudreau, André c.m.
Boudreau, Anselme c.m.
Boudreau, Walter c.m., c.q.
Boudreau-Nelson, Léone c.m.
Bouey, Gerald K. c.c.
Bouffard, Benoit c.m.
Bougie, Jacques o.c.
Boulad-Ayoub, Josiane c.m.
Boulet, Gilles o.c.
Boulet, Lionel o.c.
Bourassa, Jocelyne c.m.
Bourassa, Martial G. o.c., c.q.
Bourdeau, Robert c.m.
Bourgault, Jean Julien o.c., g.o.q.
Bourgault, Lionel c.m.
Bourgault, Maurice J. c.m.
Bourgeois, Marie c.m.
Bourgeois, Paulette c.m.
Bourgie, Marc c.m.
Bourgon, L'hon. Jocelyne c.p., o.c.
Bourinot, Arthur S. o.c.
Bourinot, Marshall J. c.m.
Bourne, Robert B. c.m.
Bourns, Arthur N. o.c.
Bourque, Claude c.m.

Bourque, Pierre o.c., c.q.
Boutal, Pauline c.m.
Boutet, Pierre c.m., c.q., c.d.
Boutet, Brig. Gen. Pierre G. c.m., c.m.m., c.d.
Boutet, Jacqueline L. c.m.
Boutilier, Melvin James c.m., o.n.s.
Boutros-Ghali, Boutros c.c.
Bovey, Edmund Charles o.c.
Bower, Philip Churchill c.m.
Bowering, George o.c., o.b.c.
Bowker, Hon. Marjorie Montgomery c.m., q.c.
Bowker, Wilbur F. o.c.
Bowles, Newton Rowell c.m.
Bowman, Clement W. c.m.
Bowman, John M. o.c.
Bowman, William Scott o.c.
Bown, Herbert Gideon o.c.
Boyce, Eleanor c.m.
Boyd, Hugh c.m.
Boyd, Liona c.m., o.ont.
Boyd, Marcia Ann c.m.
Boyd, Mary c.m.
Boyd, Robert A. o.c.
Boyd, William c.c.
Boyden, Joseph c.m.
Boyer, André c.m.
Boyer, Marcel o.c.
Boyes, David Alexander o.c., o.b.c.
Boyle, Harry J. o.c.
Boyle, Fr. Leonard E. o.c.
Boyle, Willard S. c.c.
Boyle, William J.S. c.m.
Boys, Beverley c.m.
Braak, Geraldine o.c., o.b.c.
Braden, Esther c.m.
Bradfield, John R. c.c.
Bradford, John McDonald Wilson c.m.
Bradford, Robert William c.m.
Bradley, Mary c.m.
Bradley, Robert B. c.m.
Bradshaw, Jean Ellen (Jinnie) c.m.
Bradshaw, M. Suzanne c.m.
Bradshaw, Richard Frederick c.m.
Brady, Alexander o.c.
Brady, Gérard c.m.
Brady, William J. c.m.
Bragg, John o.c.
Braid, E. Arthur c.m., q.c.
Brais, F. Phillippe c.c.
Brait, Anthony August c.m.
Braithwaite, Leonard Austin c.m., q.c.

Brandon, Laura C.M.
Branton, Philip O.C.
Brassard, Gilles O.C.
Brasseur, Maj Deanna Marie C.M., C.D.
Brault, Maurice C.M.
Brault, Simon O.C., O.Q.
Brazeau, Omer C.M.
Brechin, Maryon C.M.
Bregg, Peter C.M.
Bremner, Douglas C.M.
Breton, Albert O.C.
Breton, Guy C.M.
Breton, Raymond O.C.
Breukelman, William O.C.
Brewster, Elizabeth C.M., S.O.M.
Bridgman, Elizabeth Ruth C.M.
Brill, Debbie O.C.
Brimacombe, James Keith O.C.
Brind'Amour, Yvette C.C., O.Q.
Bringhurst, Robert O.C.
Brink, Barbara Ann Gordon C.M., O.B.C.
Brink, Vernon C. O.C., O.B.C.
Brinton, Donald C. C.M.
Briosi, Andrew A. C.M.
Brisebois, Marcel C.M., C.Q.
Brissette, Louise C.M., C.Q.
Brittain, Donald Code O.C.
Broadbent, Alan C.M.
Broadbent, Hon. Edward P.C., C.C.
Broadfoot, Barry C.M.
Broadfoot, Dave O.C.
Brochu, Claude R. C.M.
Brochu, L'abbé Jean-Marie C.M.
Brochu, Sophie C.M.
Brock, Stanley E. C.M.
Brockhouse, Bertram Neville C.C.
Brodhead, Timothy O.C.
Brodie, Lt. Col. LeSueur C.M., E.D.
Brodie, Paul O.C., M.M.
Bromley, Barbara C.M.
Bronfman, Hon. Charles Rosner P.C., C.C.
Bronfman, Edward O.C.
Bronfman, Marjorie C.M.
Bronfman, Peter Frederick O.C.
Bronfman, Samuel C.C.
Bronson, AA O.C.
Brook, John F. C.M.
Brooker, Blake C.M.
Brookes, Christopher Robert C.M.
Brooks, C. John C.M.
Brossard, Georges C.M.
Brossard, Nicole O.C., C.Q.
Brott, Alexander C.M., C.Q.

Brott, Boris O.C., O.Q.
Brott, Denis C.M.
Brott, Lotte C.M.
Broughton, John W.D. (Scotty) C.M.
Brouillet, Chrystine C.M.
Brouillette, Benoit O.C.
Brouillette, Pierre C.M.
Brown, Arch J.D. C.M.
Brown, Audrey A. O.C.
Brown, Christopher Thomas C.M.
Brown, Clarence B. (Shorty) C.M.
Brown, David A. C.M., Q.C.
Brown, G. Malcolm O.C.
Brown, Gordon C.M.
Brown, Gordon Ronald C.M.
Brown, Jacob A. C.M.
Brown, Lawrence C.M.
Brown, Lisa C.M., M.S.M.
Brown, Maureen Dunphy C.M.
Brown, May C.M., O.B.C.
Brown, Michael J. C.M.
Brown, Pauline P. C.M.
Brown, Robert E. C.M., O.Q.
Brown, Hon. Rosemary P.C., O.C., O.B.C.
Brown, Gen. (S.A.) Arnold O.C.
Brown, William E. C.M.
Brown, William Thomas C.M.
Browne, Rachel C.M.
Browning, Kurt C.M.
Brownstein, Morton C.M.
Bruce, Ellen C.M.
Bruce, Ian O.C.
Bruce, James P. O.C.
Bruce, Maxwell O.C., Q.C.
Bruce, Phyllis C.M.
Bruemmer, Fred C.M.
Bruneau, Angus A. O.C., O.N.L.
Bruneau, Claude C.M.
Bruneau, Pierre C.M., O.Q.
Brunet, Claude C.M.
Brunet, Pierre O.C.
Bryant, Joyce C.M., B.E.M.
Bryce, Hon. Robert B. P.C., C.C.
Brzustowski, Thomas A. O.C.
Buchan, Jane Lamond C.M.
Buchanan, Bruce C.M.
Buchanan, Hon. J. Judd P.C., O.C.
Buchwald, Harold C.M., Q.C.
Buchwald, Manuel O.C.
Buck, Roel C. C.M.
Buckland, Peter G. C.M.
Buckler, Ernest O.C.
Buckley, Francis (Frank) C. C.M.

Buckwold, Hon. Sidney L. O.C.
Budman, Michael C.M.
Budovitch, Judith Chernin C.M., Q.C.
Buffalo, Victor S. O.C., A.O.E.
Buhler, John C.M.
Buisson, René C.M.
Buissonneau, Paul Georges O.C.
Bujold, L'hon. Rémi C.P., C.M.
Bulka, Rabbi Reuven P. C.M.
Bull, Linda R. C.M.
Bulloch, John F. C.M.
Bulman, William John Antliff C.M.
Bumbaru, Dinu C.M.
Bunnett, Jane O.C.
Buono, Wally C.M.
Burbidge, F.S. (Fred) O.C.
Bureau, André O.C.
Burgess, John H. C.M.
Burgess, Rachel L. C.M.
Burka, Ellen C.M.
Burnet, Jean Robertson C.M.
Burnett, Ron C.M., O.B.C.
Burney, Derek H. O.C.
Burnham, Dorothy K. C.M.
Burnham, Elizabeth (Libby) C.M., Q.C.
Burns, Charles F.W. C.M.
Burns, Lt. Gen. E.L.M. C.C., O.B.E., M.C., C.D.
Burns, Elsinore C. O.C.
Burns, James W. O.C., O.M.
Burns, Walter T. C.M.
Burrows, Anne C.M.
Burrows, Ruth C.M.
Burrows, Vernon Douglas C.M.
Burry, Rev. Lester L. O.C.
Burtnyk, Nestor C.M.
Burton, Lt. Col. G. Allan C.M., D.S.O., E.D.
Burtynsky, Edward O.C.
Busby, Peter C.M.
Bush, Jack O.C.
Bushuk, Walter C.M.
Bussière, Eugène C.M.
Butala, Sharon O.C., S.O.M.
Butler, Edith O.C., O.N.B.
Butler, Esmond U. O.C., C.V.O.
Butler, Susan C.M., O.N.B.
Butt, Donna C.M., O.N.L.
Butt, John Clulow C.M.
Butterfield, George D.B. O.C.
Butters, Lily E. O.C.
Butters, M. Isabelle C.M.
Butters, Thomas H. C.M.
Buttignol, Rudy C.M.

Buyers, William (Bill) James Leslie O.C.
Buzek, Karel C.M.
Byers, Barbara C.M.
Byrne, Cyril J. C.M.
Byrne, Edward G. O.C., Q.C.
Byrnes, Harold C.M.

C

Cabana, Aldée C.M.
Cabana, Gisèle Beaudoin C.M.
Cable, Howard Reid C.M.
Cabot, Francis H. C.M., C.Q.
Cadbury, Barbara C.M.
Cadbury, George Woodall C.M.
Cadieux, Charles-Auguste C.M.
Cadieux, Jean A. C.M.
Cadieux, L'hon. Léo C.P., O.C.
Cadieux, Marcel C.C.
Cadwell, Dorothy O.C.
Caillé, André C.M., O.Q.
Cailloux, Michel O.C.
Cain, Allan O.C.
Cain, Laurence J. C.M.
Cain, Michael H. C.M., C.Q., C.R.
Cairns, Alan C. O.C.
Calamai, Peter C.M.
Calder, Frank Arthur O.C., O.B.C.
Caldwell, Thomas Scott C.M.
Caldwell, William Glen Elliot O.C.
Callaghan, John C. O.C., A.O.E.
Callaghan, Rev. Louis P. C.M.
Callaghan, Morley C.C.
Callbeck, Hon. Catherine C.M.
Callison, E. Patrick C.M.
Callwood, June C.C., O.ONT.
Calne, Donald Brian O.C.
Calne, Susan C.M.
Cameron, Christina Stuart C.M.
Cameron, Deane C.M.
Cameron, Douglas G. O.C., M.C.
Cameron, G. Donald W. O.C.
Cameron, Gordon Irwin C.M.
Cameron, Lt. Col. Gordon Wallace C.M.
Cameron, James Malcolm C.M., E.D.
Cameron, John Allan C.M.
Cameron, Michelle A. C.M.
Cameron, Robert B. O.C., D.S.O.
Cameron, Silver Donald C.M., O.N.S.
Cameron, Stevie C.M.
Cameron, Thomas W.M. O.C.
Cameron, William Maxwell C.M.
Cammack, Vickie C.M., M.S.M.
Camp, Dalton Kingsley O.C.

Campagne, Carmen C.M.

Campagnolo, Hon. Iona V. P.C., O.C., O.B.C.

Campbell, A. Barrie O.C.

Campbell, A. Lorne O.C., C.D.

Campbell, Hon. Alexander B. P.C., O.C., O.P.E.I.

Campbell, Angus Robert C.M., S.O.M.

Campbell, Anne Adamson C.M.

Campbell, Bruce D. C.M.

Campbell, Cassie C.M.

Campbell, Clara Evelyn C.M.

Campbell, Constantine Alberga C.M., S.O.M.

Campbell, David M. C.M.

Campbell, Rev. Donald Fraser C.M.

Campbell, Douglas C.M.

Campbell, Hon. Douglas Lloyd O.C.

Campbell, D. Ralph C.M., D.F.C.

Campbell, Duncan Chester C.M.

Campbell, Edward James Moran O.C.

Campbell, James C.M.

Campbell, Rt. Hon. Kim P.C., C.C., O.B.C., Q.C.

Campbell, Margaret Fasken Baird C.M., Q.C.

Campbell, Maria O.C., S.O.M.

Campbell, Marjorie (Elliott) Wilkin C.M.

Campbell, Mona L. O.C.

Campbell, Neil William C.M.

Campbell, Norman K. O.C.

Campbell, Norman R.C. C.M.

Campbell, Robert C.M.

Campbell, Ross O.C., D.S.C.

Campbell, Hon. Thane A. C.C.

Campbell, W. Kenneth C.M.

Campeau, R.P. Lucien C.M.

Campo, Alfredo F.M. C.M.

Camu, Pierre O.C.

Canfield, Brian A. C.M., O.B.C.

Cantor, Paul G.S. C.M.

Capeling-Alakija, Sharon O.C.

Caplan, Ronald C.M.

Cappe, Mel O.C.

Capponi, Pat C.M., O.ONT.

Cappuccino, Bonnie Laura McClung C.M.

Cappuccino, Fred C.M.

Carbonneau, Côme O.C.

Cardinal, Douglas J. O.C.

Cardinal, Tantoo C.M.

Careless, J. Maurice S. O.C.

Carignan, Jean C.M.

Carkner, Robert Thomas C.M.

Carle, Gilles O.C., G.O.Q.

Carman, Robert Dicks C.M.

Carmichael, Fred C.M.

Carnegie, Herbert H. C.M., O.ONT.

Carney, Mark O.C.

Carney, Hon. Patricia P.C., C.M.

Caron, Marcel O.C.

Carpenter, Stephen C.M.

Carr, Denny C.M.

Carr, Judith Feld C.M.

Carr, Shirley G.E. O.C.

Carrier, Elisabeth O.C.

Carrier, Roch O.C.

Carrière, R.P. Gaston C.M.

Carriere, J.A. Berthold C.M.

Carriere, Jean-Paul O.C.

Carrière, Serge O.C.

Carrier-Fraser, Mariette C.M.

Carse, Ruth C.M.

Carsen, Robert O.C.

Carsen, Walter O.C.

Carson, Anne C.M.

Carson, John J. O.C.

Carstairs, Hon. Sharon P.C., C.M.

Carswell, Allan Ian C.M.

Carter, Most Rev. Alexander O.C.

Carter, Cardinal Gerald Emmett C.C.

Carter, James O.C.

Carter, Kenneth LeM. O.C.

Carter, Owen Le Mesurier C.M., Q.C.

Carter, Roger Colenso O.C., S.O.M., Q.C.

Carter, Wilfred Mackenzie C.M.

Carton, Jochem O.C.

Cartwright, Rt. Hon. John R. C.C.

Cartwright, Susan M.W. C.M.

Carty, Arthur J. O.C.

Carty, Donald J. O.C.

Carver, Humphrey Stephen Mumford C.M.

Carver, Orin Donald C.M.

Case, Lt. Col. Winslow S. C.M., C.D.

Casey, Margaret C.M.

Casey, Michael Thomas C.M.

Casgrain, C. Perreault O.C., C.R.

Casgrain, L'hon. Thérèse F. C.C.

Casgrain, Timothy W. C.M.

Cashin, Hon. Richard P.C., O.C.

Cass, Elizabeth O.C.

Cassaday, John C.M.

Cassidy, Stanley Bernard C.M.

Casson, Alfred J. O.C.

Castel, Jean-Gabriel O.C., Q.C.

Castellano, Marlene Brant O.C., O.ONT.

Castonguay, L'hon. Claude C.C., G.O.Q.

Castonguay, Jacques J. C.M., C.Q., C.D.

Catley-Carlson, Margaret O.C.

Cattarello, Carlo C.M.

Catto, Rev. Charles R. C.M.

Cauchon, Robert C.M.

Cavalluzzo, Paul J.J. C.M., O.ONT.

Cavazzi, Juliette C.M.

Cavoukian, Raffi C.M., O.B.C.

Cecil, Wendy Marion C.M.

Cenaiko, Frederick T. C.M., S.O.M.

Cennon, J.J. (Jack) C.M.

Chabot, Irène Fournier C.M., S.O.M.

Chabot, Marie-Emmanuel O.C.

Chadderton, Hugh Clifford C.C., O.ONT.

Chagnon, André O.C., O.Q.

Chagnon, Maurice J. C.M.

Chalmers, Floyd S. C.C.

Chalmers, G. Everett N. O.C.

Chalmers, M. Joan C.C., O.ONT.

Chamberlain, Savvas C.M.

Chamberlain-Froese, Jean C.M.

Chamberland, Louis Joseph C.M.

Chamberlin, J. Edward O.C.

Chambers, Gretta C.C., O.Q.

Chambers, Robert William C.M.

Champagne, Dominic C.M.

Champoux, Roger C.M.

Chan, Ernest C.F. C.M.

Chang, G. Raymond O.C.

Chang, Simon C.M.

Chang, Thomas Ming Swi O.C.

Channing, James G. C.M.

Chant, Donald A. O.C.

Chan-Yip, Alice Mannor C.M.

Chapleau, Serge C.M.

Chapman, Christopher Martin C.M.

Chappell, Neena L. C.M.

Chappell, Norman R. O.C.

Chaput-Rolland, L'hon. Solange O.C., O.Q.

Charbonneau, Louis C.M.

Charbonneau, Roger O.C.

Charest, Yvon O.C.

Charlebois, Robert O.C., O.Q.

Charles, Archie C.M.

Charles, Gregory O.C.

Charles, Maj. John L. O.C., D.S.O.

Charlie, Sr., Charlie Peter C.M.

Charlie, Hwunumetse' - Simon C.M., O.B.C.

Charman, Eric C.M., O.B.C.

Charpentier, Fulgence O.C., M.B.E.

Charpentier, Yvette O.C.

Charron, L'hon. Louise C.C.

Charron, André C.M., C.R.

Charron, Paul-Émile O.C.

Chartrand, Joseph Christian Gabriel C.M.

Chassé, Lt. Col. Henri C.M., C.D.

Chatman, Stephen C.M.

Chaurette, Normand O.C.

Cheatley, Alice Mary Elizabeth C.M.

Cheng, James K.M. C.M.

Cherney, Lawrence C.M.

Cherniack, Hon. Saul Mark P.C., C.M., O.M., Q.C.

Chernin, Martin C.M.

Cherry, Paul G. O.C.

Chevalier, L'hon. François C.M., C.R.

Chevalier, Léo C.M.

Chevalier, Louise O.C.

Chevrier, L'hon. Lionel C.P., C.C., C.R.

Chevrier, Yves C.M., R.V.M., C.D.

Chiang, Jack C.M., O.ONT.

Chiasson, R.P. Anselme O.C.

Chiasson, Elphège C.M., O.N.B.

Chiasson, L'hon. Herménégilde O.C., O.N.B.

Chiasson, Jean C. C.M.

Child, Arthur J. O.C.

Ching, Julia Chia-yi C.M.

Chippindale, Warren C.M.

Chiriaeff, Ludmilla C.C., G.O.Q.

Chisholm, G. Brock C.C.

Chittick, Rae C.M.

Chiu, Wayne Suk Wing C.M.

Chiu, Yvonne C.M.

Chochinov, Harvey Max O.C., O.M.

Chong, Denise O.C.

Chonkolay, Harry C.M.

Choquette, L'hon. Fernand C.C.

Choquette, Robert C.C.

Chouinard, L'hon. Julien O.C., C.D., C.R.

Chouinard, Marc C.M.

Chouinard, Marie O.C., C.Q.

Chown, Bruce O.C.

Choy, Wayson C.M.

Chrétien, Le très hon. Jean C.P., O.M., C.C., C.R.

Chrétien, Michel O.C., O.Q.

Chrétien, Raymond A.J. O.C.

Desmarais, France Chrétien C.M.

Christensen, David A. C.M.

Christensen, Hon. Ione J. C.M.

Chung, Wallace B. C.M., O.B.C.
Chung, Young Sup C.M., C.Q.
Church, Robert B. C.M., A.O.E.
Churchill, Edward O.C.
Churchman, Supt. James A. C.M.
Chuvalo, George C.M.
Cicansky, Victor C.M.
Ciccolini, Sam John C.M., O.ONT.
Cimolino, Antoni C.M.
Cinader, Bernhard O.C.
Cipywnyk, Dmytro C.M.
Clague, Michael C.M.
Clark, Barbara J. C.M.
Clark, Bertha O.C.
Clark, Brenda C.M.
Clark, Charles J. C.M., Q.C.
Clark, Rt. Hon. Charles Joseph P.C., C.C., A.O.E.
Clark, Douglas Harvey C.M.
Clark, Florence Joan C.M.
Clark, Gregory O.C.
Clark, H. Spencer C.M.
Clark, Most Rev. Howard H. C.C.
Clark, Ian D. C.M.
Clark, Joan O.C., Q.C.
Clark, John (Jack) Ivor O.C.
Clark, Robert Harry O.C.
Clark, Roger C.M.
Clark, S.D. O.C.
Clark, W. Edmund C.M.
Clarke, Austin Chesterfield C.M., O.ONT.
Clarke, Bobby O.C.
Clarke, Denise C.M.
Clarke, Donald W. C.M.
Clarke, Frances Anna C.M.
Clarke, George Elliott O.C., O.N.S.
Clarke, Irene W.H. C.M.
Clarke, John C.M.
Clarke, Kenneth H.J. C.M.
Clarke, Larry D. O.C.
Clarke, Hon. Lorne O. O.C., O.N.S., Q.C.
Clarke, Rev. Michael F. C.M.
Clarke, Terence M. C.M.
Clarkson, Rt. Hon. Adrienne P.C., C.C., C.M.M., C.O.M., C.D.
Clarkson, Stephen C.M.
Claude, Renée C.M.
Clayton, Joan Douglas C.M.
Cleghorn, John Edward O.C.
Clément, Claude C.M.
Clement, Douglas Bruce C.M.
Cleminson, F. Ronald C.M., C.D.
Clemmensen, Bruce C.M.

Clemons, Amy L. C.M.
Cleyn, François E. O.C.
Cliff, Leslie O.C.
Cliff, Ronald Laird C.M.
Clifford, Terrence J. Slater C.M.
Cloutier, Édith C.M., C.Q.
Cloutier, Gilles G. C.C., O.Q.
Cloutier, Jean-Paul C.M.
Cloutier, Capt. (M.) L'abbé Raoul O.C.
Cloutier, Sylvain O.C.
Clow, Caroline L. C.M.
Clowes, Ronald Martin C.M.
Clutesi, George C. C.M.
Clyne, Hon. John V. C.C.
Coallier, Suzanne M. C.M.
Cobb, Zita C.M.
Coburn, Kathleen O.C.
Cochrane, Dennis C.M.
Cochrane, Janet C.M.
Cochrane, Tom O.C.
Cochrane, William A. O.C., A.O.E.
Cockburn, Bruce O.C.
Cockwell, Jack L. C.M.
Codling, Georges C.M.
Coffey, Charles Sheridan O.C.
Coghill, Joy C.M.
Cogswell, Fred C.M.
Cohen, Albert Diamond O.C.
Cohen, Dian Nusgart C.M.
Cohen, Hon. Erminie Joy C.M.
Cohen, Harry C.M.
Cohen, H. Reuben C.C., O.N.B., Q.C.
Cohen, Joseph H. C.M., O.B.C.
Cohen, Leonard C.C.
Cohen, Marshall A. (Mickey) O.C.
Cohen, Martha C.M.
Cohen, Maxwell O.C., Q.C.
Cohen, Morley Mitchell C.M., C.Q.
Cohen, Nina F. O.C.
Cohen, Samuel N. C.M.
Cohl, Dusty C.M.
Cohon, George A. O.C., O.ONT.
Colas, L'hon. Réjane Laberge C.M., C.R.
Colbert, François C.M.
Coldwell, Hon. M.J. C.C.
Cole, Carol Ann C.M.
Cole, Christina C.M.
Cole, Douglas C.M.
Cole, Robert Cecil C.M.
Coleman, James A. C.M.
Collard, Edgar Andrew C.M.
Collard, H. Elizabeth C.M.
Collier, Ron O.C.

Collingwood, Henry O.C.
Collins, Allan F. O.C., C.D.
Collins, Earlaine C.M.
Collins, Eleanor C.M.
Collins, Louis William C.M.
Collins, William (Bill) C.M.
Collister, Ron C.M.
Colombo, John Robert C.M.
Colter, Burton D. C.M.
Colville, Hon. Alexander P.C., C.C., O.N.S.
Comeau, Bernardin Joseph C.M.
Comeau, R.P. Léger O.C.
Comeau, Louis R. C.M.
Comeau, Phil C.M.
Comfort, Charles F. O.C., C.D.
Commanda, William J. O.C.
Comper, Anthony C.M.
Comper, Elizabeth C.M.
Comrie, William (Bill) O.C.
Comtois, Roger O.C.
Con, Harry C.M.
Condon, Thomas J. C.M., O.N.B.
Connaghan, Charles Joseph C.M.
Connell, George E. O.C.
Connell, Martin Philip O.C., O.ONT.
Connors, Stompin' Tom O.C.
Conrad, Margaret O.C.
Conway, Rev. J. Harold C.M.
Cook, Deborah O.C.
Cook, Donald Frederick C.M.
Cook, Ramsay O.C.
Cook, Rebecca J. C.M.
Cook, Stephen O.C., O.ONT.
Cook, Tim C.M.
Cook, William H. O.C., O.B.E.
Cook-Bennett, Gail C.M.
Cooke, Fred C.M.
Cool-Collette, Jacqueline C.M.
Coombs, Ernest C.M.
Coop, Jane C.M.
Cooper, Edward John C.M.
Cooper, George T.H. C.M., Q.C.
Cooper, Col. Jack C.M., C.D.
Cooper, Mel C.M., O.B.C.
Cooper, Robert C.M.
Cope, George C.M.
Copeland, Paul C.M.
Copes, Parzival O.C., C.D.
Copp, D. Harold C.C.
Copps, Hon. Sheila P.C., O.C.
Corbeil, R.P. Lionel O.C.
Corbeil, Maurice C.M.
Corbeil, R.P. Wilfrid C.M.

Corber, Marvin C.M.
Corey, Ronald C.M.
Coriaty, Msgr Georges M. C.M.
Corkum, Paul O.C., O.ONT.
Cormack, Barbara Villy C.M.
Cormack, Col. Eric W. C.M., O.B.E., E.D., C.D.
Cormier, L'hon. Adrien J. O.C.
Cormier, Sr. Auréa C.M.
Cormier, R.P. Clément C.C.
Cormier, Ernest O.C.
Cormier, Robert C.M.
Corn, Jiri George C.M.
Corneau, Guy C.M.
Cornish, Mary C.M.
Corrigan, M. Dorothy C.M.
Corriveau, Camille C.M.
Corry, James A. C.C.
Cory, Hon. Peter de C. C.C., C.D., Q.C.
Costantini, Margaret M. C.M.
Costello, Murray O.C.
Côté, Gérard C.M., C.Q.
Côté, Héliodore C.M.
Côté, Jean C.M., C.R.
Côté, L'hon. Jean-Pierre C.P., O.C.
Côté, Pierre C.M.
Côté, Robert O.C.
Côté-Harper, Gisèle O.C., C.R.
Côté-O'Hara, Jocelyne C.M.
Cotler, Hon. Irwin P.C., O.C.
Cottee, Florence C.M.
Coulombe, Cécile C.M., O.Q.
Coulombe, Col. Georges-Henri C.M., C.D.
Coulonval-Masson, Maria O.C.
Coulthard, Jean O.C.
Counsell, John G. O.C.
Coupland, Douglas O.C., O.B.C.
Coupland, Robert Thomas O.C.
Courchene, Dave C.M.
Courchene, Thomas J. O.C.
Cournoyea, Nellie J. O.C.
Cousture, Arlette O.C.
Coutts, Herbert T. C.M.
Coutts, James A. C.M.
Coutu, Jean O.C., O.Q.
Couture, Armand C.M., O.Q.
Couture, Jean-G. C.M., C.Q.
Couture, Msgr Jean-Guy C.M.
Couture, Roland C.M.
Couturier Robitaille, Thérèse C.M.
Covert, Frank Manning O.C., O.B.E., Q.C.
Covill, Dennis C.M.
Cowan, Glenn Keith C.M.

Cowan, Hon. Gordon S. o.c., q.c.
Cox, Albert Reginald c.m.
Cox, Rita Marjorie c.m.
Cox, Robert W. c.m.
Coxeter, Harold Scott MacDonald c.c.
Cox-Sutton, Kathleen M. c.m.
Coxwell, Mona H. c.m.
Crabtree, Linda Dorothy c.m., o.ont.
Craig, Albert M. c.m.
Craig, Alexander Gordon c.m.
Craig, Hugh Catherwood c.m.
Craig, Joan c.m.
Craig, John R. c.m.
Craig, Kenneth Denton o.c.
Craigie, John H. o.c.
Cranston, Toller c.m.
Cranston, William H. c.m.
Cranton, Patricia c.m.
Crashley, J. Douglas c.m., c.d.
Crawford, Louise c.m.
Crawford, Purdy c.c., q.c.
Crawley, Frank Radford o.c.
Creelman, Lyle o.c.
Creighton, Donald G. c.c.
Creighton, Helen c.m.
Creighton, J. Douglas o.c.
Crépeau, Paul-André c.c., o.q., c.r.
Crerar, Hon. Thomas A. p.c., c.c.
Crichton, John W. c.m.
Crocker, Catherine Anne c.m.
Crombie, Hon. David p.c., o.c., o.ont.
Cronenberg, David c.c., o.ont.
Cronyn, Hume o.c.
Crooks, Charmaine A. c.m.
Crosbie, Gertrude c.m.
Crosbie, Hon. John Carnell p.c., o.c., o.n.l.
Crosland, Mabel M. c.m.
Cross, Jack L. c.m.
Cross, John V. c.m., s.o.m.
Crossgrove, Peter Alexander c.m., o.ont.
Croteau, Jean-Paul c.m.
Crouse, Katherine Kraus c.m.
Crow, John W. o.c.
Crow, Sam c.m.
Crowell, Ivan H. c.m.
Crow Shoe, Joe c.m.
Crow Shoe, Josephine c.m.
Crozier, Douglas N. c.m.
Crozier, Lorna o.c.
Cruess, Richard Leigh c.c., o.q.
Cruess, Sylvia Robinson o.c.
Cruikshank, Julia M. o.c.

Crump, Norris R. c.c.
Cryderman, Hilda c.m.
Cuddy, James Gordon o.c.
Cudmore, Evelyn MacEwan c.m.
Cuello, A. Claudio o.c.
Cuff, Harry Alfred c.m.
Culhane, Claire Eglin c.m.
Cullen, L. Mark c.m.
Culliton, Hon. Edward Milton c.c., q.c.
Culver, David M. c.c., o.q.
Cummings, Burton o.c., o.m.
Cummings, Maxwell c.m., g.o.q.
Cummings, Steven M. c.m.
Cunliffe, Sidney Joseph c.m.
Cunningham, Alastair J. o.c.
Cunningham, Chester R. c.m., a.o.e.
Cunningham, Gordon R. c.m.
Cunningham, John Robert o.c.
Curley, Tagak c.m.
Curlook, Walter c.m.
Curren, Donald E. c.m., q.c.
Currie, Balfour W. c.c.
Currie, Gordon G. c.m.
Currie, John Hugh c.m.
Currie, Ollie c.m.
Currie, Richard J. o.c.
Curtis, George Frederick o.c., o.b.c., q.c.
Curtis, Wilfred A. o.c., c.b., c.b.e., e.d.
Curtola, Bobby c.m.
Custeau, Maurice T. c.m.
Cutler, Frances o.c.
Cynader, Max c.m., o.b.c.
Cypihot, Jean c.m.
Cypihot, Jeanne c.m.
Cyr, J.V. Raymond o.c.

D

Dacey, John Robert c.m.
Daellenbach, Conrad Charles c.m.
Dafoe, Frances H. c.m., o.ont.
Dagenais, Camille A. c.c., o.q.
Dagnone, Tony c.m.
Daigle, L'hon. Joseph Z. c.m.
Daigle, R.P. Lionel F. c.m.
D'Alessandro, Dominic o.c.
Dalibard, Jacques c.m.
Dallaire, Imelda (Marie-Joseph) c.m.
Dallaire, Michel c.m., o.q.
Dallaire, Lt. Gen. Roméo A. o.c., c.m.m., c.s.m., g.o.q., c.d.
Dallaire-Laplante, Thérèse c.m., c.q.
Daloze, Pierre c.m., c.q.
Dalpé, Paul-Émilien c.m.

Daly, James M.C. o.c., o.m.
Daly, Thomas Cullen o.c.
D'Amour, J. Charles c.m.
D'Amours, Alban c.m., g.o.q.
Dan, Leslie L. c.m.
Danaher, Mary Alice c.m.
Danby, Ken c.m., o.ont.
Daniel, Charles William o.c.
Daniel, John o.c.
Daniells, Roy c.c.
Danis, Lucille o.c.
Dansereau, Pierre c.c., g.o.q.
Danson, Hon. Barnett J. p.c., c.c.
Danzker, Mark Harold c.m.
D'Aoust, Sylvia c.m., c.q.
da Roza, Gustavo U. o.c.
Darrah, Patrick Dolan c.m., o.n.b.
Das, Jagannath Prasad c.m.
Daudelin, Robert c.m.
Daunais, Lionel o.c.
Daveluy, Raymond c.m.
Davenport, Alan G. c.m.
Davenport, Paul o.c.
Davey, Hon. Douglas Keith p.c., o.c.
Davey, Jean F. o.c.
Davey, Kenneth G. o.c.
David, L'hon. Paul c.c., g.o.q.
David, Tirone E. o.c., o.ont.
David-Raymond, Simone c.m., g.o.q.
Davidson, Agnes Boyd c.m.
Davidson, Alexander (Al) c.m.
Davidson, Diana Margaret c.m.
Davidson, Edgar c.m.
Davidson, George F. c.c.
Davidson, Janet M. o.c.
Davidson, Robert c.m., o.b.c.
Davidson, True c.m.
Davies, Adriana A. c.m.
Davies, John W. o.c.
Davies, Michael R.L. c.m., o.ont.
Davies, Robertson c.c.
Davies, Victor c.m.
Davies, William G. c.m.
Davignon, Edgard Amédée Louis c.m.
Davignon, Jean o.c., g.o.q.
Davis, Natalie Zemon c.c.
Davis, Austin c.m.
Davis, Elizabeth M. c.m., o.n.l.
Davis, Henry F. c.m., c.v.o.
Davis, Mary Morrison c.m.
Davis, Richard E.G. o.c.
Davis, Victor c.m.
Davis, Wade c.m.

Davis, Hon. William G. p.c., c.c.
Dawe, Tom c.m., o.n.l.
Dawes, Andrew A. c.m.
Dawson, Mary c.m., q.c.
Day, Judson Graham o.c., o.n.s., c.d., q.c.
Day, Louis C. c.m.
Day, Shelagh c.m.
Day, William Lindemere c.m.
Deacon, Donald M. o.c., m.c.
Dean, Stella Jo c.m.
de Andrea, Guillermo c.m.
de Bellefeuille, Pierre o.c.
de Billy, Godefroy c.m.
de Blicquy, Lorna Vivian c.m., o.ont.
de Bold, Adolfo J. o.c.
Décarie, Vianney o.c., g.o.q.
Décary, Francine o.c., o.q.
de Champlain, Jacques o.c.
de Chastelain, Gen. A. John G.D. c.c., c.m.m., c.d., c.h.
Decore, Laurence G. c.m., q.c.
DeCoster, Robert o.c., m.s.c.
Decter, Michael B. c.m.
DeFehr, Arthur A. o.c., o.m.
Defries, Robert D. c.c.
de Gagné, Donald c.m.
DeGagné, Michael c.m., o.ont.
de Gaspé Beaubien, Philippe o.c.
De Grace, J. Gérard o.c.
de Grandmaison, Nickolas R. c.m.
de Grandpré, Albert Jean c.c., c.r.
de Grandpré, Louis-Phillippe c.c., c.r.
Degroote, Michael G. o.c.
Deichmann Gregg, Erica c.m.
Deiter, Walter Perry o.c.
de Klerk, Abraham (Braam) c.m., m.b.
De Koninck, Jean-Marie o.c., c.q.
De Koninck, Thomas c.m.
Delage, Gérard c.m., c.r.
Delamont, Arthur W. c.m.
Delaney, Catherine A. c.m.
Delaney, Franklin c.m.
Delaney-LeBlanc, Madeleine c.m.
DeLaporte, Helen o.c.
Delaquerriere, José c.m.
de la Sablonnière, R.P. Marcel o.c., c.q.
de Lint, Willem B.C. o.c.
Delisle, Andrew T. o.c.
Dell, Flora M. c.m., o.n.b.
Dellandrea, Jon S. c.m.
Della Pergola, Edith c.m.
Delorme, Jean-Claude o.c., o.q., c.r.

Demers, Dominique C.M.

Demers, Jocelyn O.C., C.Q.

Demers, Patricia C.M.

Demers, Rock C.C.

de Mestral, Armand C.M.

Dempsey, Hugh A. C.M.

Denault, Hayda C.M.

Denault, J.-Raymond C.M.

Dence, Michael Robert O.C.

Denison, David F. O.C.

Denison, John B. C.M.

Dennis, Graham W. C.M.

Dennis, Lloyd A. O.C., O.ONT

Dennys, Louise C.M.

Denoncourt, Serge C.M.

Dent, Ivor C.M.

d'Entremont, R.P. Clarence J. C.M.

d'Entremont, R. Irène C.M.

DePauw, Ron M. C.M., S.O.M.

de Pedery-Hunt, Dora O.C., O.ONT.

de Pencier, Michael Christian C.M., O.ONT.

Derome, Bernard C.M., O.Q.

Derouin, René C.M., C.Q.

Derry, Duncan R. O.C.

Des Marais, Lucien C.M.

Des Marais II, Pierre O.C.

Des Rosiers, Nathalie C.M., O.ONT.

Desautels, Andrée C.M.

Desautels, Denise C.M.

Desautels, L. Denis O.C.

Desautels, Marcel A. C.M., O.ONT.

Desbarats, Peter O.C.

Desbiens, Fr. Jean-Paul O.C., C.Q.

Desbois, Rollande C.M.

Deschamps, Marcelle Haseneier C.M.

Deschamps, L'hon. Marie C.C.

Deschamps, Pierre C.M.

Deschênes, L'hon. Jules J. C.C., C.R.

Desjardins, Edmund J. C.M., O.B.C.

Desjardins, Jean-Guy C.M.

Deslauriers, Jean C.M.

Deslauriers, Omer C.M.

Deslongchamps, Pierre O.C.

Desmarais, André O.C., O.Q., C.D.

Desmarais, Hélène C.M., O.Q.

Desmarais, Jacqueline O.C., G.O.Q.

Desmarais, Lorraine C.M.

Desmarais, Paul O.C., O.Q.

Desmarais, L'hon. Paul G. C.P., C.C.

Després, Robert O.C., G.O.Q.

Desrochers, Alfred O.C.

DesRochers, Clémence O.C., C.Q.

Desrochers, Louis A. C.M., A.O.E., C.R.

Desrosiers, J.-Réal C.M.

de Tonnancour, Jacques G. O.C., O.Q.

Deutsch, John J. C.C.

Devanesen, Sudarshan C.M.

Deveau, J. Alphonse C.M.

Deveau, Louis E. O.C.

Deverell, Rita Shelton C.M.

de Verteuil, Michaëlle O.C.

de Villers, Marie-Éva C.M., C.Q.

de Villiers, Marq C.M.

de Volpi, Col. Charles P. C.M.

de Vries, Jan C.M.

Dewar, L. George C.M., O.P.E.I.

Dewar, Marion C.M.

Dewar, Vera Elizabeth C.M., O.P.E.I.

de Wilde, Lisa C.M.

Dexter, Rev. Laurie C.M.

Dextraze, Gen. Jacques-A. C.C., C.M.M., C.B.E., C.D.

Déziel, R.P. Julien C.M.

De Zen, Vic C.M.

Dhalla, Naranjan S. C.M., O.M.

Diamond, Abel Joseph O.C., O.ONT.

Diamond, Allen Ephraim O.C.

Diamond, Beverley C.M.

Diamond, Charlotte C.M.

Diamond, Jack C.C., O.B.C.

DiCenso, Alba C.M.

diCenzo, Colin D. C.M., C.D.

Dickason, Olive Patricia C.M.

Dickens, Bernard M. O.C.

Dickins, Clennell H. O.C., O.B.E.

Dickinson, Randy Eric C.M.

Dickinson, Terence C.M.

Dickson, Rt. Hon. Brian P.C., C.C., C.D.

Dickson, H. Lovat O.C.

Dickson, Robert Clark O.C., O.B.E., C.D.

Dickson, Jennifer C.M.

Dickson, Julie O.C.

Diemer, Charles A. C.M.

Dillon, Richard Maurice C.M., M.C., E.D.

Di Luca, Primo I. C.M.

Dimma, William Andrew C.M., O.ONT.

Dinning, James F. C.M.

Dinsdale, Henry B. C.M.

Dion, Céline C.C., O.Q.

Dion, Denys C.M.

Dion, L'abbé Gérard O.C., O.Q.

Dion, Léon O.C., O.Q.

Dion Stout, Madeleine C.M.

Dionne, Louis O.C.

Dionne, Louis-Philippe C.M.

D'Iorio, Antoine C.M.

Dirks, John Herbert C.M.

Dixon, Cmdr. C. Garfield C.M., C.D.

Dixon, Art C.M.

Dixon, Gordon H. O.C.

Doane, J. Chalmers C.M., O.N.S.

Dobbin, Craig Lawrence O.C.

Dobbin, Elaine C.M.

Dobbs, Kildare C.M., O.ONT.

Dobell, Anthony R.C. C.M.

Dobell, Isabel M. C.M.

Dobell, Peter C. C.M.

Dobrin, Mitzi Mildred Steinberg C.M.

Dobrowolski, Jerzy A. C.M.

Dobson, John W. C.M.

Dobson, William A.C.H. O.C.

Docquier, E. Gérard O.C.

Dodge, David A. O.C.

Dodge, William O.C.

Dodson, Laura C.M.

Doherty, Brian C.M.

Doherty, Catherine C.M.

Doherty, Rev. Joseph M. C.M.

Doherty, Maureen C.M.

Doherty, Patrick C.M.

Dohm, Thomas Anthony C.M., O.B.C., Q.C.

Doiron, L'hon. Joseph Aubin C.M.

Dollimore, Laverna C.M.

Dolphin, David O.C.

Domaradzki, Théodore F. C.M.

Dompierre, François C.M., C.Q.

Donaghey, Samuel C.M.

Donald, Joan C.M.

Donalda, Pauline O.C.

Donato, Michel C.M.

Donlon, Denise A. C.M.

Donnelly, Terrence J. C.M., O.ONT.

Doob, Anthony N. C.M.

Dorais, Léo A. O.C.

Doran, Morton C.M.

Doré, Roland O.C., C.Q.

Dorion, Hélène O.C., C.Q.

Dorion, Henri O.C., C.Q.

Dorton, Roger A. C.M.

Dosman, Edgar J. C.M.

Dosman, James A. O.C., S.O.M.

Dossetor, John Beamish O.C.

Dottori, Frank C.M.

Doucet, Roger C.M.

Douglas, A. Vibert O.C., M.B.E.

Douglas, Ian C.M., C.D., Q.C.

Douglas, James J. C.M.

Douglas, M. Joanne C.M.

Douglas, Shirley O.C.

Douglas, Thomas C. C.C., P.C.

Dover, Mary C.M., O.B.E.

Dow, Jack M. C.M.

Dow, Sr., Richard G. C.M.

Dowdeswell, Elizabeth O.C.

Downey, James O.C.

Downey, R. Keith O.C.

Downs, Allan Rae C.M.

Downs, Barry V. C.M.

Doyle, Denzil C.M.

Doyle, Francis Patrick C.M.

Doyle, Hon. Richard J. O.C.

Doyle, Robert C.M.

Drache, Arthur B.C. C.M., Q.C.

Drake, Charles George C.C.

Drake, Clare C.M., A.O.E.

Drance, Stephen M. O.C.

Drapeau, Jean C.C., G.O.Q., C.R.

Drew, George A. P.C., C.C.

Drinkwater, Glenn Wilson C.M., C.D.

Driscoll, James B. C.M.

Drouin, Richard C.C., O.Q., C.R.

Drouin-Kravis, Marie-Josée O.C.

Drouin-Savard, Louise C.M.

Drucker, Daniel J. O.C.

Drury, Hon. Charles Mills P.C., O.C., C.B.E., Q.C.

Dryden, Hon. Kenneth Wayne (Ken) P.C., O.C.

Dryden, Murray C.M.

Drygala, Jan C.M., M.M., C.D.

Du, Joseph N.H. C.M., O.M.

Dubé, L'hon. André O.C., C.R.

Dubé, Marcel O.C., O.Q.

Dubeau, Angèle O.C., C.Q.

Dubienski, Bernard Bronislaw C.M.

Dubin, Hon. Charles L. O.C., O.ONT., Q.C.

Dubois, Jacques C.M.

Dubois, René-Daniel O.C.

Dubois, Yvan C.M.

Dubuc, Alain O.C.

Dubuc, Col. Jean-Claude C.M., C.D.

Dubuc, Jean-Pierre C.M.

Dubuc, Joseph-Marie Antoine C.M.

Duchesne, Rupert James C.M.

Duchesneau, Jacques C.M., C.Q.

Duckworth, Henry E. O.C.

Duckworth, Muriel C.M.

Ducros, Pierre Y. C.M.

Dudek, Louis O.C.

Duff, Suzanne (Shannie) C.M., O.N.L.

Duffy, Col. Angus B. C.M., C.D.

Duffy, J. Regis C.M., O.P.E.I.
Dufour, Ghislain O.C., O.Q.
Dufour, Jean-Marie O.C., O.Q.
Dufour, Julien C.M., C.Q.
Dufresne, Diane C.M., C.Q.
Dufresne, Col. F. Gérard C.M., E.D., C.D.
Du Gas, Beverly Witter C.M., O.B.C.
Duguay, Calixte C.M., O.N.B.
Duguay, Mathieu C.M., O.N.B.
Duguay, Rodolphe C.M.
Dumbrille, Richard M. C.M.
Dumesnil, Sr. Léonne C.M.
Dumont, Daphne E. C.M., Q.C.
Dumont, Fred J. C.M.
Dumont, Lucille O.C., O.Q.
Dumont, Hon. W. Yvon C.M., O.M.
Dunbar, Isobel Moira O.C.
Dunbar, Maxwell John O.C.
Dunbar, William Archibald C.M.
Dunkley, Ronald G. C.M.
Dunlop, Edward Arunah C.M.
Dunton, A. Davidson C.C.
Dupont, Jean-Claude C.M.
Dupré, J. Stefan O.C., O.ONT.
Dupré, Louise C.M.
Dupuis, Michel O.C.
Dupuis, Renée C.M.
Dupuis Angers, Renée C.M., O.Q.
Dupuis-Maillet, Corinne C.M.
Dupuy, Diane Lynn C.M.
Dupuy, Pierre C.C.
Durivage, Simon C.M.
Durocher-Jutras, Flore C.M.
Durrell, James (Jim) C.M.
Duschenes, Mario C.M.
Duschenes, Rolf C.M.
Dussault, Jean H. C.M.
Dussault, L'hon. René O.C., O.Q.
Dutil, Henri-Arthur C.M.
Dutil, Marc C.M.
Dutil, Marcel E. C.M., C.Q.
Dutoit, Charles O.C.
Dutton, (N.A.) Mervyn C.M.
Duval, Monique C.M.
Duval, Ovila C.M.
Dwivedi, Onkar P. C.M.
Dwyer, Peter M. O.C.
Dwyer, Phil C.M.
Dyck, Gertrude C.M.
Dyck, Howard C.M.
Dyck, Victor Arnold C.M.
Dyer, Gwynne O.C.
Dyment, John T. C.M.
Dysart, Shirley C.M.

E

Eadie, David Henry C.M.
Earle, Arthur P. C.M.
Earle, David Charles C.M.
Earp, Alan James O.C.
Eaton, Fredrik Stefan O.C., O.ONT.
Eaton, G. Campbell O.C., M.C., C.D.
Eaton, R. Burnell C.M.
Eaton, R. Michael C.M.
Eayrs, James G. O.C.
Eber, Dorothy Harley C.M.
Eberts, John David O.C.
Eckhardt, Ferdinand C.M.
Economides, John N. C.M.
Edinborough, Arnold O.C., M.C.
Edmison, J. Alexander C.M.
Edwardh, Marlys A. C.M.
Edwards, Claude O.C.
Edwards, Clifford H.C. C.M., Q.C.
Edwards, Iwan C.M.
Edwards, James A.S. C.M.
Edwards, N. Murray C.M.
Edwards, Ralph A. O.C.
Edwards, W. Cmdr. James F. (Stocky) C.M., D.F.C., D.F.M., C.D.
Egnatoff, John G. C.M.
Egoff, Sheila Agnes O.C.
Egoyan, Atom C.C.
Ehnes, James Douglas C.M.
Einfeld, Christian C.M.
Eisenhardt, Maj. Jan C.M., C.D.
El Tassi, Abdo (Albert) C.M., O.M.
Eland, Ronald Allen C.M., O.B.C.
Elder, David M. C.M., C.D.
Elder, Robert James O.C.
Elgie, Robert G. C.M.
Elhilali, Mostafa O.C., O.Q.
Eliot, Charles William John C.M.
Elliott, R. Fraser C.M., Q.C.
Elliott, Margaret E. C.M.
Ellis, A. John O.C.
Ellis, Frank O.C.
Ellis, Col. Frederick H. C.M., C.D.
Ellis, Ralph Colin C.M., O.ONT.
Elton, David K. C.M.
Emberley, Gordon Charles C.M.
Émond, Pierre C.M.
Engel, Howard C.M.
Engel, Marian O.C.
Englander, Rabbi Lawrence A. C.M.
Engle, Robert P. C.M.
English, John Richard O.C.
Enkin, Maxwell E. C.M., O.B.E.
Enkin, Murray W. C.M.

Enns, Rev. J.H. O.C.
Enright, Angela O.C.
Enright, Michael C.M.
Enright, Robert C.M.
Eon, Suzanne C.M.
Epp, Hon. Arthur Jacob P.C., O.C.
Eppich, Helmut M. C.M., O.B.C.
Epstein, William O.C.
Erasmus, Georges Henry O.C.
Erickson, Arthur C. C.C.
Eriksen, Maria K. C.M.
Esaw, John (Johnny) C.M.
Eskin, Neason Akiva Michael C.M.
Esposito, Phil O.C.
Estabrooks, Carole Anne C.M.
Estey, Hon. Willard Z. C.C., Q.C.
Ethell, Col. Donald Stewart O.C., O.M.M., A.O.E., C.D.
Etherington, Brian P. C.M.
Ethier, Yvon C.M.
Etkin, Bernard C.M.
Etmanski, Allan B. C.M., M.S.M.
Etrog, Sorel C.M.
Evaluarjuk, Mark C.M.
Evans, Brian Llewellyn C.M.
Evans, Hon. Gregory Thomas C.M., O.ONT., Q.C.
Evans, John Robert C.C., O.ONT.
Evans, Robert G. O.C.
Everitt, Marcelle C.M.
Evers, Muni S. C.M.
Eyre, Ivan Kenneth C.M., O.M.
Eyton, Hon. J. Trevor O.C., Q.C.

F

Fabian, Mary (Hennebury) C.M.
Fabro, Ronald (Sam) A. C.M.
Fafard, Joe O.C., S.O.M.
Fafard, Pierre C.M.
Fagan, Hon. Frank F. C.M., O.N.L.
Fagan, Gerald Richard C.M., O.ONT.
Fahlman, Lila Sied Ameen C.M.
Fahrni, Gordon S. C.M.
Fairbairn, Hon. Joyce P.C., C.M.
Fairclough, The Rt. Hon. Ellen Louks P.C., C.C., O.ONT.
Fairfax, Rev. Donald E. C.M.
Fairley, Barker O.C.
Fairweather, R. Gordon L. O.C., Q.C.
Falardeau, Jean-Charles O.C.
Falk, Gathie C.M., O.B.C.
Fallis, Mary Lou C.M.
Fanning, Anne C.M.
Fanning, John C.M.

Fares, Wadih M. C.M.
Faribault, Marcel C.C.
Farley, Joanne C.M.
Farlinger, William Alexander C.M.
Farmer, Alfred W. C.M.
Farmer, Kenneth P. C.M.
Farnon, Robert C.M.
Farrally-Ripley, Betty O.C.
Farrar, Clarence B. O.C.
Faucher, Françoise O.C.
Faucher, Josée C.M.
Fauteux, Le très hon. Gérald C.C.
Favreau, Marc O.C., C.Q.
Fazio, Paul C.M.
Fedak, Archbishop Wasyly O.C.
Fedigan, Linda Marie C.M.
Fedoruk, Hon. Sylvia Olga O.C., S.O.M.
Feheregyhazi, Tibor C.M.
Feindel, William O.C., G.O.Q.
Feldbrill, Victor O.C., O.ONT.
Feldman, Zane C.M.
Felesky, Brian A. C.M., Q.C.
Felesky, Stephanie L. C.M.
Fell, Anthony S. O.C.
Fell, Fraser Matthews C.M., Q.C.
Fellegi, Ivan Peter O.C.
Fellows, Terence Rae C.M.
Fenety, Jack T.H. C.M.
Feniak, Elizabeth C.M.
Fenwick, Kathleen O.C.
Feore, Colm O.C.
Ferguson, Bunny C.M.
Ferguson, Edith A. C.M.
Ferguson, Edra Sanders C.M.
Ferguson, George Gordon C.M., M.B.
Ferguson, Ivan Graeme C.M.
Ferguson, John T. C.M.
Ferguson, Max O.C.
Ferguson, Maynard C.M.
Ferguson, Robert R. C.M., S.O.M.
Ferguson-Paré, Mary C.M.
Fergusson, C. Bruce C.M.
Fergusson, Hon. Muriel P.C., O.C., Q.C.
Ferland, Jean-Pierre O.C., C.Q.
Ferland, Marcien C.M.
Ferlatte, Aurèle C.M.
Ferlatte, Georgette C.M.
Fernet Gervais, Solange C.M., C.Q.
Fernet-Martel, Florence C.M.
Ferns, W. Paterson C.M.
Fialkowska, Janina O.C.
Ficocelli, Vincenzo C.M.
Fielding, Cecil C.M.
Fields, Anthony (Tony) C.M.

Fierheller, George A. C.M.

Filiatrault, Denise O.C., O.Q.

Filion, Gérard C.C., G.O.Q.

Filion, Hervé O.C.

Filion, Philippe C.M., E.D.

Fillier, Eugenie B. C.M.

Filmon, Hon. Gary P.C., O.C., O.M.

Filmon, Janice Clare C.M., O.M.

Findley, Timothy O.C., O.ONT.

Finkelman, Jacob O.C., Q.C.

Finkelstein, Bernard C.M.

Finlay, A. Joy C.M.

Finlay, B. Brett O.C., O.B.C.

Finlayson, Thelma C.M.

Finley, Gerald Hunter O.C.

Finn, L'hon. Gilbert O.C., O.N.B.

Firth, Douglas C.M.

Firth, Sharon Anne C.M.

Firth, Shirley C.M.

Fischman, Sheila Leah C.M., C.Q.

Fiset, Edouard O.C.

Fish, Aileen A.H. C.M.

Fisher, Hugh C.M.

Fisher, John W. O.C.

Fisher, Lenah C.M.

Fisher, Nigel O.C., M.S.C., O.ONT.

Fisher, Philip S. O.C., C.B.E., D.S.O.

Fisher, Sidney Thomson O.C.

Fisher, W. Allen C.M.

Fiske, John R. C.M.

Fitzgerald, Mel C.M.

Fitzgerald, William C.M.

FitzGibbon, Gerald Michael C.M., O.M.M., C.D.

Flahiff, Cardinal George B. C.C.

Flanagan, Noreen C.M.

Flanders, Kappy C.M., M.S.M.

Fleck, James Douglas C.C.

Flemer, Lucinda C.M.

Flemington, Rev. W.T. Ross C.C.

Flemming, Aida C.M.

Flemming, Brian C.M., Q.C.

Flemming, John G. C.M.

Fletcher, Stephen M. C.M.

Flett, Leonard G. C.M.

Fleury, Marielle C.M.

Flewwelling, F. Morris C.M.

Flood, A. L. C.M.

Flood, George M. C.M.

Flood, Lawrence Batiste C.M.

Flynn, Bessie C.M.

Flynn, L'hon. Jacques C.P., O.C., C.R.

Fogwell, Frank D. C.M.

Folinsbee, Robert Edward O.C.

Folkestone, Folke Gunnar S. C.M.

Fontaine, Phil O.C., O.M.

Foran, Charles C.M.

Louise Forand-Samson C.M., O.Q.

Forbes, Kenneth K. O.C.

Ford, Joan C.M.

Ford, Marguerite C.M., O.B.C.

Ford, Robert A.D. C.C.

Forest, Col. Gérard C.M.

Forest, Hon. Jean Beatrice O.C.

Forestier, Louise C.M.

Forget, Claude E. O.C.

Forget, Maurice C.M.

Forrestall, Thomas De Vany C.M., O.N.S.

Forrester, Maureen C.C., O.Q.

Forsey, Hon. Eugene Alfred P.C., C.C.

Forst, Judith D. O.C., O.B.C.

Forster, R. Roy C.M.

Forsyth, Malcolm C.M.

Fortier, Claude C.C.

Fortier, D'Iberville O.C.

Fortier, Jacques E. C.M.

Fortier, L'hon. L. Yves P.C., C.C., O.Q.

Fortier, Louis O.C., O.Q.

Fortier, Marie Esther C.M.

Fortier, Paul-André O.C.

Fortier, Yves O. O.C.

Fortin, Michèle C.M.

Foss, Charles Henry C.M.

Foster, David W. O.C., O.B.C.

Foster, Harry E. O.C.

Foster, Julia E. C.M.

Foucreault, R.P. Lucien C.M.

Fouks, Arthur C.M., Q.C.

Foulds, Joella C.M.

Foulkes, Gen. Charles C.C., C.B., C.B.E., C.D.

Fountain, Fred S. C.M.

Fountain, Margaret C.M.

Fournier, Guy C.M.

Fournier, Lt. Col. Jean Arthur O.C., C.D.

Fournier, L. Jean C.M., C.Q.

Fournier, Marguerite C.M.

Fournier, Paul M. O.C.

Fouron, Jean-Claude C.M., O.Q.

Fowke, Edith Fulton C.M.

Fowler, Robert H. O.C.

Fowler, Robert M. O.C.

Fowler, Robert R. O.C.

Fowles, John Verner O.C.

Fox, John C.M.

Fox, Michael J. O.C.

Fox, Paul Wesley O.C.

Fox, Terrance Stanley C.C.

Fox-Decent, Waldron N. C.M., C.M.M., O.M., C.D., M.C.

Franca, Celia C.C., O.ONT.

Francis, Dorothy Maquabeak C.M.

Franco, Eduardo L. O.C.

Francoeur, Jacques-G. C.M.

Francoeur, Jeannette L. C.M.

Francolini, Geno F. C.M.

Frank, Cyril Basil C.M.

Frankel, Ruth C.C.

Franklin, Colin A. C.M.

Franklin, Mitchell C.M.

Franklin, Ursula Martius C.C., O.ONT.

Franssen, Margot O.C.

Frantisak, Frank C.M.

Frappier, Armand C.C., O.B.E., G.O.Q.

Fraser, Anne Archibald C.M.

Fraser, Barbara Jean C.M.

Fraser, David C.M.

Fraser, Donald A.S. O.C.

Fraser, F. Clarke O.C.

Fraser, Felix R. Blache C.M.

Fraser, Irene C.M.

Fraser, Hon. John Allen P.C., O.C., O.B.C., C.D., Q.C.

Fraser, John Anderson C.M.

Fraser, John Foster O.C.

Fraser, Roderick D. O.C.

Frazee, Catherine O.C.

Frazee, Rowland C. C.C.

Fréchette, Louise O.C.

Fréchette, Pierre C.M., C.Q.

Frecker, George A. O.C.

Fredlund, Delwyn George O.C.

Freed, Gerald L. C.M.

Freedman, Harry O.C.

Freedman, Hon. Samuel O.C.

Freedman, Samuel O. O.C., C.Q.

Freeman, Dom Laurence O.C.

Freeman, Hon. Myra A. C.M., M.S.M., O.N.S.

Freer, Shirley C.M.

Fregin, Douglas Edgar C.M.

Freiman, Lawrence O.C.

French, David Benson O.C.

French, J. Barry C.M.

French, Susan O.C.

Freschi, Bruno B. O.C.

Friedland, Martin L. C.C., Q.C.

Friesen, Eira (Babs) C.M.

Friesen, Henry G. C.C., O.M.

Friesen, John K. C.M., D.F.C.

Friggstad, Olaf C.M.

Frisby, Donald C.M.

Frith, Hon. Royce C.M., Q.C.

Frize, Monique Aubry O.C.

Frost, Hon. Leslie M. C.C.

Frum, Barbara O.C.

Frum, Murray C.M.

Frye, Northrop C.C.

Fryer, John Leslie C.M.

Fuga, Olga C.M., O.M.

Fugère, Jean-Paul O.C.

Fugère, Paul C.M.

Fulford, Robert O.C.

Fullan, Michael O.C.

Fullerton, Douglas H. O.C.

Fulton, E. Margaret O.C.

Fulton, Hon. Edmund Davie P.C., O.C., Q.C.

Fulton, Lt. Col. Lockhart Ross C.M., D.S.O., E.D.

Fulton, Marion C.M.

Fung, Lori C.M., O.B.C.

Furlong, John O.C., O.B.C.

Furnival, George M. C.M.

Fyfe, Richard W. C.M.

Fyfe, William S. C.C.

Fyke, Kenneth C.M.

G

Gaboriau, Linda C.M.

Gaboury, Étienne C.M.

Gaetz, Stephen C.M.

Gage, Walter H. C.C.

Gagliano, Gaetano C.M.

Gagné, Aimé C.M.

Gagné, Michel C.M.

Gagné, Raymonde C.M., O.M.

Gagné, Roland C.M.

Gagnier, Claire C.M.

Gagnon, André O.C.

Gagnon, André C.M., C.R.

Gagnon, L'hon. Claude O.C.

Gagnon, Denis C.M.

Gagnon, Le cardinal Édouard O.C.

Gagnon, François-Marc C.M., O.Q.

Gagnon, Gérard C.M.

Gagnon, Jean-Louis O.C., C.Q.

Gagnon, Madeleine C.M., O.Q.

Gagnon-Dionne, Claudette C.M., C.Q.

Gagnon Pratte, France C.M., O.Q.

Gairey, Harry Ralph C.M.

Gajjar, Jay C.M.

Galarneau, Roland C.M.

Galbraith, James Douglas C.M.

Galbraith, John Kenneth O.C.

Galbraith, Sheldon C.M.

Galdikas, Biruté M.F. o.c.
Gale, Hon. George Alexander c.c., q.c.
Galipeau, Céline o.c., o.q.
Galipeault, André Jacques c.m.
Gall, Gerald L. o.c.
Gallagher, John Patrick o.c.
Gallagher, Paul c.m.
Gallant, Clara c.m.
Gallant, Corinne c.m.
Gallant, J. Albert c.m.
Gallant, Jean Pierre Edgar o.c.
Gallant, Lennie c.m.
Gallant, Lorette c.m.
Gallant, Mavis c.c.
Gallaway, Marguerite A. c.m., s.o.m.
Gallie, Brenda Louise c.m., o.ont.
Gamble, Alvan c.m.
Gamble, William Alastair c.m., c.d.
Gamelin, Hormisdas c.m.
Ganong, David A. c.m.
Ganong, R. Whidden c.m.
Garant, Serge o.c.
Gardam, Col. John Alan o.c., o.m.m., m.s.m., c.d.
Garden, William c.m.
Gardener, Rev. Michael c.m.
Gardiner, George R. o.c.
Gardiner, Helen E. c.m.
Gardiner, Janet C. c.m.
Gardiner, Joseph Daniel c.m.
Gardiner, Melvin c.m.
Gardiner, W. Douglas H. c.m.
Gardner, Joseph A.F. c.m.
Gardner, Zoie c.m.
Gareau, Arthur c.m.
Garfinkel, Paul E. o.c.
Gariépy, Pierre Eugène c.m.
Garigue, Philippe o.c.
Garland, George D. o.c.
Garlicki, Andrzej Marian c.m., c.d.
Garneau, Louis o.c., c.q.
Garneau, Capv. Marc c.c., c.d.
Garneau, Raymond o.c., o.q.
Garneau, Richard c.m., c.q.
Garratt, Philip C. o.c.
Garson, Hon. Stuart S. c.c.
Gascon, Jean c.c.
Gate, George c.m.
Gatenby, Gregory Francis c.m.
Gaucher, Yves c.m.
Gaudaur, Jacob Gill o.c.
Gaudet, Denise c.m.
Gaudet, J. Henri c.m., o.p.e.i.

Gaudet-Smet, Françoise c.m., c.q.
Gaudreau, Capt. Georges Edouard c.m.
Gaudreault, Amédée c.m.
Gaudreault, Ross c.m., o.q.
Gaudry, Roger c.c., g.o.q.
Gauley, David Eldon (Tom) c.m., q.c.
Gault, M. Henry o.c.
Gauthier, Daniel o.c., o.q.
Gauthier, Dominique c.m.
Gauthier, Georges-E. o.c.
Gauthier, Isidore M. c.m.
Gauthier, L'hon. Jean-Robert c.m.
Gauthier, Paul c.m.
Gauthier, L'hon. Paule c.p., o.c., o.q., c.r.
Gauthier, Robert c.m.
Gauthier, Serge c.m.
Gauvin, Andrée Dalcourt c.m., c.q.
Gauvin, Michel o.c., c.v.o., d.s.o.
Gauvin, Roland c.m.
Gauvin, William H. c.c.
Gauvreau, Jean-Marie o.c.
Gawalewicz, Miroslawa c.m.
Geddes, Eric A. c.m.
Gehry, Frank c.c.
Geiger-Torel, Herman o.c.
Geisler, William Oscar c.m.
Gelber, Arthur E. c.c.
Gelber, Sylva M. o.c.
Gelfand, Morrie M. c.m.
Gélinas, Gratien c.c., c.q.
Gellner, John c.m., d.f.c., c.d.
Gendreau, Gertrude Constant c.m.
Gendreau, Paul o.c.
Gendron, Pierre R. c.c.
Genest, Jacques c.c., g.o.q.
Genest, R.P. Louis c.m.
Georganas, Nicolas D. o.c., o.ont.
George, Dan o.c.
George, Patsy c.m., o.b.c.
George, Peter J. c.m., o.ont.
George, Richard (Rick) L. o.c.
Georgetti, Kenneth V. c.m., o.b.c.
Geraghty, Robert E. c.m.
Geren, Richard o.c.
Gérin-Lajoie, Paul c.c., g.o.q., c.r.
Germain, Christiane c.m., c.q.
Germain, Daniel c.m., m.s.m., c.q.
Germain, Nicole c.m.
Gerrard, John Watson o.c.
Gerstein, Hon. Irving Russell c.m., o.ont.
Gerstein, Reva Appleby c.c., o.ont.
Gertler, Maynard c.m.

Gertler, Meric c.m.
Gervais, Alice c.m.
Gervais, Gaétan c.m.
Gervais, Michel o.c., o.q.
Gerwing, Alphonse Mathias c.m.
Gesser, Samuel c.m.
Getty, Hon. Donald R. o.c., a.o.e.
Getz, Leila c.m., o.b.c.
Ghert, Bernard c.m.
Ghosh, Ratna c.m., o.q.
Ghoussoub, Nassif o.c.
Giachino, A. Alan c.m.
Giannou, Christopher Paul c.m.
Gibb, Lenore c.m.
Gibbons, Josephine c.m.
Gibson, Daniel A. c.m.
Gibson, Graeme c.m.
Gibson, Helen Beny c.m.
Gibson, James Alexander c.m.
Gibson, William C. c.m.
Giesbrecht, Tamara c.m.
Gignac, Jean-Paul o.c.
Gignac, Marie c.m.
Giguère, Alphonse c.m.
Giguère, Jean c.m.
Giguère, Paul-Antoine c.c.
Gilbert, Albert c.m.
Gilbert, James Alan Longmore c.m.
Gilbert, John H.V. c.m.
Gilbert, Kenneth o.c.
Gilbert, Mallory c.m.
Giles, William H. c.m., q.c.
Gilgan, Peter E. c.m., o.ont.
Gill, L'hon. Aurélien c.m., c.q.
Gillespie, Hon. Alastair W. p.c., o.c.
Gillespie, David Roy c.m.
Gillespie, Ronald J. c.m.
Gillespie, Terrence c.m.
Gillett, Violet Amy c.m.
Gillham, Robert W. c.m.
Gillies, James c.m.
Gillis, Daniel Alexander c.m.
Gillis, Margie o.c., c.q.
Gillmore, Allan K. c.m.
Gilmour, Clyde c.m.
Gilmore, James P. o.c.
Gilson, James Clayton c.m.
Gimby, Bobby o.c.
Gingell, Judy c.m.
Gingras, L'abbé Fernand c.m.
Gingras, Col. Gustave c.c.
Girard, Alice o.c., o.q.
Girardin, J.-C. Emile c.c.

Girerd, Jean-Pierre c.m.
Giroux, Antoinette o.c.
Giroux, Françoise R. c.m.
Giroux, Monique c.m., c.q.
Giroux, Robert J. c.m.
Giroux, Roland c.c.
Gjesdal, Joseph Harvey c.m.
Gladue, Lawrence Albert c.m.
Gladwell, Malcolm c.m.
Glass, Helen Preston o.c., o.m.
Glass, Susan Jane c.m.
Glassco, William o.c.
Glen, Robert o.c.
Glendenning, Donald E.M. c.m.
Glick, Srul Irving c.m.
Glode, Joan c.m.
Glorieux, Francis H. o.c.
Glossop, Robert G. c.m.
Glube, Hon. Constance R. o.c., o.n.s.
Gmoser, Hans c.m.
Gobeil, Paul c.m.
Goble, Norman M. o.c.
Gocki, Msgr Anthony J. c.m.
Godard, Mira c.m.
Godbout, Jacques o.c., c.q.
Godbout, Martin o.c.
Godel, John Charles c.m.
Godfrey, Charles M. c.m., o.ont.
Godfrey, Paul Victor c.m., o.ont.
Godfrey, Sheldon Jay c.m.
Godin, Conrad c.m.
Godin, Serge o.c., o.q.
Godsoe, Dale A. c.m.
Godsoe, Peter Cowperthwaite o.c., o.ont.
Godwin, Edward W. (Ted) o.c.
Golab, W. Cmdr. Anthony C. c.m., c.d.
Gold, Abraham c.m.
Gold, Hon. Alan B. o.c., o.q., q.c.
Gold, Edgar c.m.
Gold, Judith Hammerling c.m.
Gold, Muriel c.m.
Gold, Phil c.c., o.q.
Gold, Yhetta Miriam c.m., o.m.
Goldbloom, David o.c.
Goldbloom, Michael c.m.
Goldbloom, Richard B. o.c., o.n.s.
Goldbloom, Ruth Miriam o.c., o.n.s.
Goldbloom, Sheila Barshay c.m., c.q.
Goldbloom, Victor Charles c.c., o.q.
Golden, Anne c.m., o.ont.
Golden, David A. o.c.
Goldenberg, Edward S. c.m.

Goldenberg, Hon. H. Carl O.C., O.B.E.
Goldenberg, Karen C.M.
Goldenberg, S. Larry C.M., O.B.C.
Goldfarb, Martin O.C.
Goldman, Bernard Sidney C.M.
Goldschlag, Klaus O.C.
Goldschmidt, Nicholas C.C.
Goldsmith, June C.M., O.B.C.
Goldstein, Myer Murray C.M.
Goldstick, Cecil C.M.
Goltzman, David O.C.
Gonthier, L'hon. Charles D. C.C., C.R.
Goodall, John W. O.C.
Goodfellow, Allan W. C.M.
Goodman, Hon. Edwin A. P.C., O.C., Q.C.
Goodman, Joseph O. C.M.
Goodman, Martin Wise C.M.
Goodman, Ned C.M.
Goodman, Russell Charles C.M.
Goodwill, Jean O.C.
Goodwin, Betty O.C.
Goolden, Alix C.M.
Goplen, Henrietta C.M.
Gorbet, Frederick William O.C.
Gordon, Donald C.C.
Gordon, Duncan Lockhart C.M., M.B.E.
Gordon, J. King C.M.
Gordon, J. Peter O.C.
Gordon, James K. C.M.
Gordon, Mary C.M., O.N.L.
Gordon, Hon. Percival H. O.C.
Gordon, Robert Arthur O.C., O.ONT.
Gordon, Hon. Walter L. P.C., C.C.
Gordon, Winston Graham C.M.
Goresky, Carl O.C.
Gorman, Peter R. C.M.
Gorman, Ruth O.C.
Gosling, James A. O.C.
Gosling, Philip R. C.M.
Gosnell, Joseph C.C., O.B.C.
Gospodarowicz Evans, Mary O.C.
Goss, Abram Y. C.M.
Gosse, Hon. Clarence L. O.C.
Gosselin, Arthur J. O.C.
Gosselin, Claude C.M.
Gosselin, Clément O.C.
Gosselin, Msgr Paul-Emile O.C.
Gotlib, Allan C.M.
Gotlieb, Allan C.C.
Gotlieb, Calvin Carl C.M.
Gottfriedson, Mildred C.M.
Gouin-Décarie, Thérèse O.C., O.Q.
Gould, Ronald Alan C.M.

Goulet, Michel C.M.
Gourdeau, Jean-Paul C.M.
Goussaert, Andrew C.M.
Govier, George W. O.C.
Gowan, Geoffrey Russell C.M.
Gowdy, Barbara C.M.
Grace, John Ross O.C.
Grace, Sherrill E. O.C.
Graefe, Christian W.A. C.M.
Grafstein, Carole Sandra C.M.
Graham, Anthony Francis C.M.
Graham, Duncan A. C.C.
Graham, Lt. Gen. Howard D. O.C., C.V.O.,
        C.B.E., E.D., C.D., Q.C.
Graham, James H. C.M.
Graham, James Wesley O.C.
Graham, Rev. John Alexander C.M.
Graham, M. David C.M.
Graham, Marion Margaret C.M.
Graham, Hon. William C. P.C., C.M.
Graham-Flynn, Laurie J. C.M.
Granatstein, Jack Lawrence O.C.
Grandbois, Alain C.C.
Grandmaître, Bernard C.M.
Granger, Hon. Charles Ronald McKay
        P.C., O.C.
Granot, Frieda C.M.
Granstrom, Ivy C.M.
Grant, Hon. Campbell O.C., Q.C.
Grant, Dorothy C.M.
Grant, George P. O.C.
Grant, Hon. James Andrews P.C.,
        C.M., Q.C.
Grant, Jon K. O.C.
Grant, Ted C.M.
Guérette, M. Irène Grant C.M.
Grantham, Ronald D. C.M.
Gravel, Joffre-André C.M.
Gravelle, Claudette C.M.
Gray, Charlotte C.M.
Gray, Rt. Hon. Herbert Eser P.C., C.C., Q.C.
Gray, James H. C.M., A.O.E.
Gray, James Kenneth O.C., A.O.E.
Gray, James Lorne C.C.
Gray, Jean C.M.
Gray, John O.C.
Gray, John O.C.
Grealis, Walt O.C.
Green, Abraham J. C.M.
Green, Don C.M.
Green, Donald M. C.M.
Green, Geoffrey David C.M.
Green, John C.M., Q.C.

Green, Leslie C. C.M.
Greenaway, Cora de Jong C.M., O.N.S.
Greenaway, Brig. Gen. Keith R. C.M., C.D.
Greenberg, Harold O.C., C.Q.
Greenberg, Mark Lawrence O.C.
Greenberg, Roger C.M.
Greenberg, Shirley E. C.M.
Greene, Graham C.M.
Greene, Jocelyn C.M.
Greene, Lorne O.C.
Greene, Mary C.M.
Greene Raine, Hon. Nancy O.C., O.B.C.
Greenough, Gail E. C.M.
Greenwich, Sonny C.M.
Greer, Albert C.M.
Gregg, Brig. Gen. Milton F. V.C., P.C., O.C.,
        C.B.E., M.C.
Grégoire, Le cardinal Paul O.C.
Gregor, Helen Frances C.M.
Gregory, Hilda C.M., O.B.C.
Grenier, Claude C.M.
Grenier, Fernand O.C.
Grenier, Pierre O.C.
Grenier, Robert O.C.
Gretzky, Walter C.M., O.ONT.
Gretzky, Wayne C.C.
Grew, John C.M.
Grey, Deborah P.C., O.C.
Greyeyes, David Georges C.M., S.O.M.
Griffin, John Douglas Morecroft O.C.
Griffin, Scott O.C.
Griffith, Harold R. O.C., M.M.
Griffiths, Dorothy C.M., O.ONT.
Griffiths, Naomi E.S. O.C.
Grignon, Claude-Henri O.C.
Grisé, Yolande C.M.
Grizzle, Stanley George S. C.M., O.ONT.
Groleau, Valère Emile C.M.
Grondin, Jean O.C.
Grondin, Pierre R. O.C.
Groome, Reginald K. O.C.
Gros, Philippe O.C.
Gros-Louis, Magella (Max) O.C., O.Q.
Gross, Paul O.C.
Grosskurth, Phyllis O.C.
Groulx, Aurèle C.M.
Grube, Heinrich Ihmels C.M., M.M.
Grzybowski, Stefan O.C.
Guay, Georgette D. C.M.
Guenter, Clarence Alfred C.M.
Guérette, Rachel Vandandaigue C.M.
Guest, Gowan Thomas C.M., Q.C.
Guichon, Gerard F.J. C.M.

Guillemette, R.P. André-M. C.M., C.D.
Guillet, Hubert A. C.M.
Guillevin Wood, Jeannine O.C.
Guimond, Boniface C.M.
Guinchard, Simon Rufus C.M.
Guindon, Jeannine C.M., C.Q.
Guindon, Léo O.C.
Guindon, Roger C.C.
Guindon, Yvan C.M., C.Q.
Gullane, Patrick J. C.M.
Gullett, Donald W. O.C.
Gullison, R. Ben C.M.
Guloien, Paul John Perry C.M.
Gunn, Chit Chan C.M., O.B.C.
Gunning, Harry Emmet O.C.
Gunston, Frank H. C.M.
Gunton, Ramsay Willis C.M.
Gurr, Donna Marie C.M.
Gushue, Raymond O.C.
Gustafson, Ralph Barker C.M.
Gutteridge, May C. C.M.
Guttman, Irving Allen C.M., O.B.C.
Guy, Christophe C.M., O.Q.
Guyatt, Gordon O.C.
Guyda, Patricia T. C.M.
Gwyn, Alexandra Sandra O.C.
Gwyn, Richard O.C.
Gyulai, Blanka C.M., C.R.
Gzowski, Peter C.C.

H

Haas, Ralph Carl George C.M.
Hachborn, Walter J. C.M.
Haché, Arlene C.M.
Hachinski, Vladimir C.M., O.ONT.
Hacking, Ian C.C.
Haddad, Claire Margaret C.M.
Haddad, Mary Jo C.M.
Hadfield, Col. Chris Austin O.C., O.ONT.,
        M.S.C., C.D.
Haering, Rudolph O.C.
Hagey, J. Gerald C.M.
Haig, Graeme T. C.M., M.C., C.D., Q.C.
Hainault, Robert J. C.M., M.C.
Hakim, Antoine M. O.C.
Halbert, Gerald C.M.
Hale, Ivan A. C.M.
Hale, Marguerite (Grete) C.M.
Hall, Agnes M. C.M.
Hall, Amelia C.M.
Hall, Barbara C.M.
Hall, Doreen C.M.
Hall, Rev. Douglas John C.M.

Hall, Hon. Emmett Matthew C.C., Q.C.
Hall, Frank H. O.C.
Hall, Henry Foss O.C.
Hall, Judith Goslin O.C.
Hall, Lawrence H. C.M.
Hall, Monty O.C.
Hall, Pamela M. C.M.
Halliday, David C.M.
Hallman, Lyle Shantz C.M.
Halloran, Philip Francis O.C.
Halpenny, Francess G. C.C.
Halperin, Israel C.M.
Halpern, Ida C.M.
Halstead, John G.H. C.M.
Halter, Gerald Sydney O.C., Q.C.
Halton, Harry O.C.
Ham, James Milton O.C.
Hambly, H. Wayne C.M., O.P.E.I.
Hamel, Alfred C.M., C.D.
Hamel, André C.M.
Hamel, Jean-Marc O.C.
Hamelin, Jean C.M.
Hamelin, Louis-Edmond O.C., G.O.Q.
Hamelin, Marc-André O.C., C.Q.
Hamerton, John Laurence O.C.
Hamilton, Christine C. C.M.
Hamilton, John Borden C.M., Q.C.
Hamilton, John Richard C.M.
Hamilton, Stuart C.M.
Hamilton, Hon. William M. P.C., O.C.
Hamm, Hon. John Frederick O.C.
Hammer, E. Leslie C.M.
Hammond, Susan C.M.
Hampson, Sharon Trostin C.M.
Hancock, Robert Ernest William
   O.C., O.B.C.
Hancox, William James C.M.
Handling, Piers Guy Paton O.C., O.ONT.
Hanen, Marsha P. C.M.
Hanessian, Stephen O.C.
Haney, Howard Benton C.M.
Haney, Leonard Kane C.M., A.O.E.
Hanganu, Dan S. C.M., O.Q.
Hankins, Catherine Anita C.M.
Hanna, William F. O.C.
Hannah, Kathryn Jane Nightingale C.M.
Hannan, Gabrielle C.M.
Hannigan, Barbara C.M.
Hansen, Richard M. (Rick) C.C., O.B.C.
Hansen-Jorgensen, Andrea C.M.
Hanson, Hon. Ann Meekitjuk C.M.
Hanson, Arthur John O.C.
Hanson, Dana W. C.M., O.N.B.

Hanson, Gregory C.M.
Hanson, Morley C.M.
Hansson, Carolyn C.M.
Hantho, Charles Harold C.M.
Hara, Arthur S. O.C., O.B.C.
Harcourt, Michael Franklin O.C.
Harcourt, Peter C.M.
Harding, Robert C.M.
Hardy, Hugh Hagood C.M.
Hardy, Jules O.C., C.Q.
Hardy, Robert M. O.C.
Hardy, W.G. C.M.
Hare, F. Kenneth C.C.
Hare, Robert D. C.M.
Hargrove, Basil (Buzz) O.C.
Harington, Charles Richard O.C.
Harkness, Lt. Col. Douglas Scott P.C.,
   O.C., G.M., E.D.
Harle, Thomas Jon C.M., C.D.
Harnick, Harvey H. C.M.
Harnoy Cash, Ofra C.M.
Harper, J. Russell O.C.
Harrigan, Kenneth W. O.C.
Harrington, Col. Conrad F. C.M., C.D.
Harrington, James B. O.C.
Harrington, Michael F. C.M.
Harrington, Rex O.C.
Harrington, Richard O.C.
Harris, Christie C.M.
Harris, Christopher C.M., O.ONT.
Harris, Grace Margaret C.M.
Harris, Lawren S. C.C.
Harris, Leslie O.C.
Harris, Margaret Catherine C.M.
Harris, Milton E. O.C.
Harris, Peter C.M.
Harris, Richard Colebrook O.C.
Harris, Stewart C.M.
Harris, Walter E. O.C.
Harris, Walter Edgar C.M.
Harrison, Edward Hardy C.M., O.B.C.
Harrison, James M. C.C.
Harrison, Joan Fletcher C.M.
Harron, Donald O.C., O.ONT.
Hart, Anne C.M.
Hart, Evelyn Anne C.C., O.M.
Hart, G. Arnold C.M.
Hart, Stewart Edward C.M.
Hart, Rev. William Edward C.M.
Hartman, Bernard Conrad C.M.
Hartog, Robbert C.M.
Hartt, Stanley H. O.C., Q.C.
Harvey, Bryan L. O.C., S.O.M.

Harvey, Pierre C.M., C.Q.
Harvie, Donald Southam O.C.
Harvie, Eric L. O.C.
Harwood-Scully, Vanessa C. O.C.
Hasenfratz, Frank C.M.
Haskayne, Richard Francis O.C., A.O.E.
Haslam, Florence J. C.M.
Haslam, Phyllis G. O.C.
Haslam, Robert H.A. C.M.
Hassan, Hanny A. C.M.
Hassell, F.H. Eva O.C.
Hatch, Gerald Gordon C.M.
Haust, M. Daria O.C.
Havel, Václav C.C.
Havens, Betty C.M.
Haverstock, Hon. Lynda C.M., S.O.M.
Hawaleshka, Ostap C.M.
Hawkes, Rev. Brent C.M., O.N.B.
Hawkins, Ronnie O.C.
Hawley, D. Sanford C.M.
Hawthorn, Audrey E. C.M.
Hawthorne, Frank C. O.C.
Hawthorn, Harry B. O.C.
Hay, Eldon C.M.
Hayden, Frank J. O.C., O.ONT.
Hayden, Michael R. C.M., O.B.C.
Hayden, Hon. Salter Adrian O.C.
Hayes, K.P. (Barbara) O.C.
Hayes, Saul O.C.
Hayles, Helen C.M.
Hayne, David Mackness C.M.
Haynes, Albert William C.M.
Haynes, Arden R. O.C.
Haynes, Linda C.M.
Haynes, Robert Brian O.C.
Haynes, Robert Hall O.C.
Hays, Helen C.M., A.O.E.
Head, Ivan L. O.C., Q.C.
Hearn, Richard L. O.C.
Heasley, Hugh J. O.C.
Heaslip, William Arthurs C.M.
Hébert, A. Hervé O.C.
Hébert, Anne C.C., O.Q.
Hébert, Chantal St-Cyr O.C.
Hébert, J. Claude O.C.
Hébert, L'hon. Jacques O.C.
Hébert, Louis O.C.
Hébert, Marjolaine O.C., C.Q.
Hébert, Paul O.C., C.Q.
Hebert, Paul D.N. O.C.
Heenan, Roy Lacaud O.C.
Heeney, Arnold C.C.
Hees, Hon. George H. P.C., O.C.

Heffernan, Gerald R. O.C.
Heggtveit Hamilton, Anne C.M.
Heimbecker, Raymond O. O.C.
Heintzman, Thomas Giles O.C., Q.C.
Heisey, William Lawrence O.C.
Hellaby, Hilda Alice C.M.
Helleiner, Gerald K. O.C.
Helliwell, John F. O.C.
Helwig, David C.M.
Heming, Keith Ian Munro C.M., Q.C.
Hendeles, Ydessa C.M., O.ONT.
Henderson, Bill C.M.
Henderson, Gavin C.M.
Henderson, Gordon F. C.C., Q.C.
Henderson, Lyman G. C.M.
Henderson, Paul C.M., O.ONT.
Hendry, Thomas Best O.C.
Henley, Joseph Fernand C.M.
Henley, Martha Lou C.M.
Hennessey, Catherine G. C.M.
Hennessy, Thomas L. C.M.
Henripin, Jacques C.M., C.Q.
Henriquez, Carol Gail C.M.
Henry, Eileen Cameron C.M.
Henry, Martha C.C., O.ONT.
Henry, Mary C.M.
Henson, Guy C.M.
Henteleff, Yude M. C.M., Q.C.
Heppner, Ben C.C.
Herbert, Walter B. O.C.
Herie, J.A. Euclid C.M.
Hermaniuk, Most Rev. Maxim O.C.
Hermiston, Nancy Jane O.C.
Héroux, Denis O.C.
Herring, Helen deGreayer C.M.
Herrndorf, Peter A. O.C., O.ONT.
Hertzman, Clyde O.C.
Herzberg, Hon. Gerhard P.C., C.C.
Hesler, Norman A. O.C.
Hess, Margaret Perkins O.C., A.O.E.
Hetherington, Hon. Mary M. C.M.
Hétu, Jacques O.C., O.Q.
Hewitt, Angela C.C.
Hewitt, Cecil Hogarth C.M.
Hewitt, Foster W. O.C.
Hewitt, Godfrey C.M.
Hewitt, Robert C.M.
Heyn, Odetta C.M.
Hickling, Margaret G. (Meg) C.M., O.B.C.
Hickman, Hon. T. Alexander O.C., Q.C.
Hicks, Hon. Henry D. C.C., Q.C.
Hiebert, Paul G. C.M.
Hierlihy, Oscar George C.M.

Irving, Edward (Ted) C.M.
Irving, James D. C.M.
Irving, James K. O.C., O.N.B.
Irving, John E. (Jack) C.M.
Irving, Kenneth Colin O.C.
Irving, Ronald E. C.M.
Irving, Sandra C.M.
Irwin, Hon. Ronald A. P.C., C.M., Q.C.
Irwin, W. Arthur O.C.
Irwin, Rt. Rev. William O.C.
Isaac, Julius O.C., Q.C.
Isaacs, Avrom C.M.
Isabelle, Laurent C.M.
Iseler, Elmer O.C.
Ish, Daniel O.C., Q.C.
Ishulutaq, Elisapee C.M.
Israel, Werner O.C.
Israelievitch, Jacques C.M.
Israels, Lyonel Garry C.M.
Issenman, Betty Kobayashi C.M.
Itani, Frances C.M.
Itani, Tetsuo Theodore C.M., O.M.M., C.D.
Ivanier, Isin O.C.
Ivanier, Paul C.M.
Ivany, Rev. Randall Eugene C.M.
Ivey, Barbara Campbell Smith C.M.
Ivey, Beryl C.M.
Ivey, Richard Macaulay C.C., Q.C.
Ivey, Richard William C.M.
Ivor, H. Roy C.M.
Ivory, Joan F. C.M.

J

Jackett, Hon. Wilbur Roy O.C.
Jackman, Frederic L.R. C.M., O.ONT., C.D.
Jackman, Hon. Henry Newton Rowell
 O.C., O.ONT.
Jackman, Henry R. O.C.
Jacks, Agnes C.M.
Jackson, A.Y. C.C., C.M.G.
Jackson, Donald George C.M., O.ONT.
Jackson, Mary Percy O.C., A.O.E.
Jackson Groves, Naomi C.M.
Jackson, Robert Wilson O.C.
Jackson, Roger C. O.C.
Jackson, Russell S. O.C.
Jackson, Tom O.C.
Jacob, Ellis C.M.
Jacobs, Jane O.C., O.ONT.
Jacobs, Joseph R. C.M.
Jacobsen, George C. O.C.
Jacques, Hector J. O.C.
Jacques, Yves O.C.

Jaeger, Leslie G. C.M.
Jaffe, Peter O.C.
Jago, Charles Joseph C.M.
Jain, Harish Chand C.M.
Jakeman, Audrey O.C.
James, Donald Wesley C.M.
James, Lois C.M.
James, Noel Pattison C.M.
James, William C.M.
Jamieson, D. Park C.M.
Jamieson, Roberta L. O.C.
Jamieson, Ronald L. C.M., O.ONT.
Jannasch, Niels W. C.M.
Janvier, Alex S. C.M., A.O.E.
Jarislowsky, Stephen A. C.C., G.O.Q.
Jarmain, Edwin Roper C.M.
Jarrett, Fred C.M.
Jarvis, Patrick C.M.
Jasmin, Yves O.C.
Jasper, Herbert H. O.C.
Jaworska, Tamara C.M.
Jay, Rev. C. Douglas C.M.
Jean, La très hon. Michaëlle C.P., C.C.,
 C.M.M., C.O.M., C.D.
Jeanneret, Marsh O.C.
Jeanniot, Pierre J. O.C., C.Q.
Jeannotte, Jean-Paul O.C.
Jeans, Mary-Ellen C.M.
Jefferies, Arthur William C.M.
Jeffery, Joseph C.M., O.B.E., C.D., Q.C.
Jeliu, Gloria C.M., C.Q.
Jenkins, David O.C.
Jenkins, Maj. David W. C.M., C.D.
Jenkins, Ferguson C.M.
Jenkins, Kenneth J.W. C.M.
Jenkins, P. Thomas O.C.
Jenkyns, Arthur T. C.M., A.O.E.
Jennekens, Jon H. O.C.
Jenness, Diamond C.C.
Jennings, Harold John O.C.
Jennings, Mary Adelaide C.M.
Jennings, Peter C.M.
Jenson, Cmdr. Latham B. C.M.
Jerome, Harry W. O.C.
Jérôme-Forget, Monique C.M., O.Q.
Jerrett, Eric Kenneth C.M.
Jessa, Sultan C.M.
Jewett, Hon. Pauline P.C., O.C.
Jewison, Norman C.C.
Jha, Aditya C.M.
Jha, Prabhat O.C.
Joachim, Walter C.M., C.Q.
Jobin, Marcel C.M., C.Q., C.D.

Jobin, Paul-Eugène C.M.
Jobin, Pierre C.M.
Jobin, Raoul C.C.
Jodoin, Claude O.C.
Jodrey, John Joseph C.M.
Jodrey, Martha O.C.
Joe, Dave O.C.
Joe, Hon. Rita P.C., C.M.
Johal, Asa C.M., O.B.C.
Johannsen, Herman Smith C.M.
Johanson, Sue C.M.
Johansson, Sven Borge C.M.
John, Sr., Mary C.M.
Johns, Fr. Emmett C.M., G.O.Q.
Johns, Harold Elford O.C.
Johns, Walter H. O.C., A.O.E.
Johnson, Albert Wesley C.C.
Johnson, Ben C.M.
Johnson, Chester A. C.M., O.B.C.
Johnson, Donald K. O.C.
Johnson, Ernest Anderson C.M.
Johnson, F. Ross O.C.
Johnson, Hon. Frederick William
 O.C., Q.C.
Johnson, Hon. George O.C.
Johnson, Harry G. O.C.
Johnson, Jean C.M.
Johnson, Katie C.M.
Johnson, Lori C.M.
Johnson, Molly O.C.
Johnson, Paul Jolliffe C.M., O.N.L.
Johnson, Percival C.M.
Johnson, Susan C.M.
Johnson, Thorvadur O.C.
Johnson, Waldo E. C.M.
Johnson, William C.M.
Johnston, (Albert) Richard C.M.
Johnston, Carol J. C.M.
Johnston, Rt. Hon. David Lloyd C.C.,
 C.M.M., C.O.M., C.D.
Johnston, Hon. Donald J. P.C., O.C., Q.C.
Johnston, Edith M. C.M.
Johnston, Lt. Col. James A. O.C., C.D.
Johnston, Jerry C.M.
Johnston, Lynn B. C.M., O.M.
Johnston, Marjorie A. C.M.
Johnston, Rev. Norman S. C.M.
Johnston, Patrick C.M.
Johnston, Rt. Hon. Sharon C.C.
Johnston, Wilfred J. C.M.
Johnstone, Rev. John J.T. C.M.
Johnstone, Lucille C.M., O.B.C.
Jolliffe, Mary Irene Patricia C.M.

Jolly, Elaine Elizabeth O.C.
Jomphe, Roland C.M., C.Q.
Jonas, George C.M.
Jonas, John J. O.C.
Jones, David R. C.M.
Jones, Douglas Gordon (D.G.) O.C.
Jones, Edgar Thompson C.M.
Jones, Jean McEachran C.M.
Jones, Oliver T. O.C., C.Q.
Jones, R. Norman O.C.
Jones, Richard D. O.C.
Jones, Robert Orville O.C.
Jones-Konihowski, Diane C.M.
Joseph, James Urban O.C.
Joshee, Krishan C. C.M.
Josie, Edith C.M.
Joubert, Madeleine O.C.
Joubin, Franc R. C.M.
Jourdain, L'hon. Claude C.M.
Journeaux-Henderson, Sandra
 Christina C.M.
Jousse, Albin T. O.C.
Joyal, L'hon. Serge C.P., O.C., O.Q.
Joyce, Ronald V. C.M.
Juba, Stephen O.C.
Juckes, Gordon Wainwright C.M., C.D.
Judson, Hon. Wilfred C.C.
Juillet, Chantal O.C., C.Q.
Julien, Donald M. C.M., O.N.S.
Julien, Gilles C.M., O.Q.
Juneau, L'hon. Pierre C.P., O.C.
Jung, Douglas C.M., C.D.
Junius, Marcel O.C., C.Q.
Juster, Diane C.M.
Juteau, Danielle C.M.
Jutras, Albert C.M.

K

Kaasa, Walter H. C.M.
Kabata, Zbigniew C.M.
Kadoguchi, Robert Yasuharu C.M.
Kain, Karen C.C., O.ONT.
Kajander, Ruth E. C.M.
Kalant, Harold C.M.
Kaldor, Connie C.M.
Kaljas, Anna C.M.
Kallmann, Helmut Max C.M.
Kalluak, Mark C.M.
Kalman, Harold C.M.
Kalvak, Helen C.M.
Kane, Judith Lorie C.M.
Kanee, Sol O.C., O.M.
Kaplan, David L. C.M., S.O.M.

Kaplansky, Kalmen C.M.
Kareda, Urjo C.M.
Karpati, George O.C., C.Q.
Karsh, Malak O.C.
Karsh, Yousuf C.C.
Kartusch, Michael P. C.M., C.D.
Kasha, Kenneth J. O.C.
Kassim, Winston S.L. C.M.
Kassner, Eli C.M.
Kates, Josef C.M.
Kato, Laszlo C.M.
Kattan, Naïm O.C., C.Q.
Katz, Léon O.C.
Katz, Leon O.C., O.ONT.
Katz, Sidney Averson C.M.
Kaufman, Donna Soble C.M.
Kaufman, Hon. Fred C.M., Q.C.
Kaunak, John C.M.
Kavan, Vladimir M. O.C.
Kavanagh, Kevin P. C.M., O.M.
Kawamura, Rev. Yutetsu C.M.
Kawulych, Elsie C.M., A.O.E.
Kay, Cyril Max O.C.
Kay, Guy Gavriel C.M.
Kaye, Renée C.M.
Kaye, Vladimir J. C.M.
Kayfetz, Benjamin G. C.M.
Keate, James Stuart O.C.
Keating, Charles V. C.M.
Kedl, Eugen C.M.
Keelor, James Gregory O.C.
Keenan, Patrick J. C.M., O.ONT.
Keenan, Pearl C.M.
Keenleyside, Hugh L. C.C.
Keeper, Joseph Irvine C.M.
Keeping, Max C.M., O.ONT.
Keevil, Norman B. O.C., O.B.C.
Keevil, Sr., Norman Bell O.C.
Kègle, Gilles C.M.
Keil, J. George C.M.
Keillor, Elaine C.M.
Keith, John G. C.M.
Keith, Vicki C.M., O.ONT.
Kelland, Otto Paul C.M.
Kellock, Hon. Roy L. C.C.
Kelly, Arthur D. O.C.
Kelly, Rev. John Michael O.C.
Kelly, Leonard (Red) C.M.
Kelly, Margaret C.M.
Kelly, Mona C.M.
Kelly, Terry C.M.
Kelly, William P. C.M.
Kelsey, Frances Oldham C.M.

Kelton, John G. C.M.
Kempston Darkes, Maureen O.C.
Kendall, Douglas Neville O.C., O.B.E.
Kendergi, Maryvonne O.C., C.Q.
Kennedy, Hon. Betty O.C.
Kennedy, Garry Neill C.M.
Kennedy, Jamie C.M.
Kennedy, Sheldon C.M.
Kenney, Mart C.M.
Kenny, Nuala O.C.
Kent, Tom C.C.
Keon, Hon. Wilbert Joseph O.C.
Ker, Robert H.B. C.M.
Kernaghan, Kenneth C.M.
Kerr, Illingworth C.M.
Kerr, John C. C.M., O.B.C.
Kerwin, Larkin C.C., O.Q.
Keshavjee, Shaf O.C., O.ONT.
Kettles, James G. C.M.
Key, Archie F. C.M.
Key, Derek C.M., O.P.E.I.
Keys, David A. O.C.
Keystone, Jay C.M.
Khosrowshahi, Hassan C.M., O.B.C.
Kidd, Bruce O.C.
Kidd, James Roby C.M.
Kielburger, Craig C.M., M.S.M.
Kielburger, Marc C.M.
Kierans, Hon. Eric William P.C., O.C.
Kierans, Thomas Edward O.C.
Kilbourn, William Morley C.M.
Kilgour, Nancy C.M.
Kimmins, James Peter (Hamish) C.M.
Kindrachuk, Michael John C.M.
Kindree, LaVerne Clifford C.M.
King, Allan O.C.
King, Frank Walter O.C.
King, Thomas C.M.
King, W. David C.M.
Kinnaird, Col. John M. C.M., C.D.
Kinsella, T. Douglas C.M.
Kinsella, W.P. (Bill) O.C., O.B.C.
Kirby, Hon. Michael J.L. O.C.
Kirk, Lawrence E. O.C.
Kirkconnell, Watson O.C.
Kirkland, M.-Claire C.M., C.Q., C.R.
Kirkness, Verna J. C.M., O.M.
Kirsch, L'hon. Philippe O.C., Q.C.
Kish, Ely C.M.
Kitagawa, Genzo C.M.
Kiyooka, Roy K. O.C.
Klein, Bonnie Sherr O.C.
Klein, Ernest O.C.

Klein, George O.C., M.B.E.
Klein, Michael Charles C.M.
Klein, Ralph O.C., A.O.E.
Klein, W.W. C.M.
Klibansky, Raymond C.C., G.O.Q.
Klinck, Carl O.C.
Klinck, William C.M.
Kloppenburg, Henry C.M., S.V.M., Q.C.
Klotz, Laurence C.M.
Kneebone, Tom C.M.
Kniewasser, Andrew G. O.C.
Knight, Allen T. C.M.
Knight, Doris C.M.
Knight, Douglas C.M.
Knight, Susan Dyer C.M., O.N.L.
Knoppers, Bartha Maria O.C.
Knott, Douglas Ronald C.M.
Knowles, Dorothy E. C.M., S.O.M.
Knowles, Hon. Stanley P.C., O.C.
Knudson, George Alfred Christian C.M.
Knudtson, Merril C.M.
Koehler, Horst Gergen Paul C.M.
Koerner, Iby O.C.
Koerner, Michael M. C.M.
Koerner, Walter C. C.C., O.B.C.
Koester, Charles Beverley O.C., C.D.
Koffler, Murray Bernard O.C., O.ONT.
Koffman, Moe (Morris) O.C.
Kogawa, Joy C.M., O.B.C.
Kohler, Capt. Henry C. C.M.
Koilpillai, Robinson C.M.
Kojima, Yuzuru C.M.
Kolber, Hon. E. Leo O.C.
Kolber, Sandra C.M.
Kong, Shiu Loon C.M.
Koop, Wanda C.M.
Koschitzky, Julia C.M.
Koshal, Arvind O.C.
Koss, Johann Olav C.M.
Koudriavtzeff, Nicolas C.M.
Kovitz, Muriel C.M.
Kowaluk, Lucia C.M., C.Q.
Koziak, Methodius C.M.
Kozlowski, Anastazja C.M.
Kraemer, Franz O.C.
Krajina, Vladimir C.M.
Krall, Diana O.C., O.B.C.
Kramer, Kenneth C.M.
Kraus, Greta C.M., O.ONT.
Kreisel, Henry O.C.
Krembil, Robert C.M.
Krentz, Hugh Arthur O.C.
Kretz, Marcel C.M.

Kreviazuk, Chantal C.M.
Kriegler, Rudolph J. C.M.
Krishna, Vern C.M., Q.C.
Kristjanson, Leo F. C.M.
Krnjevic, Kresimir O.C.
Kroeger, Arthur C.C.
Kroeker, Walter E. C.M.
Kroetsch, Robert P. O.C.
Kroft, Hon. Richard Henry C.M.
Krug, Mabel E. C.M.
Kruger II, Joseph C.M., C.Q.
Kube, Arthur Alexander C.M.
Kudelka, James O.C.
Kuerti, Anton O.C.
Kumar, Krishna C.M., S.O.M.
Kumar, Shrawan O.C.
Kunin, Roslyn C.M.
Kunuk, Zacharias O.C.
Kunz, Anita O.C.
Kupsch, Walter Oscar C.M.
Kuptana, Rosemarie Esther O.C.
Kurelek, William C.M.
Kushner, Eva O.C.
Kushnir, Msgr Basil O.C.
Kussner, Sheila Golden O.C., O.Q.
Kutt, Mers C.M.
Kuwabara, Bruce O.C.
Kuwabara, Seisho Kina C.M.
Kuyt, Ernie C.M.
Kwong, Hon. Norman C.M., A.O.E.
Kyak, Lazarus O.C.
Kyle, Elva C.M.
Kyle, John Thomas C.M.

L

Labadie, Bernard O.C., C.Q.
Labarge, Margaret Wade C.M.
Labarre, Jules C.M.
Labatt, Arthur Sackville O.C.
Labelle, Huguette C.C., O.ONT.
Laben, Joseph R. C.M.
Laberge, Claude C.M., O.Q.
Laberge, Martin Y. O.C.
LaBillois, Margaret Pictou C.M.
Labine, Gilbert A. O.C.
Labrecque, Jean-Claude C.M., C.Q.
Labrie, Arthur C.M.
Labrie, Fernand O.C., O.Q.
Lacerte, R.P. Arthur C.M.
Lacey, Veronica O.C.
Lachance, Gustave C.M.
Lachance, Janine C.M.
Lachapelle, Andrée O.C., C.Q.

Lacharité, Sylvio c.m., c.d.
Lacombe, Jacques c.m., c.q.
Lacoste, Lucien c.m.
Lacoste, Paul o.c., c.r.
Lacourcière, Luc c.c.
Lacourcière, L'hon Maurice Norbert o.c.
Lacoursière, Sr. Estelle c.m., o.q.
Lacoursière, Jacques c.m., c.q.
Lacoursière, Paul c.m.
Lacroix, R.P. Benoît o.c., g.o.q.
Lacroix, Donat o.c.
Lacroix, Laurier c.m.
Lacroix, Robert c.m., o.q.
Laferrière, Dany o.c., o.q.
Lafferty, Patrick Delamere o.c.
Lafleur, Guy o.c., c.q.
Lafond, Jean-Daniel c.c.
Lafontaine, Rita o.c., o.q.
La Forest, L'hon. Gérard Vincent c.c.
LaForge, Hectorine H. c.m.
Lafrance, Carole M. c.m.
Lafrance, Sylvain c.m.
Lagacé, Bernard o.c.
Lagasse, Jean-Louis c.m.
Lagassé, Louis c.m.
Lai, Chuen-Yan David c.m.
Laidlaw, John Coleman c.m.
Laidlaw, May c.m.
Laing, G. Blair c.m.
Laing, Gertrude o.c.
Laird, Frank W. c.m.
Lakhani, Zaheer M. c.m.
Laking, Leslie c.m.
Laliberté, Guy o.c., c.q.
Laliberté, Marius o.c.
Lallemand, Jean C. o.c.
Lalonde, Florent c.m.
Lalonde, Gisèle c.m., o.ont.
Lalonde, Jean-Marc c.m.
Lalonde, L'hon. Marc c.p., o.c., c.r.
Lalonde, R.P. Marcel c.m.
Lalonde, Robert o.c.
Lalonde, Roger c.m.
Lam, Cynthia c.m.
Lam, Hon. David C. (See-Chai) o.c.,
　c.v.o., o.b.c.
Lamarche, Gérard o.c.
Lamarre, Bernard o.c., g.o.q.
Lamarre, Diane c.m.
Lamarre, Jacques o.c.
LaMarsh, Hon. Judy o.c.
Lamb, W. Kaye o.c.
Lambert, Allen o.c.

Lambert, Marie c.m.
Lambert, Nathalie o.c.
Lambert, Phyllis B. c.c., g.o.q.
Lambert, Pierrette c.m.
Lambert, Sidney E. o.c.
Lambert-Lagacé, Louise c.m., c.q.
Lamberts, Heath R. c.m.
Lamer, Le très hon. Antonio c.p., c.c., c.d.
Lamon, Jeanne c.m., o.ont.
Lamontagne, L'hon. Gilles c.p., o.c.,
　c.q., c.d.
Lamontagne, L'abbé Louis-Georges c.m.
Lamontagne, Mary c.m.
Lamontagne, Yves c.m., c.q.
Lamothe, Arthur c.m.
Lamothe, Joachim Guillaume c.m.
Lamothe, Solange Dupuis c.m.
Lamoureux, Claude R. o.c., o.q., o.ont.
Lamoureux, G. Jake c.m., o.ont.
Lamoureux, Gisèle c.m., c.q.
Lamoureux, L'hon. Lucien c.p., o.c., c.r.
Lamport, Allan Austin c.m.
Lanctot, Gustave o.c.
Landa, Sam c.m.
Lande, Lawrence o.c.
Lande, Mildred B. c.m.
Lander, David c.m.
Lander, Donald H. o.c.
Lando, Edith c.m.
Landry, Albert c.m.
Landry, L'hon. Aldéa c.p., c.m., c.r.
Landry, Antoine c.m.
Landry, Edmond E. c.m.
Landry, Eva June c.m., o.n.s.
Landry, Frederick Lawrence c.m.
Landry, G. Yves o.c.
Landry, Raymond c.m.
Landry, Robert E. c.m.
Landry, Roger D. c.c., o.q.
Landry, L'abbé Ronald c.m.
Landry, Rosemarie c.m.
Landsberg, Michele o.c.
Lane, Elizabeth Ann c.m.
Lane, Patrick o.c.
Lang, Anthony Edward Thomas o.c.
lang, k.d. o.c.
Lang, Hon. Otto p.c., o.c., q.c.
Langan, Sr., Henry J. c.m.
Langer, Bernard o.c.
Langevin, André o.c.
Langevin, Florian c.m.
Langlais, Jacques c.m., c.q.
L'Anglais, Lt. Col. Paul o.c.

Langley, James C. c.m.
Langlois, Daniel o.c., c.q.
Languirand, Jacques o.c., c.q.
Lank, David M. c.m.
Lankin, Hon. Frances p.c., c.m.
Lansdowne, J. Fenwick o.c.
Lanthier, J. Spencer c.m.
Lantos, Robert c.m.
Lanziner, Helmut H. c.m.
LaPalme, Robert o.c.
Lapierre, Jeanne L. c.m.
Lapierre, Laurent c.m.
LaPierre, L'hon. Laurier L. o.c.
Laplante, André o.c.
Lapointe, Col. Hon. Hughes c.p., o.c.,
　c.d., c.r.
Lapointe, L'hon. Jean o.c., o.q.
Lapointe, L'hon. Renaude c.p., c.c.
Lapointe, Suzanne c.m.
Lapp, Philip Alexander o.c.
Laprise, Normand c.m., c.q.
Laracy, Frances c.m.
Larche, John P. c.m.
Larkin, Peter Anthony c.m.
Larose, Roger o.c.
Larrivée, Ricardo c.m.
Laskin, Rt. Hon. Bora p.c., c.c.
Laskin, William c.m.
Lassonde, Maryse o.c., c.q.
Lassonde, Pierre c.m., o.q.
Last, John o.c.
Laszlo, Charles Andrew c.m., o.b.c.
Latourelle, R.P. René o.c., g.o.q.
Latraverse, Guy o.c., c.q.
Latulippe, Gilles c.m., c.q.
Latulippe, Philippe c.m., m.m.m.,
　c.q., c.d.
Lau, Arthur Chui Fu c.m.
Laure, Carole o.c.
Laurence, Margaret c.c.
Laurin, Carroll A. o.c.
Laurin, Ginette c.m.
Laurin, Jacques c.m., c.q.
Laurin, Pierre o.c.
Lautens, Mark o.c.
Lavallée, Omer c.m.
Lavalley, Sarah c.m.
Laverdière, Lise G. c.m.
Laverty, Rev. A. Marshall c.m.
Lavigne, Capt. J. Conrad c.m., c.d.
Lavoie, Jean-Noël c.m.
Lavoie, Pierre c.m., m.s.m., c.q.
Law, Helen M. c.m.

Lawless, Ronald Edward c.m.
Lawrence, Judith A. c.m.
Lawrence, Thomas c.m.
Lawson, John Barker c.m.
Lawson, R. William o.c.
Lawson, Col. Tom c.m., c.d.
Laycock, Samuel R. o.c.
Laycraft, Hon. James H. o.c., q.c.
Layton, Irving o.c.
Lazaridis, Mike o.c.
Lazaridis, Ophelia c.m.
Leach, A. Searle o.c.
Leach, Frederic c.m.
Leacock, Leonard H. c.m.
Leah, Vince c.m.
Leahey, Dennice c.m.
Leal, H. Allan o.c.
Learning, Walter Francis c.m.
Leask, Jean Cecilia o.c.
Leaver, Eric W. o.c.
Lebel, Maurice o.c., o.q.
Leberg, John R. c.m.
LeBlanc, Diana Fowler c.c.
LeBlanc, Eveline o.c.
LeBlanc, Napoléon o.c.
LeBlanc, Raymond P. c.m.
LeBlanc, Le très hon. Roméo c.p., c.c.,
　c.m.m., c.d.
LeBlanc, Suzie c.m.
Leblond, Charles Philippe c.c., g.o.q.
Le Bouthillier, Claude c.m.
LeBoutillier, John c.m.
Le Caine, Trudi c.m.
Lecavalier, Louise o.c.
Lecavalier, René o.c., c.q.
LeClair, J. Maurice c.c.
Leclerc, Félix o.c., g.o.q.
Leclerc, Marc c.m.
Le Dain, Hon. Gerald Eric c.c.
Leddy, John Francis o.c.
Leddy, Mary Jo c.m.
Lederman, William R. o.c.
Leduc, Roland c.m.
Lee, Alma c.m.
Lee, Dennis o.c.
Lee, Douglas A. c.m., c.d.
Lee, Geddy o.c.
Lee, Jack W. c.m., c.q.
Lee, Jack Wai Yen c.m.
Lee, Leonard G. c.m.
Lee, Hon. Philip S. c.m., o.m.
Lee, Ranee c.m.
Lee, Robert G.H. c.m.

Lee, Robert H. C.M., O.B.C.
Leech, James William C.M.
Lefebvre, Arlette Marie-Laure C.M., O.ONT.
Lefebvre, Denise O.C.
Lefebvre, Gilles O.C., C.Q.
Lefebvre, Jacques E. C.M.
Lefebvre, Jean Pierre O.C.
Lefèvre, Alain O.C., C.Q.
LeFort, Elizabeth C.M.
Légaré, J. Bruno C.M.
Legault, Albert C.M.
Legault, R.P. Émile O.C.
Legault, Léonard Hilarion O.C., C.R.
Legendre, Grégoire C.M.
Legendre, Micheline O.C., C.Q.
Léger, Sr. Bella-Marie C.M.
Léger, Gabrielle C.C.
Léger, Le très hon. Jules C.P., C.C., C.M.M., C.D.
Léger, Le cardinal Paul-Emile C.C., G.O.Q.
Léger, L'hon. Viola P. O.C., O.N.B.
Légère, Martin J. O.C.
Legg, Herbert K. C.M.
Legge, Maj. Gen. Bruce Jarvis C.M., C.M.M., E.D., C.D., Q.C.
Legge, Rev. Garth Warren C.M.
Legget, Robert F. C.C.
Leggett, William C. C.C.
LeGrow, Kathleen Pratt C.M.
Lehmann, Heinz F. O.C.
Lehotsky, Rev. Harry C.M.
Leigh, Gp. Capt. Z. Lewis C.M., O.B.E., E.D.
Leighton, David S.R. O.C., A.O.E.
Leinbach, Beatrice Cecile C.M.
Leiss, William O.C.
Leitch, John Daniel O.C.
Lelièvre, Francine C.M., C.Q.
Lemaire, Alain O.C., C.Q.
Lemaire, Bernard O.C.
Lemaire, Laurent O.C., C.Q.
Leman, Paul H. O.C.
Lemay, L'hon. Gérard C.M., C.R.
Lemay, J.E. Raymond C.M.
Le May Doan, Catriona O.C.
Lemelin, Roger C.C., O.Q.
LeMessurier, Mary J. C.M.
LeMeur, R.P. Robert C.M.
Lemieux, Msgr Ernest C.M.
Lemieux, R.P. Germain C.M., O.ONT.
Lemieux, Jean-Paul C.C.
Lemieux, Marie-Nicole C.M., C.Q.
Lemieux, Mario O.C., C.Q.

Lemieux, Michel O.C., C.Q.
Lemieux, Raymond Urgel C.C., A.O.E.
Lemieux, Renaud C.M.
Lemieux, Vincent C.M., O.Q.
Lemire Rodger, Ginette O.C.
Lemire, Jean O.C.
Lemire, Sr. Marie O.C.
Lemire, Michel C.M., C.Q.
Le Moyne, L'hon. Jean O.C.
Leone, Laureano C.M.
Lepage, Robert C.C., O.Q.
LePan, Douglas V. O.C.
Lépine, Jean-François O.C.
Lepofsky, M. David C.M., O.ONT.
LeRoux, Edgar Joseph O.C.
Leroux, Monique F. C.M., O.Q.
Lesage, L'hon. Jean C.P., C.C.
LeSage, Hon. Patrick J. C.M., O.ONT., Q.C.
Le Sauteur, Claude C.M., C.Q.
Lescop, Marguerite C.M.
Leslie, E.C. O.C.
Lespérance, Zotique C.M.
Lessard, Jean-Claude O.C.
Lessard, Pierre H. C.M.
Letendre, H. Victor (Vic) C.M.
Letendre, Joseph Adrien C.M.
Letendre, Rita O.C., O.Q.
Letofsky, Karen C.M.
Letourneau, Charmaine C.M.
Letson, Douglas C.M.
Lett, Evelyn Story O.C.
Leung, S. Wah O.C.
Leung, Sophia Ming Ren C.M.
Levaque, R.P. Joseph Emmanuel Yvon C.M.
Léveillée, Claude O.C.
Lévesque, Claude C.M.
Lévesque, Georges Henri C.C., O.Q.
Lévesque, Jacques C.M., C.Q.
Lévesque, Jean-Louis C.M., O.Q.
Lévesque, Louise C.M., C.Q.
Lévesque, René J.A. O.C.
Lévesque, Suzanne C.M.
Levi, Albert C.M.
Levin, Adeera C.M.
Levine, Boris G. C.M.
Levine, Mark C.M.
Levine, Norman C.M.
Levine, Shar C.M.
Levinson, Wendy O.C.
Levitt, Brian M. O.C.
Levy, Eugene C.M.
Levy, Julia O.C.

Lewar, Stephan Robert C.M., O.ONT.
Lewis, Daurene E. C.M.
Lewis, David C.C.
Lewis, H. Susan C.M., O.M.
Lewis, John F. C.M.
Lewis, Lennox C.M.
Lewis, Margaret Bradshaw C.M.
Lewis, Raymond C.M.
Lewis, Maj. Gen. Reginald William C.M., C.M.M., C.D.
Lewis, Sara Lee C.M.
Lewis, Stephen C.C.
Lewis, Wilfrid Bennett C.C., C.B.E.
Lewry, Louis H. (Scoop) C.M.
Leyrac, Monique O.C.
Leys, Maj. James F. C.M., C.D.
Leyser, Christine C.M.
Leyton-Brown, Howard C.M., S.O.M., D.F.C.
Leyton-Brown, Myrl C.M.
L'Heureux-Dubé, L'hon. Claire C.C., G.O.Q., C.R.
Li, Peter S. C.M.
Liba, Hon. Peter M. C.M., O.M.
Libin, Alvin Gerald O.C., A.O.E.
Lien, Jon C.M., O.N.L.
Liersch, John E. O.C.
Lievonen, J. Mark C.M.
Lifeson, Alex O.C.
Light, Walter Frederick O.C.
Lightfoot, Gordon C.C., O.ONT.
Lighthall, Alice M.S. C.M.
Lilienstein, Lois Ada C.M.
Lilly, Alexander J. C.M.
Lim, Clara Yee C.M.
Limoges, Gérard A. C.M.
Lin, David T.W. C.M.
Lin, Paul Ta Kuang C.M.
Lind, Philip B. C.M.
Lindemann, Jens Horst C.M.
Linden, Hon. Allen O.C.
Linden, Sidney B. C.M., O.ONT.
Linden, Trevor C.M., O.B.C.
Linder, Herman C.M.
Lindner, Ernest O.C.
Lindsay, Anne C.M.
Lindsay, R.P. Fernand C.M., C.Q.
Lindseth, Roy Oliver C.M.
Lindsey, George O.C.
Ling, Daniel O.C.
Ling, Frank C.M.
Ling, Victor O.C., O.B.C.
Linkletter, Charles E. C.M.

Lipsey, Richard G. O.C.
Lismer, Arthur C.C.
Little, Georges C.M.
Little, Jean C.M.
Littlechild, J. Wilton C.M., Q.C.
Livesay, Dorothy O.C., O.B.C.
Livingstone, Donald R. C.M.
Ljungh, Esse W. C.M.
Lloyd, David Stevenson O.C.
Lloyd, Gweneth O.C.
Lobay, Mary C.M.
Lochhead, Kenneth O.C.
Lock, Édouard O.C., C.Q.
Lock, Margaret O.C., O.Q.
Locke, Hon. Charles H. C.C.
Locke, Jack Lambourne C.M.
Lockhart, Leonard H. O.C.
Loder, Millicent C.M.
Loewen, William Herbert C.M.
Loiselle, Jean C.M.
Loiselle, Yvette C.M.
Loman, Judy C.M.
Lomas, Jonathan O.C.
Lomax, James W. C.M.
Lombardi, John-Barbalinardo C.M., O.ONT.
London, Jack R. C.M., Q.C.
Lonergan, Rev. Bernard C.C.
Long, Cecilia E. C.M.
Long, Jack C.M.
Longstaffe, J. Ron C.M.
Loomer, Diane Mary C.M.
Lopes, Ana Paula C.M.
Lord, Gail Dexter C.M.
Lorrain, Louis H. C.M.
Lortie, Andrée C.M.
Lortie, Léon O.C.
Lortie, Louis O.C.
Lortie, Marcel C.M.
Lortie, Pierre C.M.
Loschiavo, Samuel Ralph C.M.
Losier, L'hon. Denis P.C., C.M.
Lougheed, Hon. Edgar Peter P.C., C.C., A.O.E., Q.C.
Loughrey, Carol Elaine Ashfield O.C., O.N.B.
Louie, Alexina O.C., O.ONT.
Louie, Robert O.C.
Louie, Tong C.M., O.B.C.
Lou-Poy, Ronald C.M.
Louvain, Michel C.M., C.Q.
Lovelace Nicholas, Hon. Sandra M. C.M.
Lovsin, Frank L. C.M.

Low, Colin C.M.
Low, James C.M.
Low-Beer, Edith Jacobson C.M., O.Q.
Lowe, Donald McN. O.C.
Lower, Arthur R.M. C.C.
Lowery, Bob C.M.
Lowery, Richard O.C.
Lowy, Frederick Hans O.C.
Lowy, Jacob M. C.M.
Lozano, Andres O.C.
Lozon, Jeffrey C. C.M.
Lucas, Rhona C.M.
Lucht, Bernard C.M.
Lucier, Pierre C.M.
Lucy, Roger V. C.M.
Lui, David Y.H. C.M.
Lukanovich, K. Louis C.M.
Lumb, Jean B. C.M.
Lumbers, Leonard G. C.M.
Lumley, Hon. Edward P.C., C.M.
Lumpkin, Ramona C.M.
Lumsden, Harry G. C.M.
Lumsdon, Jr.,Clifford Douglas C.M.
Lund, Alan W. O.C.
Lundrigan, Arthur R. O.C.
Lundrigan, Harold W. C.M.
Lunn, Janet Louise C.M., O.ONT.
Lupul, Manoly Robert C.M.
Lurie, Steve C.M.
Luscombe, George C.M.
Lush, Norman John C.M.
Lussier, Gaétan O.C.
Lussier, Jean Jacques O.C.
Lussier, Msgr Irénée O.C.
Lutley, Kathleen Mary Jo C.M.
Lyall, William L. C.M.
Lynch, Abbyann Day C.M., O.ONT.
Lynch, Charles Burchill O.C.
Lynch, Hon. Kevin G. P.C., O.C.
Lyon, Hon. Sterling R. P.C., O.C., O.M.
Lyons, Edward A. O.C.
Lyons, Keiko Margaret C.M.
Lyons, Richard C.M.
Lysack, Allan M. C.M.

M

MacArthur, Isabel O.C.
Macartney-Filgate, Terence O.C.
Macaulay, Ann C. C.M.
MacAulay, John A. C.C.
MacBeath, George Boyd C.M., O.N.B.
MacCallum, Elizabeth P. O.C.
MacCuspie, P. Ann C.M.

Macdonald, A.A. O.C.
Macdonald, Brian C.C.
MacDonald, Donald O.C.
MacDonald, Donald C. C.M., O.ONT.
Macdonald, Hon. Donald Stovel P.C., C.C.
MacDonald, Hon. Finlay O.C.
MacDonald, Hon. Flora Isabel P.C., C.C., O.ONT., O.N.S.
MacDonald, George F. C.M.
Macdonald, H. Ian O.C.
MacDonald, Joanne O.C., O.N.L.
Macdonald, John B. O.C.
Macdonald, John Spencer O.C.
Macdonald, Mary Elizabeth C.M.
MacDonald, Neil C.M.
Macdonald, Roderick Alexander O.C.
Macdonald, Ronald St. John C.C., Q.C.
MacDonald, Thelma P. C.M.
MacDonald, Hon. W. Ross O.C.
MacDonell, John A. C.M.
MacDonnell, Hon. James M. C.C.
Macdonnell, Peter L.P. C.M., Q.C.
MacDougall, Hartland M. O.C., C.V.O.
MacDougall, James Colin C.M.
MacDougall, Reford C.M.
MacEachen, Hon. Allan J. P.C., O.C.
Macerollo, Joseph O.C.
MacEwan, Hon. J.W. Grant O.C., A.O.E.
MacGill, Elsie Gregory O.C.
MacGillivray, Allister C.M.
MacGregor, James G. C.M.
MacGregor, Roy O.C.
Macham, Dorothy A. C.M.
MacInnes, Rev. Elaine Rita O.C.
MacInnis, Grace O.C., O.B.C.
MacInnis, Joseph B. C.M., O.ONT.
Mack, Rev. Joseph C. C.M.
MacKay, Alexander Wayne C.M.
MacKay, Bertram R. C.M.
Mackay, Colin B. O.C., Q.C.
MacKay, Donald O.C.
MacKay, Harold O.C., S.O.M., Q.C.
Mackay, Hon. J. Keiller D.S.O., V.D., Q.C.
Mackay, J. Ross O.C.
Mackay, Julien S. C.M.
MacKay, Patricia M. C.M.
MacKay, Robert A. O.C.
MacKeen, Hon. H.P. O.C.
Mackenzie, C. Jack C.C., C.M.G., M.C.
MacKenzie, Harry D. C.M., C.D.
MacKenzie, Maj. Gen. Lewis W. C.M., M.S.C., O.ONT., C.D.
Mackenzie, Maxwell W. O.C., C.M.G.

MacKenzie, Hon. N.A.M. C.C., C.M.G., M.M., C.D., Q.C.
MacKenzie, Walter C. O.C.
MacKimmie, Ross A. O.C.
MacKinnon, Arthur C.M.
MacKinnon, Bruce C.M., O.N.S.
MacKinnon, Dorothy G. C.M.
MacKinnon, Frank O.C.
MacKinnon, Frederick R. O.C.
MacKinnon, Janice C.M., S.O.M.
MacKinnon, R. Peter O.C., Q.C.
Mackintosh, W.A. C.C.
Macklem, Michael K. C.M.
Macklem, Peter Tiffany O.C.
Maclaren, Joy Harvie C.M.
MacLauchlan, H. Wade C.M., O.P.E.I.
MacLean, George Campbell C.M., M.C., Q.C.
MacLean, Hon. J. Angus P.C., O.C.
MacLean, Lloyd D. O.C.
Maclear, Michael O.C.
MacLellan, Elinor Elizabeth C.M.
MacLellan, Keith C.M.
MacLellan, Rt. Rev. Malcom A. O.C.
MacLennan, David H. O.C., O.ONT.
MacLennan, Hugh C.C., C.Q.
MacLennan, Roderick J. C.M.
MacLeod, Alistair O.C.
MacLeod, Gregory Jerome C.M.
MacLeod, Innis G. O.C., Q.C.
MacLeod, J. Ronald O.C.
MacLeod, J. Wendell O.C., O.B.E.
MacLeod, Jean Achmatowicz C.M.
MacLeod, Robert Graham C.M., Q.C.
MacMaster, Hugh Allan (Buddy) C.M., O.N.S.
MacMaster, Natalie C.M.
MacMillan, C. Lamont C.M.
MacMillan, Sir Ernest C.C.
MacMillan, Harriet C.M.
MacMillan, Harvey R. C.C.
MacMillan, Margaret C.C.
MacMillan, Michael I. M. C.M.
MacMillan, Norman John C.C.
MacMillan, Viola C.M.
MacMurray, James Alexander C.M.
MacNabb, Gordon Murray O.C.
MacNamara, Geraldine C.M.
Macnaughton, Hon. Alan Aylesworth P.C., O.C., Q.C.
MacNaughton, John A. C.M.
MacNaughton, John David Francis O.C.
MacNeil, Leo C.M.

MacNeil, Rita C.M., O.N.S.
MacNeil, Robert O.C.
MacNeil, Teresa C.M.
MacNeill, Brian F. C.M.
MacNeill, Isabel O.C., O.B.E.
MacNeill, James William O.C.
MacNeill, Rita V. C.M.
MacPhail, Hon. Robert Lloyd George C.M.
MacPhee, Douglas C.M.
Macpherson, C. Brough O.C.
Macpherson, Dorothy C.M.
MacPherson, Duncan I. C.M.
MacPherson, J. Fraser C.M.
Macpherson, Kathleen C.M.
Macpherson, R. Gordon M. C.M.
MacRae, Herbert Farquhar C.M.
MacRae, Marion Bell C.M.
Mactaggart, Sandy Auld O.C., A.O.E.
Maddin, Guy C.M., O.M.
Madhani, Bahadur C.M.
Magagna, Lino C.M.
Magee, Christine C.M.
Magee, David J. C.M.
Mager, George C. C.M.
Magnacca, Stephen A. C.M.
Magnussen-Cella, Karen O.C.
Mah, Henry Fook Yuen C.M.
Mahabadi, Hadi-Khan O.C.
Maheu, Louise Y. C.M.
Maheu, Renée C.M.
Maheux, George C.M.
Maheux, Msgr J.T. O.C.
Maheux-Forcier, Louise C.M.
Mahoney, Leo James C.M.
Mahoney, William O.C.
Mahood, Clifford Garfield O.C.
Mahovlich, Hon. Francis William C.M.
Maida, Raine C.M.
Maier, Gerald J. O.C., C.D.
Maillet, Andrée O.C., G.O.Q.
Maillet, L'hon. Antonine C.P., C.C., O.Q., O.N.B.
Maillet, Marguerite O.C., O.N.B.
Mailloux, R.P. Noël O.C.
Maini, Jagmohan S. O.C.
Majka, Mary C.M., O.N.B.
Major, Jean-Louis C.M.
Major, Hon. John Charles (Jack) C.C.
Major, Julien C.M.
Major, Leon C.M.
Mak, Tak Wah O.C., O.ONT.
Maksagak, Helen Mamayaok C.M.

Malaison, Roger C.M.

Maldoff, Eric C.M.

Malhotra, Lalita C.M., S.O.M.

Malinowski, Very Rev. Donald M. C.M.

Malkin, Eleanor A. C.M., O.B.C.

Mallett, Jane C.M.

Mallon, Mick C.M.

Maloney, Aidan C.M.

Mancini, Joe C.M.

Mancini, Stephanie C.M.

Mancuso, Salvatore C.M.

Mandela, Nelson C.C.

Manion, John L. O.C.

Manley, Elizabeth C.M.

Manley, Hon. John P. P.C., O.C.

Mann, Anthony T. C.M.

Mann, Susan C.M.

Mannar, M.G. Venkatesh O.C.

Manning, Annie E. C.M.

Manning, Hon. Ernest C. P.C., C.C., A.O.E.

Manning, Leslie (Les) C.M.

Manning, Preston P.C., C.C., A.O.E.

Manning, Thomas H. O.C.

Mannix, Frederick C. O.C.

Mannix, Frederick P. O.C., C.D.

Mannix, Ronald Neil O.C., A.O.E.

Mansbridge, Peter O.C.

Manson, Gen. Paul D. O.C., C.M.M., C.D.

Manuel, Edith E. C.M.

Manuel, George O.C.

Manyfingers, Helen C.M.

Mappin, Judith C.M.

Mara, George Edward C.M.

Maranda, Pierre C.M.

Marchand, Azilda L. C.M., C.Q.

Marchand, L'hon. Jean C.P., C.C.

Marchand, Hon. Leonard S. P.C., C.M., O.B.C.

Marchessault, Robert H. O.C.

Marchildon, R.P. Arthur C.M.

Marcil, André O.C.

Marcil, Monique C.M.

Marcon, Norman Emilio O.C.

Marcotte, R.P. Célestin (Paul-Émile) C.M., C.Q.

Marcotte, Gilles C.M., O.Q.

Marcotte, Raymond J. C.M.

Marcoux, Rémi C.M., O.Q.

Marden, A. Hollis C.M.

Mardon, Austin A. C.M.

Margison, Richard Charles O.C.

Margolese, Richard Gordon C.M.

Margolis, Leo O.C.

Marin, Charles-Eugène C.M.

Marin, L'hon. René J. C.M., O.M.M., O.ONT., C.D.

Marion, Alain C.M.

Marion, Léo C.C.

Marion, Séraphin O.C.

Markin, Allan P. O.C., A.O.E.

Marlatt, Daphne B. C.M.

Marleau, Denis O.C., C.Q.

Marmet, Paul O.C.

Maroun, Falah B. C.M.

Marquis, Paul-Yvan C.M.

Marrie, Thomas J. C.M.

Marrus, Michael Robert C.M.

Marsan, Jean-Claude O.C.

Marsden, K. Barry C.M., O.B.C.

Marsden, Lorna R. C.M., O.ONT.

Marsh, James Harley C.M.

Marshall, Col. Hon. Jack C.M., C.D.

Marshall, Joseph B. C.M., O.N.S.

Marshall, Kenric R. C.M.

Marshall, Lois C.C.

Marshall, William C.M.

Marshall, William L. O.C.

Martens, Ethel G. C.M.

Martens, Patricia C.M.

Martin, Albert O.C.

Martin, Carol C.M.

Martin, Claire C.C., O.Q.

Martin, Fred V. C.M.

Martin, Frederic Shaw C.M.

Martin, Hon. Goldwin Arthur C.C., Q.C.

Martin, Rt. Hon. Paul P.C., C.C.

Martin, Rt. Hon. Paul P.C., C.C., Q.C.

Martin, R.P. Paul-Aimé C.M.

Martin, Richard C.M.

Martin, Roger L. C.M.

Martineau, Jean C.C., C.R.

Martland, Hon. Ronald C.C., A.O.E., Q.C.

Mascoll, Beverly Sharon C.M.

Masliyah, Jacob H. O.C.

Mason, Norman Byron (Dutch) C.M.

Masry, Salem C.M., O.N.B.

Massé, L'hon. Marcel C.P., O.C., C.R.

Mary of the Annunciation O.C.

Massé, René C.M.

Massey, Rt. Hon. Vincent P.C., C.H., C.C.

Masson, Henri O.C.

Masui, Yoshio O.C.

Matas, David C.M.

Matheson, Col. Alexander D.M. C.M., O.M.M., C.D.

Matheson, Florence I. O.C.

Matheson, Hon. John Ross O.C., C.D., Q.C.

Matheson, Robert S. C.M., Q.C.

Mathewson, Francis A.L. C.M.

Mathieu, Roméo C.M.

Matte, Monica C.M.

Matte, Nicolas M. O.C., C.Q., C.R.

Matthews, Charles A.G. C.M.

Matthews, F. Richard C.M., Q.C.

Matthews, Jaymie M. O.C.

Matton, Roger O.C.

Mauffette, Guy C.M., G.O.Q.

Mauro, Arthur V. O.C., O.M., Q.C.

Mauro, Ermanno O.C.

Mawani, Nurjehan C.M.

Maxwell, Judith C.M.

May, Arthur W. O.C.

May, Elaine R. C.M.

May, Elizabeth O.C.

Maybee, Kenneth C.M., O.M.M., C.D.

Mayberry, John T. C.M.

Mayne, William M. C.M.

Mayrand, L'hon. Albert O.C.

Mazankowski, Rt. Hon. Donald P.C., C.C., A.O.E.

McAdam, Vernon F. O.C.

McAllister, Robert Donald C.M.

McAnuff, Des C.M.

McArthur, George Arnold C.M.

McArthur, John H. O.C.

McArthur, Helen O.C.

McAskie, Carolyn O.C.

McAvity, John G. C.M.

McBean, Gordon Almon C.M.

McBean, Marnie O.C., M.S.M.

McBride, Donald G. C.M.

McBride, Joan H. C.M.

McBurnie, Eric C.M.

McCaig, John Robert C.M.

McCaig, Margaret Ann C.M., A.O.E.

McCain, Allison C.M.

McCain, G. Wallace F. C.C., O.N.B.

McCain, H. Harrison C.C.

McCain, Laura B. C.M.

McCain, Hon. Margaret Norrie C.C., O.N.B.

McCall, Robert D. C.M.

McCall MacBain, John O.C.

McCallion, Hazel C.M.

McCambly, James A. C.M.

McCarthy, Doris C.M., O.ONT.

McCarthy, Grace Mary O.C., O.B.C.

McCarthy, Rev. J. William C.M., C.D.

McCarthy, Josephine C.M.

McChesney, Robert D. C.M.

McClelland, Jack C.C.

McClure, Robert B. C.C.

McConica, Rev. James Kelsey O.C.

McConnell, Robert Murray Gordon O.C.

McCorkell, Rev. Edmund J. O.C.

McCormick, Evan C.M.

McCready, Margaret Scott C.M.

McCreary, John F. O.C.

McCrimmon, Frederick G. C.M.

McCuaig, Stanley H. C.M., Q.C.

McCubbin, Dean C.M.

McCulloch, Mary Rose C.M.

McCulloch, Ernest A. O.C.

McCullough, Mattie L. C.M.

McCurdy, Howard C.M., O.ONT.

McDonald, Annetta C.M.

McDonald, Arthur B. C.C., O.ONT.

McDonald, Bob O.C.

McDonald, Graeme Donald C.M., C.D.

McDonald, Leslie C.M.

McDonald, Lynn C.M.

McDonald, Piers O.C.

McDonald, Wendy Burdon C.M.

McDonough, Alexa O.C., O.N.S.

McDougall, Hon. Barbara P.C., O.C.

McDougall, Ian Walter C.M.

McDougall, J. Cecil (Alexandrina) O.C.

McDougall, Médéric Zéphirin C.M.

McDowell, Charles Alexander O.C.

McEachren, Col. Frank F. C.M., C.V.O., E.D., C.D.

McElman, Frederick Charles C.M.

McEntee, Rev. Thomas D. C.M., C.D.

McEwen, James O.C.

McEwen, Murray D. C.M.

McEwen, Robert R. C.M.

McFarlane, James Ross O.C., C.D.

McGarrigle, Anna C.M.

McGarrigle, Kate C.M.

McGarry, John O.C.

McGavin, Gerald A.B. C.M., O.B.C.

McGeer, Edith G. O.C., O.B.C.

McGeer, Patrick L. O.C., O.B.C.

McGibbon, Hon. Pauline M. C.C.

McGinnis, Brig. Gen. John A. C.M., C.D.

McGinnis, Lloyd Robert O.C.

McGonigal, Hon. Pearl Kathryne C.M., O.M.

McGrath, Rev. Desmond T. O.C.

McGrath, Patrick J. O.C.

McGrath, Susan C.M.

McGreevy, John H.C. C.M.

McGregor, Gordon R. c.c.
McGregor, Maurice o.c., c.q.
McGuinness, Frederick George
    c.m., o.m.
McGuire, Maura o.c.
McIlwraith, Vernon c.m.
McInnes, Barbara c.m.
McInnes, Donald o.c., q.c.
McInnes, Jennie Elizabeth c.m.
McInnis, Mary Hamilton c.m.
McInnes, Roderick R. c.m., o.ont.
McIntosh, Clifford M. c.m.
McIntyre, G. Scott c.m.
McIntyre, Preston c.m.
McIntyre, Hon. William Rogers c.c., q.c.
McIver, Vera E. c.m.
McIvor, Daniel E. c.m.
McIvor, Edna Hellen c.m.
McKay, Alexander Gordon o.c.
McKay, Don c.m.
McKay, Mae F. c.m.
McKeag, Col. Hon. William John c.m.,
    o.m., c.d.
McKeever, Katherine c.m.
McKellar, Don c.m.
McKellar, John Duncan c.m., q.c.
McKelvey, E. Neil o.c.
McKenna, Hon. Frank p.c., o.c., o.n.b.
McKenna, Marianne o.c.
McKennitt, Loreena c.m., o.m.
McKeough, William Darcy o.c.
McKercher, Peggy c.m., s.o.m.
McKichan, Alasdair J. c.m.
McKillop, Fr. Tommy c.m.
McKim, Joan M. c.m.
McKinnon, Donald c.m.
McKinnon, Frank L. c.m.
McKinnon, Hector B. c.c.
McKinstry, Nancy c.m.
McKnight, Linda E. c.m.
McLachlan, Donald R. o.c.
McLachlan, Sarah o.c., o.b.c.
McLaren, Digby Johns o.c.
McLaren, Norman c.c., c.q.
McLaren, Richard H. o.c.
McLauchlan, Murray c.m.
McLaughlin, Hon. Audrey p.c., o.c.
McLaughlin, George Robert c.m.
McLaughlin, Isabel c.m.
McLaughlin, John c.m., o.n.b.
McLaughlin, M. Michaelena c.m.
McLaughlin, R.S. c.c.
McLaughlin, W. Earle o.c.
McLean, Charles Grant c.m.

McLean, Ellen Signe o.c.
McLean, Eric D. o.c.
McLean, Hugh John c.m.
McLean, Kenneth c.m.
McLean, Stuart o.c.
McLellan, Hon. A. Anne p.c., o.c.
McLennan, Katharine o.c.
McLeod, Joanne E. c.m.
McLeod, Margaret L. c.m.
McLeod, Norman William c.m.
McLeod, Thomas Hector
    MacDonald c.m.
McLoughlan, James W. c.m., c.d.
McLuhan, Marshall c.c.
McMaster, Gerald R. o.c.
McMichael, Robert c.m.
McMillan, Very Rev. Kenneth G. c.m.
McMurtry, Hon. Roland Roy o.c.,
    o.ont., q.c.
McMurtry, Robert Younghusband c.m.
McNab, Hilliard c.m.
McNair, Hon. J.B. c.c.
McNally, Edward E. c.m.
McNaught, Kenneth William o.c.
McNaughton, Shirley Helen c.m.
McNee, Nancy Flora c.m.
McNeil, Jeremy Nichol c.m.
McNiven, Malcolm Bruce c.m.
McNulty, Carolyn Irene c.m.
McPhedran, Marilou c.m.
McPhee, W.R. (Bob) c.m.
McPherson, Gary William Wilcox
    c.m., a.o.e.
McPherson, Marvelle c.m.
McQueen, Trina o.c.
McQuoid, Albert H. c.m.
McRae, Donald Malcolm c.c.
McRuer, Hon. James Chalmers o.c.
McTaggart-Cowan, Ian o.c., o.b.c.
McTaggart-Cowan, Patrick D. o.c., m.b.e.
McWeeny, Elizabeth c.m.
McWhinney, Ian Renwick o.c.
Meadmore, Marion I. c.m.
Meagher, Margaret o.c.
Meakins, Jonathan Larmonth o.c.
Meaney, Michael c.m., c.q.
Medland, C. Edward c.m.
Medovy, Harry o.c.
Meech, Horace W. c.m.
Meeker, Howard (Howie) William c.m.
Meekison, J. Peter o.c.
Meeks, Donald E. c.m.
Megarry, A. Roy o.c.
Mehta, Deepa o.c., o.ont.

Mehta, Zarin c.m.
Meighen, Hon. Michael A. c.m.
Meikle, Christine c.m.
Meisel, John c.c.
Meisels, Alexander c.m.
Meisen, Axel c.m.
Melançon, Claude o.c.
Mellin, Robert c.m.
Melnikoff, Victor Michael c.m.
Meloche, Pierre o.c.
Melosky, Louis c.m.
Melville-Ness, Thomas R. c.m.
Melzack, Ronald o.c.
Ménard, L. Jacques c.c., o.q.
Mendel, Frederick c.m.
Mendelsohn, Nathan Saul c.m.
Menzies, Arthur Redpath c.m.
Menzies, Heather Anne c.m.
Menzies, S. June c.m., o.m.
Mercer, Richard Vincent o.c.
Mercer, Ruby c.m.
Mercier, Ernest o.c.
Mercier, François o.c., c.r.
Mercure, Monique c.c., g.o.q.
Mercure, Oscar c.m.
Merrick, Angus c.m.
Messner, Patricia M. c.m.
Metcalf, John c.m.
Metrakos, Julius D. c.m.
Meyerhof, George Geoffrey c.m.
Meyers, John E. c.m.
Michaels, Lorne c.m.
Michalos, Alex Charles c.m.
Michaud, Marguerite c.m.
Michaud, Neil Joseph c.m.
Michaud, Pierre c.m.
Michaud, L'hon. Pierre A. o.c., o.q., c.r.
Michaud, L'abbé Robert c.m.
Michaud, Sylvio c.m.
Michel, Dominique o.c., c.q.
Michener, Norah Evangeline c.c.
Michener, Rt. Hon. Roland p.c., c.c.,
    c.m.m., c.d.
Mickelson, Norma Irene c.m., o.b.c.
Midha, Kamal K. c.m.
Mifflen, Jessie Beaumont c.m.
Mighton, John o.c.
Miki, Arthur K. c.m.
Miki, Roy A. c.m., o.b.c.
Miles, John C. c.m.
Milic-Emili, Joseph c.m.
Millaire, Rodolphe Albert c.c., c.q.
Millar, Ian D. c.m.
Miller, Arliss c.m.

Miller, Donovan F. o.c.
Miller, A.C.M. Frank R. c.c., c.b.e., c.d.
Miller, James Edwin Harris c.m., c.d.
Miller, James Rodger o.c., s.o.m.
Miller, Leonard c.m.
Miller, Louise c.m., a.o.e.
Miller, M. Corinne Church c.m.
Miller, Michael J. c.m.
Miller, Monique o.c., g.o.q.
Millerd, William c.m.
Millette, Imelda c.m., c.q.
Millican, Harold S. c.m.
Milliea, Mildred c.m.
Milliken, Hon. Peter p.c., o.c.
Mills, Alan c.m.
Mills, Donald Oliver c.m.
Mills, John Vernor o.c., q.c.
Mills, Thora R. c.m.
Milne, Rose Eleanor c.m.
Milner, Brenda c.c., g.o.q.
Milner, H.R. c.c., q.c.
Milner, Stanley Albert o.c., a.o.e., c.d.
Milroy, Lt. Gen. William Alexander c.m.,
    d.s.o., c.d.
Milvain, Hon. J. Valentine o.c., q.c.
Minden, Karen c.m.
Mingo, J. William E. c.m., q.c.
Minhinnick, Jeanne c.m.
Minter, Brian Earl c.m.
Minter, Roy Seymour c.m., c.d.
Mintz, Jack c.m.
Mintzberg, Henry o.c.
Mirvish, David c.m., o.ont.
Mirvish, Edwin o.c., o.ont., c.b.e.
Mirwald, Rita c.m.
Mistry, Rohinton c.m.
Mitchell, Charles Stuart c.m.
Mitchell, David E. o.c.
Mitchell, Douglas c.m., a.o.e., q.c.
Mitchell, Joni c.c.
Mitchell, Kenneth Ronald c.m.
Mitchell, Hon. Lois c.m., a.o.e.
Mitchell, Hon. William O. p.c., o.c.
Miyazaki, Masajiro c.m.
Moffatt, Garfield McLeod c.m.
Moffatt, Harding P. c.m.
Moffat, Randall c.m.
Moiseiwitsch, Tanya o.c.
Mol, Leo o.c., o.m.
Molinari, Guido o.c.
Mollard, John D. A. o.c.
Molloy, W. Thomas o.c., s.o.m., q.c.
Molnar, Emily c.m.
Molson, Colin John G. c.m.

Molson, Eric H. C.M., O.Q.
Molson, Hon. Hartland de Montarville O.C., O.B.E.
Monahan, Iona C.M.
Moncel, LGen. Robert W. O.C., D.S.O., O.B.E., C.D.
Mondor, Roger B. C.M.
Monette, Richard C.M.
Mongeau, Nicole-Henriette C.M.
Monk, Allan James O.C.
Monk, Lorraine O.C., O.ONT.
Monnin, L'hon. Alfred Maurice O.C., O.M., C.R.
Monroe, Abbey C.M., Q.C.
Montague, Terrence C.M., C.D.
Montaner, Julio O.C., O.B.C.
Montmarquette, Claude C.M.
Montpetit, Cécile J.G. C.M.
Monture, Gilbert C. O.C.
Monty, Jean C. C.M.
Moody, Robert Vaughan O.C.
Moody, Rufus Ezra C.M.
Moore, Very Rev. Arthur B. O.C.
Moore, Audrey L. C.M.
Moore, Donald W. C.M.
Moore, Dora Mavor O.C.
Moore, Dorothy C.M., O.N.S.
Moore, J. Mavor C.C., O.B.C.
Moore, Trevor F. C.M.
Moore, Hon. W. Kenneth C.M., Q.C.
Moore, Rev. William W. O.C.
Morales, Alvaro C.M.
Moran, Patrick Joseph C.M.
Moran, Susan M. C.M.
Morant, Nicholas Everard C.M.
Morawetz, Oskar C.M., O.ONT.
Morden, John Reid C.M.
Morden, Hon. John Wilson C.M.
Moreau, Gérald C.M.
Moreau, Jean-Guy C.M.
Morelli, Rev. James J. C.M.
Morency, Pierre O.C., C.Q.
Morgan, Bernice C.M.
Morgan, Gwyn C.M.
Morgan, Moses Osborne C.C., C.D.
Morgan-Hayes, Pegi C.M.
Morgenstern, Norbert Rubin C.M., A.O.E.
Morgentaler, Henry C.M.
Morin, R.P. Clément C.M., G.O.Q
Morin, Diane C.M.
Morin, Dollard C.M.
Morin, L'hon. Yves O.C., O.Q.
Morisset, R.P. Auguste-M. C.M.
Morisset, Renée O.C.

Morisset, Richard C.M.
Moriyama, Raymond C.C., O.ONT.
Morley, Lawrence Whitaker O.C.
Moroni, David L. C.M.
Morrice, Audrey Atrill C.M., A.O.E.
Morris, Alwyn C.M.
Morris, George H. O.C.
Morris, Joseph C.C.
Morris, Ruth Rittenhouse C.M.
Morrison, Bram C.M.
Morrison, Diane C.M., O.ONT.
Morrison, James H. C.M.
Morrison, Mary O.C.
Morrison, Richard Ian Guy C.M.
Morrison, Russell J. C.M.
Morrisseau, Norval C.M.
Morrow, Avrum C.M.
Morrow, Patrick Allan C.M.
Morse, Alton L. C.M.
Morse, Eric W. C.M.
Mortifee, Ann C.M.
Mortimer, Ann C.M.
Morton, Desmond D.P. O.C., C.D.
Morton, Elizabeth H. O.C.
Morton, Helen J. O.C.
Morton, W.L. O.C.
Moshansky, Hon. Virgil P. C.M., Q.C.
Mosher, Terry O.C.
Mossing, Robert Lynn C.M.
Motut, Roger G. C.M.
Mouawad, Wajdi O.C., C.Q.
Mouchet, Fr. Jean-Marie C.M.
Mount, Balfour M. O.C., O.Q.
Mount Pleasant-Jetté, Corinne C.M.
Mowafaghian, Djavad C.M., O.B.C.
Mowat, Douglas L. C.M.
Mowat, Farley McGill O.C.
Mozes, Alexander C.M.
Mufti, Aftab Ahmad C.M.
Muhlstock, Louis O.C.
Mulder, David S. C.M.
Mulder, Nick O.C.
Muldon, Earl O.C.
Mulroney, Rt. Hon. Brian P.C., C.C., G.O.Q.
Mulvihill, John C.M.
Munday, Phyllis B. C.M.
Mundell, Robert C.C.
Mundle, Sgt. John James Alexander C.M.
Munk, Peter C.C.
Munn, Mary Elizabeth C.M.
Munro, Grant O.C.
Munro, Jack C.M.
Munro, James Armstrong C.M.

Munro, Raymond Alan C.M.
Munro, Ross O.C., O.B.E.
Munroe-Blum, Heather O.C., O.Q.
Munsch, Robert N. C.M.
Murakami, Takashi C.M.
Murdoch, Matilda C.M., O.N.B.
Murdoch, Peter Ernest C.M.
Murphy, John J. C.M.
Murphy, Rev. Joseph Stanley C.M.
Murphy, Noel Francis C.M.
Murphy, Sean C.M.
Murray, Anne C.C., O.N.S.
Murray, Athol O.C.
Murray, Donald W.G. C.C.
Murray, Elizabeth C.M.
Murray, Geoffrey Stuart C.M.
Murray, Jane B.D. C.M.
Murray, Kenneth George C.M.
Murray, V. Adm. Lawrence C.M., C.M.M., C.D.
Murray, Margaret O.C.
Murray, Robert D. O.C.
Murray, Robert George Everitt O.C.
Murray, Robert Gray C.M.
Murray, Thomas John O.C., O.N.S.
Murray, Timothy M. C.M.
Murrell, Col. J.E.V. C.M., E.D., C.D.
Murrell, John O.C., A.O.E.
Mussallem, Helen K. C.C.
Mustard, J. Fraser C.C., O.ONT.
Mustard, William T. O.C., M.B.E.
Mysak, Lawrence A. C.M.

N

Nadeau, Marie-José C.M.
Nadeau, Pierre O.C., C.Q.
Nadon, Guy C.M.
Naimark, Arnold O.C., O.M.
Nakamura, Hiroshi C.M.
Nakonechny, Geraldine C.M.
Nappaaluk, Mitiarjuk Attasie C.M.
Naqvi, Mahmood A. C.M., O.N.S.
Narang, Saran A. O.C.
Narveson, Jan F. O.C.
Nasgaard, Roald O.C.
Nash, E. Peter W. C.M.
Nash, Knowlton O.C.
Nash, Stephen (Steve) O.C., O.B.C.
Nasook, Rev. Canon Noah C.M.
Nattiez, Jean-Jacques O.C., C.Q.
Nattrass, Susan Marie O.C.
Nault, Fernand O.C., C.Q.
Naylor, C. David O.C.
Nazar, Linda F. O.C.

Neale, E.R. Ward O.C.
Neatby, Hilda C.C.
Ned, Annie C.M.
Needler, Alfred W.H. C.M., O.B.E.
Needles, Dan C.M.
Needles, William C.M.
Neel, Louis Boyd O.C.
Neilson, Roger P. C.M.
Neish, Arthur Charles O.C.
Nelson, Fiona C.M.
Nelson, Larry C.M.
Nelson, Margaret Jean C.M.
Nemer, Mona C.M., C.Q.
Nemetz, Hon. Nathaniel Theodore C.C., O.B.C., Q.C.
Nepveu, Pierre C.M.
Nesbitt, Mary O.C.
Ness, Robert Earle C.M.
Nestor, Daniel C.M.
Netten, Joan C.M.
Neve, Alex O.C.
Neville, John C.M., O.B.E.
New, William H. O.C.
Newall, J.E. (Ted) O.C.
Newall, Margaret C.M.
Newbery, Andrina B. C.M.
Newbery, J.W. Edward C.M.
Newbery, Peter J. C.M., O.B.C.
Newcombe, Hanna C.M.
Newell, Carol C.M.
Newell, Eric P. O.C., A.O.E.
Newell, Matt M. C.M.
Newell, Rev. William J. C.M.
Newfeld, Frank C.M.
Newman, Donald C.M.
Newman, Murray A. C.M., O.B.C.
Newman, Peter Charles C.C., C.D.
Newman, Sydney O.C.
Newmark, John H. O.C.
Newton, Christopher C.M.
Ney, Frederick J. O.C.
Nézet-Séguin, Yannick C.C., O.Q.
Nichol, Hon. John Lang C.C.
Nicholas, Cynthia Maria C.M.
Nicholas, Hon. Graydon C.M., O.N.B.
Nichols, Cal C.M.
Nicholls, Ralph William O.C.
Nicholls, Robert V.V. C.M.
Nicholson, Very Rev. Clarence M. O.C.
Nicholson, Cmmr. L.H. O.C., M.B.E.
Nicholson, Malcolm O.C.
Nicholson, Peter John MacKenzie C.M.
Nicol, Eric C.M.
Nicol, Wesley C.M.

Nicoll, Catherine A. C.M.
Nielsen, Kenneth F. C.M.
Nielsen, Leslie O.C.
Nielsen, Niels Ole C.M.
Nilsson, K. Alexander C.M.
Nimmons, Phil O.C., O.ONT.
Nitsman, Sybilla C.M.
Nixon, Gordon Melbourne C.M., O.ONT.
Nixon, Howard R. O.C.
Nixon, Patrick R. C.M., A.O.E.
Noble, Cynthia E.S. C.M.
Noble, Robert Laing O.C.
Nodwell, Bruce O.C.
Nolan, V. Ann C.M.
Nold, Werner C.M.
Nornabell, Christine F. C.M.
Norrie, William C.M., O.M., Q.C.
Norris, A. Willy C.M.
North, Richard Parsons (Dick) C.M.
North, Rudolph C.M., O.B.C.
Northcote, Lorna Ann C.M.
Northcott, David S. C.M., O.M.
Northcott, Ron C.M.
Northorp, Supt. Bruce Lionel C.M.
Noseworthy, Thomas W. C.M.
Notley, Wilfred L. C.M.
Nottaway, Kokom Lena C.M.
Noyek, Arnold M. O.C.
Nutarak, Sr., Cornelius C.M.
Nutt, Samantha Joan C.M., O.ONT.
Nutter, Most Rev. Harold Lee C.M.
Nuytten, Rene Theophile O.C., O.B.C.

O

Oakie, Alfred Umberto C.M.
Obata, Roger S. C.M.
Oberlander, Cornelia Hahn O.C.
Oberlander, H. Peter O.C.
Obomsawin, Alanis O.C.
O'Brien, Allison D. C.M.
O'Brien, Audrey C.M.
O'Brien, Daniel C.M., O.N.B.
O'Brien, David P. O.C.
O'Brien, V. Adm. John C. O.C., C.D.
O'Brien, Morag C.M.
O'Brien, Philip C.M.
O'Brien, Sheila C.M.
O'Connor, Hon. Dennis R. O.C.
O'Connor, Patricia C.M.
Oddera, Claire C.M., C.Q.
Oddie, Emmie C.M.
O'Dea, Frank O.C.
O'Dea, Shane C.M., O.N.L.
Odette, Edmond G. C.M.

O'Dette, John Herbert C.M.
Odette, Louis Lawrence C.M.
Odjig, Daphne C.M., O.B.C.
O'Donnell, John C. C.M.
O'Donovan, Ron C.M.
O'Donovan, Valentine C.M.
Offord, David Robert Dan C.M.
O'Flaherty, Mary Catherine C.M.
O'Flaherty, Patrick C.M.
O'Gallagher, Marianna C.M., C.Q.
Ogilvie, Kelvin K. C.M.
Ogilvie, Will C.M.
Ogle, Rev. Robert J. O.C., S.O.M.
O'Grady, Thomas Bernard C.M.
Oke, Timothy R. O.C.
O'Keefe, Gertrude C.M.
Okpik, Abe C.M.
Oland, Bruce S. C.M.
Oland, Derek O.C.
Oland, Jacqueline C.M.
Oland, Philip W. O.C., C.D.
Oland, Richard Henry O.C.
Oland, Hon. Victor de B. O.C., E.D., C.D.
Olds, John M. O.C.
O'Leary, Harold (Hal) C.M.
Oligny, Huguette C.C.
Oliphant, Betty C.C.
Oliver, Craig O.C.
Oliver, Michael Kelway O.C.
Oliver, Rev. William P. C.M.
Omidvar, Ratna C.M., O.ONT.
Ondaatje, Michael O.C.
Ondaatje, Philip Christopher O.C.
O'Neil, Jean C.M., C.Q.
O'Neil, Maureen O.C.
O'Neil, William Andrew C.M., C.M.G.
O'Neill, Florence M. C.M.
O'Neill, John Stafford C.M.
O'Neill, Paul C.M., O.N.L.
Onley, Toni O.C.
Oonark, Jessie O.C.
Ootova, Elisapie Killiktee C.M.
Opheim, Eloise E. C.M.
Oppenheimer, Tamar O.C.
Orbinski, James O.C., M.S.C., O.ONT.
O'Ree, Willie E. C.M., O.N.B.
Ormsby, Margaret Anchoretta
    C.M., O.B.C.
Orr, Marion A. Powell C.M.
Orr, Robert G. O.C.
Orser, Brian O.C.
Orser, Earl Herbert C.M.
Orsini, Marina C.M., C.Q.
Orsino, Philip O.C.

Orvis, Brian N. C.M.
Osbaldeston, Hon. Gordon F. P.C., C.C.
Osborne, Robert F. C.M.
Osmond, Dennis G. C.M., M.B.
Ostanek, Walter C.M.
Ostapchuk, Emily C.M.
Ostashewsky, Roman J. C.M.
Oster, Al C.M.
Ostertag, Heather E. C.M.
Ostiguy, Jean P.W. O.C.
Ostrom, Walter C.M.
Ostry, Bernard C.C.
Ostry, Sylvia C.C., O.M.
O'Sullivan, Rev. Sean Patrick Paul C.M.
Otis, Léonard C.M.
Otis, L'hon. Louise O.C., O.Q.
Ottenbrite, Anne C.M.
Ouellet, Fernand O.C.
Ouellette, Adrien C.M.
Ouimet, J.-Alphonse C.C.
Ouimet, J.-Robert C.M., C.Q.
Outerbridge, Col. Hon. Leonard C. C.C.,
    C.B.E., C.D.
Ouvrard, Pierre C.M.
Ovans, Charles D. C.M.
Owen, Philip W. C.M.
Owen, Hon. Walter S. O.C.
Oxner, Sandra Ellen O.C.
Oxorn, Harry C.M.
Ozmon, Kenneth Lawrence O.C.

P

Pace, Robert C.M.
Pacey, Elizabeth C.M.
Pachai, Bridglal C.M., O.N.S.
Pachter, Charles O.C.
Pack, D. Mary C.M.
Packham, Marian C.M.
Pada, Lata C.M.
Paddon, Hon. William Anthony O.C.
Page, Garnet T. O.C.
Page, Justin C.M.
Page, Margaret Ruth C.M., C.D.
Page, P.K. C.C., O.B.C.
Page, Rodolphe C.M.
Paikin, Marnie C.M.
Paikin, Steve O.C., O.ONT.
Paikowsky, Sandra C.M.
Paine, Robert Patrick Barten C.M.
Paisley, Brian C.M.
Palardy, Jean O.C., G.O.Q.
Pallascio-Morin, Jean-Louis Ernest
    C.M., C.Q.
Pallister, Alfred Ernest O.C., A.O.E.

Palm, Jocelyn C.M.
Palmer, James Simpson C.M., A.O.E., Q.C.
Palmer, John C.M.
Palomino, Mercédes C.M., C.Q.
Paltiel, Freda L. C.M.
Paltiel, Sarah Weintraub C.M.
Panabaker, John H. C.M.
Panaro, Mary Adamowska C.M.
Panzica, Norman S. C.M.
Papachristidis, Phrixos B. C.M.
Papillon, Jacques O.C.
Papineau-Couture, Jean C.C., G.O.Q.
Paquet, Gilles C.M.
Paquet, Jean-Guy C.C., G.O.Q.
Paquette, André C.M.
Paquette, Sr. Gilberte C.M.
Paquette, René C.M., C.D.
Paquette-Goyette, Suzanne C.M., C.Q.
Paquin, Marie-Thérèse C.M.
Paradis, Andrée O.C.
Paradis, Blanche O.C.
Paré, Jean C.M.
Paré, Marcel O.C.
Paré, Paul O.C.
Paré, Simone C.M.
Parekh, Navin M. C.M.
Parent, Msgr Alphonse-Marie C.C.
Parent, Léonard C.M.
Parent, Omer O.C.
Parent, R.P. Pascal C.M.
Parfrey, Patrick S. O.C.
Paris, Erna C.M.
Paris, William Philip C.M.
Pariseau, Jean C.M., C.D.
Pariseault, Philippe C.M.
Parisotto (Cesira), Anselme Marie
    C.M., G.O.Q.
Parker, Alton C. C.M.
Parker, F. Thomas C.M.
Parker, Gudrun J.B. O.C.
Parker, John H. O.C.
Parker, Jon Kimura O.C.
Parker, Raymond C. O.C.
Parker, William J. O.C.
Parkin, John C. C.C.
Parr, Patricia C.M.
Parrish, William Bruce C.M.
Parr-Johnston, Elizabeth C.M.
Parsons, Richard C.M.
Parsons, Timothy R. O.C.
Partridge, David G. C.M.
Pascal, Arthur P. C.M.
Pascal, Charles E. C.M.
Paschal, Ada Geneva C.M.

Pashby, Thomas Joseph C.M.
Pasternak, Eugenia C.M.
Pate, Kimberly C.M.
Patel, Yogesh C. C.M.
Patenaude, J.-Z. Léon C.M.
Paterson, Alexander Kennedy O.C., O.Q., Q.C.
Paterson, Rowan O.C.
Pathy, Constance V. C.M., C.Q.
Pathy, Laurence G. C.M.
Patkau, John C.M.
Patkau, Patricia C.M.
Patry, Gilles G. C.M., O.ONT.
Patten, Monica C.M.
Patten, Susan H. C.M., O.N.L.
Patterson, Bonnie Marie C.M., O.ONT.
Patterson, Freeman C.M., O.N.B.
Patterson, Gordon Neil O.C.
Patterson, H. Thomas O.C., O.ONT.
Pattison, James Allen O.C., O.B.C.
Pauk, Alexander Peter C.M.
Paul, Daniel N. C.M., O.N.S.
Paul, Peter Lewis C.M.
Paul, Ross H. C.M.
Pavelic, Myfanwy Spencer C.M.
Pawley, Hon. Howard Russell P.C., O.C., O.M., Q.C.
Pawson, Anthony James O.C.
Pawson, Geoffrey L. C.M., S.O.M.
Payette, Julie O.C., C.Q.
Payne, Alice V. C.M.
Payne, Julien D. C.M., Q.C.
Payne, Trevor W. C.M.
Peacock, Albert E. C.M.
Peacock, Rev. F.A.W. O.C.
Peacock, Kenneth H. C.M.
Peacocke, Charles Thomas C.M.
Peacocke, Brig. Gen. (S.A.) Elizabeth C.M.
Peaker, Charles C.M.
Pearkes, Maj. Gen. Hon. George R. P.C., V.C., C.C., M.C., C.D.
Pearse, Peter H. C.M.
Pearson, F. Griffith C.M.
Pearson, Geoffrey A.H. O.C.
Pearson, H.J. Sanders C.M.
Pearson, Hugh E. C.M.
Pearson, Hon. Landon O.C.
Pearson, Rt. Hon. Lester B. P.C., O.M., C.C., O.B.E.
Pearson, William Burton C.M., D.F.C.
Peart, Neil E. O.C.
Pecaut, David Kent C.M.
Peck, Watson C.M.

Pedersen, K. George O.C., O.ONT., O.B.C.
Pedicelli, Assunta (Suzanne) C.M.
Pedosuk, Leona D. C.M.
Peene, Vida H. O.C.
Peepre, Juri C.M.
Peers, Marilyn Ruth C.M.
Pehkonen, Reynold C.M.
Peill, Juergen E. C.M.
Péladeau, Pierre C.M., O.Q.
Pelech, John (Jack) C.M.
Pellan, Alfred C.C., O.Q.
Pelland, Jeannine C.M., C.Q.
Pelletier, L'hon. Gérard C.P., C.C.
Pelletier, Gilles O.C., O.Q.
Pelletier, Jean O.C., O.Q.
Pelletier, Wilfrid C.C.
Pelletier-Zarov, Denise O.C.
Penfield, Wilder G. O.M., C.C., C.M.G.
Penner, Donald Wills C.M.
Penner, Frederick R.C. C.M., O.M.
Penner, Roland C.M., Q.C.
Penney, Chesley Daniel C.M., O.N.L.
Penny, Donald H. C.M.
Penny, J. Norgrove C.M.
Penny, Louise C.M.
Penrose, Gordon William Gavin C.M.
Pentland, Barbara L. C.M.
Pépin, Clermont O.C., O.Q.
Pepin, Le très hon. Jean-Luc C.P., C.C.
Pepino, N. Jane C.M., Q.C.
Pepper, Evelyn Agnes C.M.
Percy-Lowe, Karen Lynne C.M.
Peregrine, David O.C.
Perehudoff, William W. C.M.
Perinbam, Lewis O.C.
Perkin, Gordon W. O.C.
Perkins, Kenneth J. C.M.
Perkins, Marilyn C.M.
Perlin, Albert B. O.C.
Perlin, John Crosbie C.M., C.V.O., O.N.L.
Perlin, Vera O.C.
Perraton, John R. (Jack) C.M., Q.C.
Perrault, Alice C.M.
Perrault, Arthur C.M.
Perrault, Charles C.M.
Perreault, Sr. Claire C.M.
Perreault, Gaston J. C.M.
Perreault, Germain O.C.
Perrault, Lilianne C.M.
Perrier, Aline O.C.
Perron, Michel C.M.
Person, Clayton O. C.M.
Peter, Aaju C.M.
Peters, John Raymond C.M.

Peters, Lazar C.M., D.F.C.
Peters, M. Vera O.C.
Petersen, Holger Martin C.M.
Peterson, Eric C.M.
Peterson, Eric L. C.M.
Peterson, Leslie Raymond C.M., O.B.C., Q.C.
Peterson, Oscar E. C.C., C.Q., O.ONT.
Peterson, Roy E. O.C.
Petit, Claude C.M., S.O.M., C.D.
Petitclerc, Chantal C.C., C.Q., M.S.M.
Petty, George S. C.M.
Petty, Ross E. C.M.
Pfeiffer, Irene E. C.M.
Phaneuf, Margot C.M.
Phaneuf, Michel C.M.
Pharand, Donat O.C., C.R.
Phelan, Helen D. C.M.
Phelan, Paul J. C.M.
Phelps, Michael O.C.
Phillips, Anthony C.M.
Phillips, Bruce O.C.
Phillips, David W. C.M.
Phillips, Michael C.M.
Phillips, Robert A.J. C.M.
Phillips, Robert H.D. C.M.
Phillips, Robin O.C.
Phillips, Roger O.C., S.O.M.
Phillips, Roy A. C.M.
Phillipson, Eliot A. O.C.
Phills, Isaac C. O.C.
Philp, Col. Owen Bartley C.M., D.F.C., C.D.
Phipps, Welland W. C.M.
Pianosi, Adiuto John C.M.
Picard, Jean-Henri C.M.
Picard, Laurent A. C.C.
Picard, Marie Thérèse Béatrice C.M., O.Q.
Picard, Monique C.M.
Picard-Jobin, Françoise C.M.
Pichard, François C.M.
Piché, Alphonse C.M.
Piché, Marcel O.C., C.R.
Picher, Michel C.M.
Pickering, Edward A. C.M.
Pickersgill, Rt. Hon. J.W. P.C., C.C.
Pickett, Hugh Frank Digby C.M.
Pidgeon, Lloyd Montgomery O.C., M.B.E.
Pieczonka, Adrianne O.C.
Pierce, Robert L. C.M., Q.C.
Pierre, Samuel C.M., C.Q.
Pierre, Sophie May O.C., O.B.C.
Piers, R. Adm. Desmond W. C.M., D.S.C., C.D.

Pigeon, L'hon. Louis-Philippe C.C., C.Q., C.R.
Pigott, Jean E. O.C.
Pilon, Jean-Guy O.C., C.Q.
Pilon, Victor O.C., C.Q., R.V.M.
Pilot, Robert Sheffield C.M.
Pinder, Sr., Herbert Charles C.M.
Pine, Grace Davis C.M.
Pinel, Suzanne E. C.M., O.ONT.
Pinet, Edith B. C.M.
Pink, Irving Charles O.C., Q.C.
Pinkerton, Alexander Clyde C.M.
Pinsent, Gordon Edward C.C.
Pinsonneault, Roland A. C.M.
Pintal, Lorraine C.M.
Pipe, Andrew L. C.M.
Piper, Martha C. O.C., O.B.C.
Pitblado, James Bruce C.M.
Pitfield, Hon. P. Michael P.C., O.C., C.V.O.
Pitman, Walter George O.C., O.ONT.
Pivot, Bernard O.C.
Plamondon, Luc O.C., C.Q.
Plamondon, Monique C.M.
Plaskett, Joseph O.C.
Plaut, Rabbi W. Gunther C.C., O.ONT.
Plaw, Tania C.M.
Pless, Ivan Barry C.M.
Plourde, Gérard O.C.
Plourde, Msgr Joseph-Aurèle O.C.
Plummer, Christopher C.C.
Plummer, Francis A. O.C., O.M.
Plumptre, Beryl O.C.
Pochat-Cotilloux, R.P. Jean C.M.
Podborski, Stephen G. O.C.
Podbrey, Maurice C.M.
Podgorsak, Ervin C.M.
Podiluk, Walter C.M.
Podnieks, Elizabeth Macdonald C.M.
Poff, Deborah C.M.
Poilièvre, Fr. André C.M.
Point, Susan A. O.C.
Poirier, Anne Claire O.C., O.Q.
Poirier, Bernard C.M.
Poirier, Gérard O.C., O.Q.
Poirier, Louis J. O.C.
Poirier, Raymond C.M.
Poissant, Charles-Albert C.M.
Poissant, Gilles C.M.
Poitras, Jean-Claude C.M., C.Q.
Poitras, L'hon. Jean-Marie O.C., O.Q.
Poitras, L'hon. Lawrence A. C.M., C.R.
Polanyi, Hon. John Charles P.C., C.C.
Polanyi Levitt, Kari C.M.
Poliquin, Daniel O.C.

Pollack, Isidore C. C.M., C.R.
Pollard, Douglas C.M.
Polley, Sarah O.C.
Pollock, Carl A. O.C.
Pollock, Samuel P.S. O.C.
Pollock, Sharon O.C.
Polymenakos, Leonidas C.M.
Pomerleau, René O.C., C.Q.
Pool, Léa C.M.
Poole, Cyril Francis C.M.
Poole, John Edward O.C., A.O.E.
Poole, John W. (Jack) O.C., O.B.C.
Poole, Nancy Geddes C.M.
Popham, H. Hall C.M.
Poplack, Shana C.M.
Porteous, George C.M.
Porteous, Timothy C.M.
Porter, Anna O.C.
Porter, Arthur O.C.
Porter, Gordon L. C.M., O.N.B.
Porter, Helen Fogwill C.M.
Porter, John R. C.M., C.Q.
Porter, Ross C.M.
Portugal, Jean E. C.M.
Posner, Barry Innis O.C., C.Q.
Post, Shirley C.M.
Post-McDermid, Sandra C.M.
Pothier, Benedict C.M.
Potter, Beryl C.M., O.ONT.
Potts, J. Lyman C.M.
Potvin, Gilles C.M.
Potvin, Pierre C.M.
Poulin, Placide C.M.
Pouliot, Adrien C.C.
Pouliot, Jean A. O.C.
Pouliot, Michel C.M.
Poulson, Martha Jane C.M.
Pound, Richard W. C.C., O.Q.
Powell, Sr., Benjamin Windsor C.M.
Powell, D. Gregory O.C.
Powell, Marion G. C.M.
Power, Victor M. C.M.
Powers, Annie C.M.
Powis, Alfred O.C.
Poy, Neville G. O.C.
Poyser, Kenneth C.M.
Poznanska-Parizeau, Alice O.C.
Poznansky, Mark J. C.M., O.ONT.
Prager, Eva Sophie O.C.
Pratley, Gerald O.C.
Pratt, Cranford O.C.
Pratt, Edward Courtney C.M.
Pratt, J. Christopher C.C.

Pratt, Mary Frances C.C.
Pratt, William D. O.C.
Precious, David S. C.M.
Preece, Lt. Col. Stanley C.M., C.D.
Prentice, Alison C.M.
Prentice, John Gerald O.C.
Prévost, André O.C.
Prévost, Robert O.C.
Price, Derek A. C.M.
Price, Edward Anthony C.M.
Price, Brig. Gen. John H. O.C., O.B.E., M.C., E.D.
Price, Raymond A. O.C.
Prichard, J. Robert S. O.C., O.ONT.
Priddle, Roland C.M.
Primrose, John N. C.M.
Pringle, Andrew M. C.M.
Pringle, Dorothy M. O.C.
Pringle, Valerie C.M.
Prober, Rosalind C.M.
Proctor, Carol Dorothy C.M.
Pronovost, Louis C.M.
Proulx, Guylène O.C.
Proulx, L'abbé Maurice C.M., O.Q.
Provost, Guy O.C., C.Q.
Prystawski, Walter C.M.
Puddephatt, Richard O.C.
Pullan, Bruce C.M.
Pullen, Capt. Thomas C. O.C., C.D.
Punch, Terrence C.M.
Puqiqnak, Uriash C.M.
Purcell, Gillis O.C.
Purdy, Al O.C.
Purdy, Henry C.M.
Pushelberg, Glenn O.C.

Q

Quastel, Juda H. C.C.
Quilico, Gino O.C.
Quilico, Louis C.C.
Quinn, John Brian Patrick "Pat" O.C., O.B.C.
Quinn, Rev. Louis Joseph C.M.
Quinn, Thomas O.C.
Quintal, Emmanuel C.M.
Quirion, Rémi O.C., C.Q.
Qumaq, Taamusi C.M., C.Q.

R

Rabinovitch, Jack O.C., O.ONT.
Rabinowitch, Royden O.C.
Radchuk, Serge C.M., Q.C.
Raddall, Thomas H. O.C.

Radford, E. Howard C.M.
Radley, Edith May C.M.
Radostits, Otto M. C.M.
Rae, Donald William O.C., C.D.
Rae, John A. C.M.
Rae, John Arthur (Jackie) C.M., D.F.C.
Rae, Barbara J. C.M., O.B.C.
Rae, Hon. Robert Keith P.C., C.C., O.ONT., Q.C.
Rafter, Col. G. Charles C.M., C.D.
Raginsky, Nina O.C.
Rainbird, H. Glenn O.C.
Rajan, Vithal O.C.
Rajotte, Ray V. C.M., M.S.M., A.O.E.
Rajput, Ali H. O.C., S.O.M.
Rakoff, Vivian Morris C.M.
Ralls, Stephen James C.M.
Ralph Jamieson, Jacki C.M.
Ramage, Patricia Marie C.M.
Ramsankar, Stephen R. C.M.
Ramsay, Donald Allan C.M.
Ramsay, Russell Harold C.M.
Rand, Hon. Ivan C. C.C.
Rankin, Bruce O.C.
Rankine, James A. C.M.
Rao, Kris C.M.
Rapoport, Abraham C.M.
Rasky, Harry C.M., O.ONT.
Rasminsky, Lola C.M.
Rasminsky, Louis C.C., C.B.E.
Ratcliffe, Elinor Gill C.M., O.N.L.
Rathburn, Eldon D. C.M.
Ratushny, Edward J. C.M., O.ONT., Q.C.
Ratzlaff, Leonard P. C.M., A.O.E.
Ravalia, Mohamed Iqbal C.M.
Rawat, Veena O.C.
Rawlinson, Gordon C.M.
Rawson, Bruce S. O.C., Q.C.
Rayani, Nazmudin C.M.
Raycheba, Helen Mary C.M.
Raynauld, André O.C.
Rea, W. Harold C.M.
Read, Horace E. O.C.
Read, John Erskine O.C.
Read, Ken C.M.
Read, Wallace Stanley C.M.
Reaney, James O.C.
Rebeiro, Angela C.M.
Redfern, John D. C.M.
Rediker, G. Dale O.C.
Redmond, Mildred C.M.
Reed, George Robert C.M.
Reesor, Barbara E. C.M.

Reeves, Beatrice R. C.M.
Reeves, Hubert C.C., O.Q.
Regan, David C.M.
Regehr, Ernie O.C.
Regier, Henry A. C.M.
Régis, R.P. Louis-Marie C.C.
Reid, Barbara C.M., O.ONT.
Reid, Dennis C.M.
Reid, Elizabeth C.M.
Reid, Escott M. C.C.
Reid, Fiona C.M.
Reid, Ian Job C.M.
Reid, Ian L. C.M.
Reid, Kate O.C.
Reid, M. Joy C.M.
Reid, Margot Grant C.M.
Reid, Nancy Margaret O.C.
Reid, Maj. Gen. Roland Antoine C.M., C.V.O., M.C., C.D.
Reid, William Adrian Patrick L. O.C., O.B.C., M.C., C.D.
Reid, Brig. Gen. William W. C.M., D.S.O., E.D., C.D.
Reid, Hon. Marion Loretta C.M., O.P.E.I.
Reimer, C. Neil O.C.
Reimer, Eugene D. C.M.
Reimer, Helena F. C.M.
Reiser, Sigmund C.M.
Reisman, Heather Maxine C.M.
Reisman, Sol Simon O.C.
Reiss, Dani C.M.
Reitman, Dorothy C.M.
Reitman, Ivan O.C.
Rekai, John C.M.
Rekai, Kati C.M.
Rekai, Paul C.M.
Rémillard, Gil C.M., C.Q.
Rempel, Garry L. C.M.
Renaud, André O.C.
Renaud, Gabriel C.M.
Renaud, Jeanne C.M.
Renaud, Marc C.M.
Rennie, Donald Andrews C.M.
Reno, Ginette O.C., C.Q.
Renouf, Harold A. O.C.
Reuber, Grant L. O.C.
Reynolds, Stanley George C.M., A.O.E.
Rezansoff, Paul J. C.M.
Rhéaume, Pauline E. C.M.
Ricard, Alma V. O.C.
Ricci, Nino C.M.
Rice, Donald I. C.M.
Rice, G.R.A. (Dick) C.M., A.O.E.

Rice, Keren O.C.
Richard, Antoine C.M., O.P.E.I.
Richard, L'hon. John D. O.C.
Richard, Judith C.M.
Richard, Léon C.M.
Richard, L'hon. Maurice C.P., C.C., O.Q.
Richard, René C.M.
Richard, Zachary C.M.
Richards, Carol Lillian O.C.
Richards, Dal Murray C.M., O.B.C.
Richards, David Adams C.M., O.N.B.
Richardson, Boyce C.M.
Richardson, Ernest M. C.M.
Richardson, George T. C.M., O.M.
Richardson, Hartley T. O.C., O.M.
Richardson, J. Howard C.M.
Richardson, Jack C.M.
Richardson, Kathleen C.C., O.M.
Richardson, Miles O.C.
Richardson, Tannis M. C.M.
Riche, Nancy O.C.
Richer, Jean H. C.M.
Richer, Louise C.M.
Richler, Diane C.M.
Richler, Mordecai C.C.
Rickard, Garnet Baker C.M.
Ricker, John Carman C.M.
Ricker, William E. O.C.
Rickerd, Donald Sheridan C.M., Q.C.
Riddell, Clayton H. O.C.
Riddell, Wayne K. C.M.
Riddell, William A. O.C., S.O.M.
Rider, Fran C.M.
Ridge, Alan D. C.M.
Ridley, John Brabant C.M.
Riedel, Bernard E. C.M.
Rièse, Laure E. O.C.
Riley, Douglas C.M.
Riley, H. Sanford C.M., O.M.
Riley, J. Derek C.M.
Riley, Sean C.M.
Rinfret, L'hon. Edouard C.P., O.C., C.R.
Ringuet, Michel C.M., C.Q.
Riopelle, Jean-Paul C.C., O.Q.
Riordon, Bernard O.C.
Riordan, John R. O.C.
Rioux, Jean-Guy C.M.
Rioux, Marcia Hampton C.M.
Risley, John C. O.C.
Ritcey, Ralph F. C.M.
Ritchie, A. Edgar C.C.
Ritchie, Cedric E. O.C.
Ritchie, Charles S.A. C.C.

Ritchie, Chris O.C.
Ritchie, Marguerite Elizabeth C.M., Q.C.
Ritchie, Hon. Roland A. C.C.
Ritchie, Ronald S. C.M.
Rivard, Paul-André O.C.
Rivard, Paul L. C.M.
Riverin, Alphonse O.C., O.Q.
Rix, Donald B. C.M., O.B.C.
Rizzardo, Angèle C.M.
Roach, Kent C.M.
Roach, Simone C.M., C.S.M.
Robarts, Hon. John P. P.C., C.C., Q.C.
Robb, James I. (Jim) C.M.
Robbie, Roderick George O.C.
Robbin, Catherine O.C.
Robert, Denise C.M.
Robert, L'hon. J.J. Michel C.P., O.C., C.R.
Roberts, Hon. Edward Moxon C.M.,
    O.N.L., Q.C.
Roberts, Harry D. C.M.
Roberts, Jean C.M.
Roberts, John Peter Lee O.C.
Roberts, Vera C.M.
Roberts, W. Goodridge O.C.
Robertson, Hon. Brenda C.M., O.N.B.
Robertson, Bruce C.M.
Robertson, Charlene M.T. C.M.
Robertson, Elizabeth Chant C.M.
Robertson, Hon. Gordon P.C., C.C.
Robertson, H. Rocke C.C.
Robertson, Joseph D. C.M.
Robertson, Lloyd O.C.
Robertson, Marion C.M.
Robertson, Norman A. C.C.
Robertson, Cmdre Owen C.S. O.C.,
    G.M., C.D.
Robertson, Robbie O.C.
Robichaud, Aldoria C.M.
Robichaud, L'hon. Hédard C.P., O.C.
Robichaud, L'hon. Louis J. C.P., C.C., C.R.
Robichaud, Michel C.M., C.Q.
Robinette, John J. C.C., Q.C.
Robins, Esther Manolson C.M., A.O.E.
Robinson, Eallien L. C.M.
Robinson, Geoffrey C. C.M., O.B.C.
Robinson, H. Basil O.C.
Robinson, Harold S. C.M.
Robinson, Michael P. C.M.
Robinson, Rev. Roderick A. O.C.
Robinson, Viola O.C., O.N.S.
Robison, Oren C.M.
Robitaille, Louis O.C.
Robitaille, Pierrette C.M.

Roblin, Hon. Dufferin P.C., C.C., O.M.
Roche, Hon. Douglas James O.C.
Roche, Col. John Redmond C.M., O.B.E.,
    E.D., C.D., C.R.
Rocheleau, Ernest C.M.
Rocher, Guy C.C., C.Q.
Rochon Burnett, Suzanne C.M., O.ONT.
Roe, Jean A. C.M.
Roger, R.P. Albert C.M.
Rogers, Edward S. O.C.
Rogers, Gordon Rix C.M.
Rogers, Harold Allin O.C., O.B.E.
Rogers, Hon. Robert Gordon O.C., O.B.C.
Rogers, Shelagh O.C.
Rohmer, Maj. Gen. Richard H. O.C.,
    C.M.M., D.F.C., O.ONT., C.D., Q.C.
Rolland, Lucien G. O.C.
Rolland, Pierre C.M.
Roman, Stephen B. O.C.
Romanow, Hon. Roy J. P.C., O.C.,
    S.O.M., Q.C.
Rombout, Luke C.M.
Rompkey, Ronald O.C, C.D.
Ronald, Allan Ross O.C.
Ronning, Chester A. C.C., A.O.E.
Rooke, Leon C.M.
Roos, Noralou O.C.
Roots, Ernest Frederick O.C.
Roozen, Cathy C.M., A.O.E.
Roper, Mary Julia C.M.
Roquet, Ghislaine C.C.
Rorabeck, Cecil H. O.C.
Rose, Alan Henry C.M.
Rose, Gerald F. C.M.
Rose, Sheila C.M.
Rosemond, Perry C.M.
Rosen, Harry C.M.
Rosenberg, Morris C.M.
Rosenes, Ronald C.M.
Rosenfeld, Sara C.M.
Rosengarten, George J. O.C.
Ross, Alexander O.C.
Ross, Anne G. C.M.
Ross, Brig. Gen. Armand J. C.M.,
    D.S.O., C.D.
Ross, Donald O.C.
Ross, Frederick J. C.M., O.N.B.
Ross, James W. C.M.
Ross, Hon. James W. C.M.
Ross, John D. O.C.
Ross, John Munro O.C.
Ross, Joyce L. C.M.
Ross, Malcolm M. O.C.

Ross, Murray G. O.C., O.ONT.
Ross, Phyllis O.C., C.B.E.
Ross, R. Ian C.M., O.B.C.
Ross, Robert T. C.M.
Ross, Sinclair C.M.
Ross, Susan A. C.M.
Ross, Walter R. C.M.
Rossant, Janet C.C.
Rosser, Walter Wylie C.M.
Rossignol, Michelle O.C., C.Q.
Rossy, Lawrence C.M., O.Q.
Rostad, Wayne C.M.
Rotman, Joseph L. O.C.
Rotman, Sandra C.M., O.ONT.
Rouillard (Riddell), Katherine C.M.
Rouleau, Alfred C.C., G.O.Q.
Rouleau, Henriette P. C.M.
Rouleau, Joseph A. C.C., G.O.Q.
Rouleau, Michèle C.M., C.Q.
Rourke, Byron P. C.M.
Rousseau, Alain P. C.M.
Rousseau, Capt. Gaston C.M.
Rousseau, Jacques O.C.
Rousseau, Louise C.M.
Rousseau, Roger C.C.
Rousseau-Allard, Anais O.C.
Rousseau-Vermette, Mariette O.C.
Roussel, Basile C.M.
Roussel, Claude C.M., O.N.B.
Roussel, Gérald C.M.
Roussel, Gérard C.M.
Roux, L'hon. Jean-Louis C.C., C.Q.
Rowan-Legg, Kathleen C.M.
Rowe, Kenneth C. C.M.
Rowe, Penelope M. Ayre C.M.
Rowley, Graham Westbrook C.M.
Rowsell, Harry O.C.
Rowswell, Mark H. C.M.
Roy, Charles C.M.
Roy, Claude C. O.C., O.Q.
Roy, Claudette Denise C.M.
Roy, David J. O.C., O.Q.
Roy, Gabrielle C.C.
Roy, R.P. Jean-Guy C.M.
Roy, Jean-Marie C.M., O.Q.
Roy, Louise O.C., O.Q.
Roy, Louis-Joseph C.M.
Roy, Le cardinal Maurice C.C., O.B.E.
Roy, Michel C.M.
Roy, Muriel Kent C.M.
Roy, L'abbé Roger C.M.
Royce, Marion V. O.C.
Royer, Raymond O.C., O.Q.

Rozet, François O.C.
Rozon, René C.M., C.Q.
Rozsa, Theodore O.C.
Rozsa de Coquet, Mary C.M.
Ruben, Abraham Anghik O.C.
Rubes, Jan C.M.
Rubes, Susan C.M.
Ruby, Clayton C. C.M.
Ruck, Calvin Woodrow C.M.
Rudnicki, Michael A. O.C.
Rudnyckyj, Jaroslav Bohdan O.C.
Ruggles, C. Mervyn C.M.
Rule, Jane Vance C.M., O.B.C.
Rumball, Rev. Robert L. C.M.
Rumboldt, Ignatius A. C.M.
Rummel, Elizabeth C.M.
Runciman, Alexander McInnes O.C.
Rundle, Howard Warren C.M.
Rungeling, Dorothy Wetherald C.M.
Runte, Roseann C.M.
Rushton, Charles H. C.M.
Russell, Andy C.M.
Russell, Hon. Frederick W. O.C., C.D.
Russell, Gordon C.M.
Russell, John Laurel C.M.
Russell, Kelly C.M.
Russell, Margaret Miriam C.M.
Russell, Peter Howard O.C.
Rust, Thomas G. C.M.
Rusted, Ian E. O.C.
Rusted, Nigel C.M., O.N.L.
Ruth, Hon. Nancy C.M.
Rutka, James Thomas O.C., O.ONT.
Rutter, Nathaniel Westlund O.C.
Ryan, Claude C.C.
Ryan, Terrence C.M.
Ryder, Gus C.M.
Ryerson, Mildred Helfand C.M.

S

Sabia, Laura O.C.
Sabia, Maureen O.C.
Sabourin, M.A. Pauline C.M.
Sackett, David Lawrence O.C.
Sacy, Hubert C.M., C.Q.
Saddlemyer, Ann O.C.
Sado, Anne M. C.M.
Safarian, A. Edward C.M.
Safdie, Moshe C.C.
Saint-Bertrand, Thérèse C.M.
Saint-Cyr, Gérard C.M., O.N.B.
Sainte-Marie, Buffy O.C.
Saint-Germain, Côme C.M.

Saint-Martin, Fernande O.C.
Saint-Pierre, Annette C.M.
Saint-Pierre, Jeanne-Marguerite C.M.
Saint-Pierre, Guy C.C., G.O.Q.
Saint Pierre, Marie C.M., C.Q.
Saladin d'Anglure, Bernard C.M.
Salbaing, Geneviève C.M.
Salcudean, Martha Eva O.C., O.B.C.
Salter, Robert Bruce C.C.
Saltmarche, Kenneth Charles C.M.
Saltzman, Morris C.M.
Saltzman, Percy P. C.M.
Sam, Samuel C.M.
Samar, Sima O.C.
Samarasekera, Indira V. O.C.
Sampson, Fiona Amaryllis C.M.
Samson, Maurice C.M., O.B.E.
Samuel, Ernest Lionel O.C.
Samworth, Marion E. C.M.
Sanders, Doreen McKenzie C.M.
Sanders, James C.M.
Sanders, Margaret Anne C.M.
Sanderson, Carole V. C.M., S.O.M.
Sandison, John Edgar C.M., C.D.
Sandorfy, Camille O.C., O.Q.
Sanford, Bruce C.M.
Sapp, Allen O.C., S.O.M.
Saputo, Emanuele (Lino) C.M., O.Q.
Sargent, Polly C.M.
Sarlos, Andrew O.C.
Sato, Tsutae C.M.
Saucier, Guylaine C.M.
Saucier, Serge O.C., C.Q.
Sauder, Marjorie-Anne C.M.
Sauder, William Lawrence O.C., O.B.C.
Sauer, Kenneth C. C.M., A.O.E., C.D.
Saul, John Ralston C.C.
Saulnier, Lucien C.C.
Saunders, Doris J. C.M.
Saunders, T.V. Claude C.M.
Sauriol, Charles Joseph C.M.
Sauvageau, Danièle O.C., C.S.M.
Sauvé, La très hon. Jeanne C.P., C.C., C.M.M., C.D.
Sauvé, L'hon. Maurice C.P., C.C.
Savage, John Patrick O.C., O.N.S.
Savard, Msgr Félix Antoine O.C.
Savard, Guy C.M.
Savard, Serge O.C., C.Q.
Savaryn, Peter C.M., Q.C.
Savoie, Adélard M. O.C., C.R.
Savoie, Alexandre-J. C.M.
Savoie, Bernard C.M.

Savoie, Claude F. O.C.
Savoie, Donald J. O.C., O.N.B.
Savoie, Joseph Alexandre Richard C.M.
Savoie, Maurice C.M.
Savoie, Robert O.C.
Savoie, Roméo C.M.
Sawyer, Robert J. C.M.
Saxe, Henry O.C.
Saywell, William G. C.M., O.B.C.
Scace, Arthur R.A. C.M., Q.C.
Scaiano, Juan Cesar O.C.
Scales, Alan K. C.M., Q.C.
Scambler, Thelma R. C.M.
Scammell, Arthur Reginald C.M.
Scarth, Alan W. C.M., Q.C.
Scarth, Sandra C.M.
Schabas, Ezra C.M., O.ONT.
Schabas, William A. O.C.
Schachter, Ricky Kanee C.M.
Schad, Robert D. C.M.
Schaefer, Carl Fellman C.M.
Schaefer, Otto C.M.
Schaefer, Theodore P. C.M.
Schaerer, Peter Albrecht C.M.
Schafer, R. Murray C.C.
Schatzker, Joseph C.M.
Scheifele, David W. O.C.
Schellinck, Teresa A. C.M.
Schiffrin, Ernesto L. C.M.
Schild, Rabbi Erwin C.M.
Schiller, Ruth Boswell C.M.
Schindler, David W. O.C., A.O.E.
Schipper, Lionel Howard C.M., Q.C.
Schipper, Steven C.M.
Schlegel, Ronald P. O.C.
Schlesinger, Joe C.M.
Schloss, Elexis C.M.
Schlosser, John L. C.M.
Schmidt, Barbara Kristina C.M.
Schmidt, Bonnie C.M.
Schneider, William George O.C.
Schofield, Aurel C.M.
Schofield-Bourgeois, Blanche C.M.
Schousboe, Gustav A. C.M.
Schreyer, Rt. Hon. Edward P.C., C.C., C.M.M., O.M., C.D.
Schreyer, Lily C.C.
Schubert, François C.M.
Schulich, Seymour O.C.
Schull, Joseph O.C.
Schulman, Ann Louise O.C.
Schultz, Albert C.M.
Schurman, Paul Hudson C.M., O.P.E.I.

Schuyler, Linda C.M., O.ONT.
Schwartz, Edward Sydney C.M.
Schwartz, Gerald W. O.C.
Schwartz, Irving O.C.
Scott, Anthony Dalton O.C.
Scott, Barbara C.M.
Scott, David W. O.C., Q.C.
Scott, Dennis George C.M.
Scott, Donna M. O.C.
Scott, Most Rev. Edward W. C.C.
Scott, Francis R. C.C., Q.C.
Scott, Graham Wilson Shatford C.M., Q.C.
Scott, Ian Gilmour O.C., Q.C.
Scott, Jacquelyn Thayer O.C.
Scott, Marianne Florence O.C.
Scott, Michael D. C.M., C.D.
Scott, Reginald Lorne C.M., S.O.M.
Scott, Hon. Richard J. O.C., O.M.
Scott-King, Barbara Ann O.C., O.ONT.
Scow, Alfred John C.M., O.B.C.
Scranton, Charles S. C.M.
Scriver, Charles Robert C.C.
Scudder, Geoffrey G.E. C.M.
Seaborn, J. Blair C.M.
Seagrim, Herbert W. C.M.
Seal, Barbara C.M.
Sealey, Norma L. C.M.
Sealy, Joseph A. C.M.
Seaman, Daryl Kenneth O.C., A.O.E.
Searle, David Harry C.M., Q.C.
Sears, Msgr Leo Bernard C.M.
Sebestyen, Edmund Alexander C.M.
Secord, Lloyd Calvin C.M.
Sedgwick, Joseph C.C.
Seeman, Mary V. O.C.
Seeman, Philip O.C.
Segal, Alvin Cramer O.C., O.Q.
Segal, Hon. Hugh C.M.
Segal, Joseph C.M., O.B.C.
Segal, Sydney C.M.
Segal-Bronstein, Naomi C.M.
Seguin, Fernand C.C., O.Q.
Séguin, Jeannine C.M.
Séguin, Roger Nantel O.C., C.R.
Seidah, Nabil G. C.M., O.Q.
Seigel, Harold Oaser O.C.
Seillier, Daniel C.M.
Selye, Hans C.C.
Semenoff, Gordon O.C.
Semkiw, Elizabeth Suzanne C.M.
Senda, Yoshio C.M.
Sendall, Kathleen C.M.

Setlakwe, L'hon. Raymond C. C.M.
Sévigny, L'hon. Pierre A. C.P., O.C., C.D.
Sewell, John C.M.
Sewid, James O.C.
Shack, Sybil C.M.
Shadbolt, Doris O.C.
Shadbolt, Jack L. O.C., O.B.C.
Shaffer, Paul C.M.
Shales, Marie Ada C.M.
Sham, Tsun-Kong O.C.
Shannon, David William C.M., O.ONT.
Shannon, Joseph C.M.
Shannon, Kathleen C.M.
Shapiro, Col. Benjamin C.M., C.D.
Shapiro, Bernard O.C., G.O.Q.
Shapiro, Evelyn C.M., O.M.
Shapiro, Jack Rae C.M.
Shapiro, Marla C.M.
Sharp, Isadore O.C.
Sharp, Hon. Mitchell P.C., C.C.
Sharpe, Anna Wilson C.M.
Sharpe, C. Richard C.M.
Sharzer, Shirley C.M.
Shaver, Col. Donald McQ. O.C.
Shaw, Allan C. C.M.
Shaw, Dorothy O.C.
Shaw, George O. C.M.
Shaw, JR O.C., A.O.E.
Shaw, Lloyd R. C.M.
Shaw, Ralph Lester C.M.
Shaw, Robert F. C.C.
Shaw, Hon. Walter R. O.C.
Shay, Jennifer Mary O.C.
Sheardown, John V. C.M.
Sheardown, Zena Kahn C.M.
Shearer, Archibald R. C.M.
Shebeski, Leonard H. O.C.
Shemilt, Leslie W. O.C.
Shenkman-Smith, Belle C.M.
Shenstone, Michael C.M.
Shepard, Michael Perry O.C.
Shephard, Roy C.M.
Shepherd, Frances Alice O.C.
Sheppard, John G. C.M.
Sherman, E. Marion C.M.
Sherman, Joseph Howard C.M.
Sherwin, Susan C.M.
Sherwood Lollar, Barbara C.C.
Shields, Carol C.C., O.M.
Shields, George Leslie C.M.
Shields, Kathryn C.M., O.B.C.
Shields, Kenneth William Daniel
    C.M., O.B.C.

Shields, T. Clayton C.M.
Shim, Brigitte C.M.
Shimizu, Henry J. C.M.
Shimizu, Hide H. C.M.
Shingles, Helene C.M.
Shoctor, Joseph Harvey O.C., A.O.E., Q.C.
Shook, Very Rev. Laurence Kennedy O.C.
Short, Martin Hayter C.M.
Shoukri, Mamdouh C.M., O.ONT.
Shoyama, Thomas Kunito O.C.
Shrum, Gordon M. O.C., O.B.E., E.D.
Shulman, Morton O.C.
Shumiatcher, Morris C. O.C., S.O.M.
Shuster, Frank O.C.
Sias, Josephine (Josie) C.M.
Siblin, Herbert E. C.M.
Sicotte, Gilbert C.M.
Sicuro, Louise C.M.
Siddiqui, Haroon C.M., O.ONT.
Sidney, Angela C.M.
Siegler, Karl C.M.
Sieppert, Norma Jill C.M.
Sifton, Michael C. C.M., C.D.
Sigfusson, Svein C.M.
Silcox, David P. C.M.
Silk, Ilkay C.M.
Dranoff, Linda Silver C.M.
Silverman, Robert C.M.
Simard, Cyril C.M., O.Q.
Simard, René O.C.
Simard, René C.M.
Siminovitch, Louis C.C., O.ONT.
Simmonds, Cmmr. Robert H. O.C.
Simon, Mary J. May O.C., O.Q.
Simon, Sarah C.M.
Simonds, Lt. Gen. Guy C.C., C.B.,
    C.B.E., C.D.
Simone, Andrew Alexander C.M.
Simone, Joan C.M.
Simoneau, Léopold C.C.
Simoneau, Roch C.M.
Simons, Jennifer Allen C.M.
Simpson, Allan J. C.M.
Simpson, Bernard C.M.
Simpson, Edith Child Rowles C.M.
Simpson, Jeffrey O.C.
Simpson, Norman M. C.M.
Simpson, Sandra C.M.
Sinclair, Adelaide O.C., O.B.E.
Sinclair, Gordon O.C.
Sinclair, Hugh C.M.
Sinclair, Hon. Ian D. O.C., Q.C.
Sinclair, Lister S. O.C.

Sinclair, William M. C.M.
Singer, Peter Alexander O.C.
Singleton, Geoffrey Gordon C.M.
Sinn, Margaret C.M.
Sioui, Éléonore Tecumseh O.C.
Siren, Paul C.M.
Sirois, Charles C.M., C.Q.
Sirois, Raymond E. C.M.
Skoll, Jeffrey O.C.
Skvorecky, Josef C.M.
Slade, Gordon C. C.M.
Slaight, Allan C.M.
Slaight, Gary C.M.
Slater, Robert W. C.M.
Slaymaker, H. Olav C.M.
Slemon, Gordon Richard O.C.
Sloan, Lt. Col. Harriet (Hallie) J. C.M., C.D.
Sloane, Frederick Earle C.M.
Sloman, Cela C.M.
Smallboy, Robert C.M.
Smallwood, Hon. Joseph R. P.C., C.C.
Smart, Patricia C.M.
Smil, Vaclav C.M.
Smillie, Ian C.M.
Smirnoff, Wladimir C.M.
Smith, Arnold Cantwell C.H., O.C.
Smith, Arthur R. O.C., A.O.E.
Smith, Ascher I. C.M.
Smith, Daniel Walter O.C.
Smith, David C.M., O.ONT.
Smith, David Chadwick C.M.
Smith, David Edward O.C.
Smith, Dennis C. O.C.
Smith, Donalda O.C.
Smith, Donald James C.M.
Smith, Douglas A. C.M.
Smith, Eldon Raymond O.C.
Smith, Elijah E. C.M.
Smith, Elvie Lawrence C.M.
Smith, Ernest Alvia (Smokey) V.C., C.M.,
    O.B.C., C.D.
Smith, Gordon A. C.M., O.B.C.
Smith, Graham C.M.
Smith, Hank C.M.
Smith, I. Norman O.C.
Smith, Ian C.P. O.C.
Smith, James M. O.C.
Smith, John N. O.C.
Smith, Jori C.M.
Smith, Lois O.C.
Smith, Margaret C.M.
Smith, Michael C.C., O.B.C.
Smith, Rev. Michael J. C.M.

Smith, Muriel O.C., O.M.
Smith, Peter R. C.M.
Smith, Maj. Reimer M. C.M.
Smith, Shirlee Anne C.M.
Smith, Steve C.M.
Smith, Stuart Allen C.M.
Smith, Thomas H. C.M.
Smith, Tricia C.M., O.B.C.
Smith, Wilfred Cantwell O.C.
Smith, Wilfred I. O.C., C.D.
Smitheram, Henry A. C.M.
Smithers, Fred O.C.
Smol, John P. O.C.
Snell, Bernard C.M.
Snelling, Deryk C.M.
Sniderman, Samuel C.M.
Snow, Gérard C.M.
Snow, Michael C.C.
Snow, Brig. Gen. Thomas Eric D'Oyly
    C.M., O.B.E., C.D.
Snyder, Harold O.C.
Snyder, Joan C. C.M.
Sobey, David F. C.M.
Sobey, Donald Creighton Rae C.M.
Sobey, Frank H. O.C.
Soden, James A. C.M., Q.C.
Solandt, Omond M. C.C., O.B.E., C.D.
Solomon, George Charles C.M.
Solomon, Samuel O.C.
Somers, Harry S. C.C.
Somers, Msgr Hugh J. O.C.
Somerville, Janet C.M.
Sonenberg, Nahum O.C.
Sood, Brijendra K. C.M.
Sorestad, Glen C.M.
Sosa, Raoul C.M.
Sourkes, Theodore Lionel O.C.
Souster, Raymond O.C.
South, A. Gordon C.M.
Southam, Ann C.M.
Southam, Gordon Hamilton O.C.
Southam, Jean MacMillan C.M.
Southern, Margaret E. C.C., L.V.O., A.O.E.
Southern, Ronald D. C.C., C.B.E.
Spalding, Jeffrey C.M.
Spankie, Col. Donald Frederick C.M.,
    O.B.E., E.D.
Sparrow, Hon. Herbert O. C.M.
Speaker, Hon. Raymond A. P.C., O.C.
Speakman, John S. C.M.
Spearing, Lt. Col. Edwin A. C.M.
Speirs, J. Murray C.M.
Spence, Ahab C.M.

Spence, Matthew W. o.c., A.O.E.
Spence, Hon. Wishart Flett c.c., O.B.E.
Spencer, Mary Eileen c.m.
Spencer, Michael Desbois c.m.
Sperry, Rt. Rev. John R. c.m., c.d.
Spicer, Anne c.m.
Spicer, Erik John c.m., c.d.
Spicer, Keith o.c.
Spinelli, E. Noël c.m., c.q.
Spinks, John W.T. c.c., M.B.E.
Spitzig, Rev. Lawrence c.m.
Splane, Richard Beverley o.c.
Splane, Verna Huffman o.c.
Spoelstra, Margaret c.m.
Spohr, Arnold c.c., o.m.
Spremo, Boris c.m.
Springate, George P.G. c.m.
Sprott, Eric S. c.m.
Sproule, Brian J. c.m.
Spry, Graham c.c.
Spry, Irene Mary o.c.
Squires, Gerald c.m.
Squires, Raymond G. c.m.
Stacey, Col. Charles P. o.c., O.B.E., c.d.
Staebler, Edna c.m.
Staines, David c.m., O.ONT.
Staines, Mavis c.m.
Stairs, Denis o.c.
Stallworthy, Henry W. o.c.
Stanczykowski, Casimir G. c.m.
Stanfield, F. Thomas c.m.
Stanford, James M. o.c.
Stangl, Joseph C. c.m.
Stanké, Alain c.m., c.q.
Stanley, Hon. George F.G. c.c., c.d.
Stanton, John c.m.
Stark, Ethel c.m., G.O.Q.
Starowicz, Mark o.c., O.ONT.
Starr, Percy c.m.
Staryk, Steven o.c.
Staseson, Gordon Wesley c.m., s.o.m.
Statten, Taylor c.m., M.C.
Stavro, Steve A. c.m.
Steadward, Robert Daniel o.c., A.O.E.
Stearn, John c.m.
Stebbins, Joan c.m.
Stechishin, Savella c.m., s.o.m.
Steele, Harry R. o.c., c.d.
Steele, Phyllis L. c.m.
Steele, Richard M. c.m., D.S.C.
Steen, David L. c.m.
Steer, George o.c.
Stefansson, Baldur R. o.c., o.m.

Stein, Janice Gross c.m., O.ONT.
Steinberg, H. Arnold c.m., o.q.
Steinberg, Sam o.c.
Steinhauer, Hon. Ralph G. o.c.
Steinkopf, Maitland B. o.c.
Steinmann, R.P. André c.m.
Stelck, Charles Richard o.c.
Stensrud, Howard J. c.m.
Stephens, Robert O. c.m.
Stephenson, Bette M. o.c., O.ONT.
Stephenson, Carol o.c.
Stephenson, Sir William S. c.c., M.C.
Stern, Abraham c.m.
Stern, Max c.m.
Sterndale-Bennett, Ernest G. c.m.
Stetson, Kent c.m.
Stevens, David c.m.
Stevens, Isabella c.m.
Stevens, Stratton Denis c.m.
Stevenson, Lawrence H. c.m.
Stevenson, Reginald C. o.c.
Stevenson, Theresa Marie c.m., s.o.m.
Stevenson, Hon. William Alexander o.c.
Stewart, Alec T. o.c.
Stewart, Anita c.m.
Stewart, Chester B. o.c.
Stewart, Clair Cuthbert c.m.
Stewart, David Macdonald o.c.
Stewart, Donna Eileen c.m.
Stewart, Edward E. o.c.
Stewart, Elsa H. c.m.
Stewart, Ian Henderson c.m.
Stewart, Irwin Fraser c.m.
Stewart, Jane o.c.
Stewart, Liliane M. o.c., o.q., c.d.
Stewart, Norman McGregor c.m.
Stewart, R. Arthur c.m.
Stewart, Robert W. o.c.
Stewart, Ronald Daniel o.c., O.N.S.
Stewart, Winnifred M. o.c., A.O.E.
St-Germain, Guy c.m.
Stikeman, H. Heward o.c.
Stiller, Calvin Ralph o.c., O.ONT.
Stinson, Shirley Marie o.c., A.O.E.
Stirling, Gordon McKenzie c.m., Q.C.
Stirling, Ian Grote o.c.
Stirling, John B. o.c., c.d.
St-Jean, Claude c.m.
St-Laurent, Claude c.m.
St-Laurent, Le très hon. Louis S. c.p., c.c.
Stoddart, Jack o.c.
Stoddart, Jennifer Anne o.c.
Stoessl, A. Jonathan c.m.

Stoicheff, Boris P. o.c.
Stollery, Robert c.m.
Stone, Col. James Riley c.m., D.S.O., M.C., c.d.
St-Onge, Denis A. o.c.
Storch, Donald W. c.m.
Storey, Lt. Col. Frank J. c.m., E.D.
Storey, Roy Alvin (Red) c.m.
Story, George M. c.m.
St-Pierre, Eric o.c., c.q.
St-Pierre, Jacques c.m.
St-Pierre, Juliette A. c.m.
Strachan, J. George c.m.
Strangway, David W. o.c.
Stratas, Teresa o.c.
Strate, Grant c.m.
Strauss, Edith c.m.
Strayer, Hon. Barry L. o.c., Q.C.
Street, Margaret M. c.m.
Streit, Marlene Stewart o.c.
Stronach, Frank c.m.
Strong, Harry c.m.
Strong, Lawrence c.m.
Strong, Hon. Maurice F. P.C., c.c., o.m.
Stronge, Stan c.m.
Strongitharm, Margaret S. c.m.
Strongman, Wayne c.m.
Stuart, Alexander K. c.m.
Stuart, Donald A. c.m., O.ONT.
Stuart, Louise J. c.m.
Stuart, Mary Alice c.m., O.ONT.
Stuart-Stubbs, Basil c.m.
Stubbing, Paul c.m.
Sturgess, P. Kim c.m.
Stursberg, Peter c.m.
Sugiyama, Constance L. c.m.
Sullivan, Rosemary o.c.
Sullivan, Françoise o.c., c.q.
Sullivan, Sam c.m.
Summerhayes, Donna Patricia c.m.
Summerhayes, Douglas K. c.m.
Superstein, Jake c.m.
Sures, Jack c.m., s.o.m.
Surrey, Philip c.m.
Sushko, Irene Orysia c.m.
Sutcliffe, A. Howard c.m.
Sutherland, Donald McNichol o.c.
Sutherland, Garnette c.m.
Sutter, Christian T. c.m.
Sutto, Janine c.c.
Suzuki, David T. c.c., O.B.C.
Swail, James C. c.m.
Swangard, Erwin Michael c.m.

Swann, Gordon C. c.m.
Swanson, Ven. Cecil c.m.
Swanson, Jean c.m.
Swanson, Vera c.m.
Sweet, Arthur H. c.m.
Sweet, David o.c.
Sweeting, Dennis c.m., D.S.O.
Swim, Allan Stewart c.m., c.d.
Swinton, Constance Alexa c.m.
Swinton, George c.m.
Sylla, Rev. Anthony o.c.
Sylvestre, Jean-Guy o.c.
Symes, Beth c.m.
Symons, Thomas H.B. c.c., O.ONT.
Syms, E. Leigh c.m.
Szabo, Denis o.c., o.q.
Szabo, Tibor I. c.m.
Szasz, George c.m.
Szathmáry, Emőke J.E. c.m., o.m.
Szathmary de Kovend, Charles c.m.
Sznuk, Maj. Gen. Stefan o.c., C.B.E.

T

Tabah, Edward John c.m.
Tabobondung, Florence Adelette c.m.
Taillefer, Louis Lepage c.m.
Tait, Reginae Mae c.m.
Tallon, John c.m.
Tamblyn, Robyn c.m.
Tanabe, Takao c.m., O.B.C.
Tanenbaum, Joseph Manuel c.m.
Tanenbaum, Lawrence M. (Larry) o.c.
Tanguay, Jacques c.m.
Tanguay, Maurice c.m., o.q.
Tanner, Elaine o.c.
Tannock, Ian c.m.
Tanobe, Miyuki c.m., o.q.
Tansley, Donald Dougans c.m.
Tapp, Gordon Robert c.m.
Tapscott, Don c.m.
Taranu, Jean c.m.
Taraska, Peter Stanley c.m.
Tardif, Jean-Claude c.m.
Tarlton, Donald K. c.m.
Taschereau, Le très hon. Robert c.c.
Tascona, Antonio c.m.
Tasker, Ronald R. o.c.
Tassé, Roger o.c., c.r.
Tassé, Yvon-R. c.m.
Tator, Charles Haskell c.m.
Taylor, Allan Richard o.c.
Taylor, Andrew o.c., c.d.
Taylor, Carole o.c.

Taylor, Charles C.C.
Taylor, Charles Drury C.M.
Taylor, Charles J. C.M.
Taylor, Claude I. O.C.
Taylor, Donald John O.C.
Taylor, F. Elva C.M.
Taylor, Hugh A. O.C.
Taylor, J. Allyn O.C.
Taylor, James Hutchings O.C.
Taylor, Kathleen Ivy C.M.
Taylor, Kathleen Patricia C.M.
Taylor, Kenneth Douglas O.C.
Taylor, Kenneth Wiffen O.C.
Taylor, Noreen C.M.
Taylor, Patricia C.M.
Taylor, Peter Ridgway C.M.
Taylor, Richard E. C.C.
Taylor, Robert H. C.M.
Taylor-Issajenko, Angella C.M.
Teasdale Corti, Lucille C.M.
Teed, Eric Lawrence O.C., C.D.
Tellier, Lt. Gen. Henri C.M., D.S.O., C.D.
Tellier, L'hon. Paul M. C.P., C.C., C.R.
Temerty, James C. C.M.
Temple, Edith E. C.M.
Templeton, Carson O.C.
Tennant, Howard E. C.M.
Tennant, Lt. Col. Mark C.M., E.D., C.D.
Tennant, Veronica C.C.
Teron, William O.C.
Terry, George C.M.
Tessier, Frederick M. C.M.
Tethong, Judy C.M.
Tetley, William Aubrey C.M., Q.C.
Thauberger, David C.M., S.O.M.
Théberge, Pierre O.C., C.Q.
Théoret, France C.M.
Théoret, Lionel C.M.
Thériault, Yves O.C.
Théroux, Pierre C.M.
Thibeault, Francine C.M.
Thibeault, Rachel O.C.
Thibodeau, Serge Patrice C.M.
Thibodeau-DeGuire, Michèle C.M., C.Q.
Thiessen, Gordon G. O.C.
Thirsk, Robert Brent O.C., O.B.C.
Thivierge, Madeleine C.M.
Thode, Henry G. C.C., M.B.E.
Thom, Bing Wing C.M.
Thom, Ian MacEwan C.M.
Thom, Linda C.M.
Thom, Ronald J. O.C.
Thomas, Alan Miller C.M.

Thomas, Audrey O.C.
Thomas, Gordon W. O.C.
Thomas, Lewis H. C.M.
Thomas, M.A. (Mickey) C.M.
Thomas, Réjean C.M., O.Q., O.N.B.
Thommasen, Harvey V. C.M., O.B.C.
Thompson, Charles Alexander C.M.
Thompson, Donald Winston O.C.
Thompson, Douglas C.M.
Thompson, Gwen C.M.
Thompson, John M. O.C.
Thompson, Judith Clare O.C.
Thompson, Margaret W. C.M.
Thomson, Murray McCheyne O.C.
Thompson, Paul O.C.
Thompson, Robert Norman O.C.
Thompson, W.P. C.C.
Thomson, Faye C.M.
Thomson, R.H. (Robert Holmes) C.M.
Thomson, Ray J. C.M., C.D.
Thomson, Richard Murray O.C.
Thomson, Shirley L. C.C., O.ONT.
Thorburn, Clifford C.M.
Thorlakson, Paul Henrik Thorbjorn C.C.
Thorlakson, Robert Henry O.C., C.D.
Thorlakson, T. Kenneth C.M.
Thorssen, LeRoy A. C.M.
Thorsteinsson, R. O.C.
Thurlow, Hon. Arthur Louis O.C.
Thurlow, Setsuko C.M.
Thurston, Frank Russell O.C.
Tilden, Walter B. C.M.
Tile, Marvin C.M.
Tilghman, Shirley Marie O.C.
Till, James Edgar O.C.
Tillenius, Clarence C.M., O.M.
Tilley, A. Ross C.M., O.B.E.
Timlin, Mabel C.M.
Timpany, Dorothy Elizabeth C.M.
Timperley, Nena J. C.M.
Tincombe, Myrtle E. C.M.
Tindal, Ann C.M.
Tintner, Georg C.M.
Tisseyre, Michelle Ahern O.C.
Tisseyre, Pierre O.C.
Tobin, Hon. Brian P.C., O.C.
Todd, John Hebden C.M.
Toldo, Anthony P. C.M., O.ONT.
Tomecko, Joseph W. C.M.
Tomlinson, Richard H. O.C.
Tomlinson, Roger F. O.C.
Tompkins, Tommy C.M.
Toner, Vance C.M.

Toope, Stephen J. O.C.
Tootoosis, Gordon C.M.
Tootoosis, John B. C.M.
Torgov, Morley C.M.
Tory, Jean Arnold C.M.
Tougas, Rémi O.C.
Toupin, Guy C.M.
Tourangeau, Huguette C.M.
Tousignant, Claude O.C.
Tovell, Vincent Massey O.C.
Tovey, Bramwell O.C., O.M.
Towe, Peter Milburn O.C.
Towers, Graham F. C.C.
Town, Harold B. O.C.
Townshend, Adele C.M.
Toye, William C.M.
Tozer, Edward Timothy C.M.
Trahan, André G. C.M.
Trapp, Ethlyn O.C.
Traves, Tom C.M.
Travis, M. Eileen C.M.
Tremaine, Donald Graham C.M.
Tremblay, Adine C.M.
Tremblay, Alfred O.C.
Tremblay, Antonio C.M.
Tremblay, L'hon. Arthur C.P., O.C., O.Q.
Tremblay, Sr. Eveline C.M.
Tremblay, Gérald R. C.M., O.Q., C.R.
Tremblay, Gilles O.C., O.Q.
Tremblay, Jean-Noël C.M.
Tremblay, Marc-Adélard O.C., G.O.Q.
Tremblay, Paul-Gaston C.M.
Tremblay, Pierre O.C.
Tremblay, Richard C.M., C.Q.
Tremblay, Rosario C.M., G.O.Q.
Tremblay, L'hon. Thomas O.C., G.O.Q., C.R.
Tremblay, Msgr Victor C.M.
Trenholme Counsell, Hon. Marilyn O.C., O.N.B.
Trépanier, Marcelle B. C.M.
Trifunov, James C.M.
Trigger, Bruce Graham O.C., O.Q.
Troake, Peter C.M.
Trott, Margaret C.M.
Trottier, Lorne C.M.
Trudeau, Le très hon. Pierre Elliott C.P., C.H., C.C., C.R.
Trudeau, Yves C.M.
Trudel, Marcel C.C., G.O.Q.
Trueman, Albert W. O.C.
Trueman, Peter O.C.
Tsoukas, Christos Michael C.M.
Tsui, Lap-Chee O.C.

Tucker, Marguerite Grace C.M.
Tucker, Otto C.M., O.N.L.
Tucker, Walter B. C.M., C.D.
Tufts, Edith Comeau C.M.
Tugwell, Peter O.C.
Tullidge, Geoffrey H. C.M.
Tulving, Endel O.C.
Turcot, Lt. Gen. Gilles A. C.M., C.M.M., C.D.
Turcot, Jacques O.C.
Turcotte, Lt. Col. Lucien C.M., C.D.
Turcotte, Marie-José C.M.
Turcotte, Ronald C.M., O.N.B.
Turgeon, Serge C.M., C.Q.
Turgeon, Hon. W.F.A. O.C.
Turmel, Antoine O.C.
Turnbull, Barbara C.M.
Turnbull, Jeffrey C.M.
Turnbull, John C. C.M., D.F.C.
Turner, Edward K. C.M., S.O.M.
Turner, Rt. Hon. John Napier P.C., C.C., Q.C.
Turner, Nancy C.M., O.B.C.
Turner, Robert C.M.
Turner, William Charles (Bill) C.M.
Turner, Jr., William Ian Mackenzie C.M.
Turovsky, Yuli O.C., C.Q.
Turpin, David H. C.M.
Turvey, John Wilfred C.M., O.B.C.
Tutte, William Thomas O.C.
Tuz, Paul J. C.M., C.D.
Twain, Shania O.C.
Twaits, William O. C.C.
Tweddell-Lemieux, Audrey C.M.
Tweed, Tommy O.C.
Tweeddale, Reginald E. C.M.
Tweedy, Hon. George Joseph C.M., Q.C.
Twigg, Alan Robert C.M.
Tyrrell, D. Lorne J. O.C., A.O.E.
Tyson, Ian C.M., A.O.E.
Tyson, Sylvia C.M.
Tze, Wah Jun C.M.

U

Ubukata, Bruce C.M.
Uchida, Irene A. O.C.
Uffen, Robert James O.C.
Umezuki, Takaichi C.M.
Underhill, Frank O.C.
Ungar, Irena O.C.
Ungungai, Hugh C.M.
Urquhart, Anthony Morse (Tony) C.M.
Urquhart, Frederick Albert C.M.

Urquhart, Jane o.c.
Urquhart, Norah Roden c.m.
Uteck, Lawrence C. c.m.

V

Vachon, Benoit c.m.
Vachon, Irenée c.m.
Vachon, Louis c.m.
Vachon, Le cardinal Louis-Albert c.c., o.q.
Vaillancourt, Lorraine c.m.
Vaillancourt, Louise B. c.m.
Valentine, Peter c.m.
Vallance, Jim c.m.
Van Bibber, Alex c.m.
Van Bibber, Hon. Geraldine c.m.
van Bridge, Tony c.m.
Van Cleave, Allan c.m.
van den Bergh, Sidney o.c.
Vanderhaeghe, Guy C. o.c., s.o.m.
Van de Velde, R.P. Franz c.m.
Vandewater, Audrey T. c.m.
Vandezande, Gerald c.m.
van Ginkel, Blanche Lemco c.m.
van Ginkel, H.P. Daniel (Sandy) c.m.
Vanier, Jean c.c., G.O.Q.
Vanier, Pauline c.c.
van Roggen, Jane Elizabeth c.m.
Van Slyck, Winnifred c.m.
Van Steenburgh, William E. o.c.
Van Vliet, Maurice Lewis o.c.
Vari, Hon. George William P.C., c.m.
Vari, Helen c.m.
Vassanji, M.G. c.m.
Vaughan, J. Bryan c.m.
Vaughan, Murray c.c.
Vaver, David c.m.
Veenis, Richard M. c.m.
Veilleux, Gérard o.c.
Veiner, Harry c.m.
Vennat, Manon c.m.
Vennat, Michel o.c., c.r.
Venne, Muriel Stanley c.m.
Vennema, Alje o.c., c.d.
Vered, Sara c.m.
Vered, Zeev c.m.
Verge, Ernest c.m.
Verigin, John J. c.m.
Vernon, Timothy c.m.
Verreau, Richard o.c., o.q.
Verreault, Denise c.m., c.q.
Verschuren, Annette o.c.
Verstappen, José c.m.
Verthuy, Maïr c.m.
Vessey, A. Raymond Alfred c.m.

Vessey, Evelyn c.m.
Vézina Dupont, Gisèle c.m.
Viau, J. Armand c.m.
Viau, Jacques o.c., c.r.
Viau, Suzanne c.m.
Vickers, Jon S. c.c.
Vickers, Margaret c.m.
Vickers, Roy H. c.m., o.b.c.
Victor, Herschel c.m.
Viens, Pierre o.c.
Viger, André o.c., c.q.
Vijh, Ashok K. o.c., o.q.
Villeneuve, Joseph Arthur c.m.
Villeneuve, R.P. Ubald c.m.
Vinay, Jean-Paul c.m.
Vincent, Marcel c.c.
Vincent, Msgr Maurice c.m.
Vineberg, Arthur M. o.c.
Vineberg, Philip F. o.c., q.c.
Vingoe, Mary Helen o.c.
Vipond, Amos L. c.m.
Voaden, Herman c.m.
Vogt, Erich W. o.c., o.b.c.
Voisine, Roch o.c., o.n.b.
Volkoff, Boris c.m.
Volkoff, George Michael o.c., m.b.e.
Volpé, Robert o.c.
von Mandl, Anthony o.c., o.b.c.
Vorres, Ian Andrew c.m.
Voyer, Bernard o.c., c.q.
Voyer, Jacques o.c., c.q.
Vranic, Mladen o.c., o.ont.

W

Wachtel, Eleanor o.c.
Wada, Juhn A. o.c.
Wadds, Jean Casselman o.c.
Wagner, Norman E. o.c.
Wah, Frederick James o.c.
Wainberg, Mark A. o.c., o.q.
Wainborn, George c.m.
Waite, Peter B. o.c.
Wakabayashi, Arthur Tsuneo c.m.
Wakabayashi, Henry H. c.m., o.b.c.
Waldo, Carolyn Jane o.c.
Walfish, Paul G. c.m., o.ont.
Walker, Maj. David Harry c.m.
Walker, Ernest G. c.m., s.o.m.
Walker, George F. c.m.
Walker, James W. St. G. c.m.
Walker, Michael A. c.m.
Wall, Jeff o.c.
Wall, William J. c.m.
Wallace, Catherine o.c.

Wallace, Doreen c.m.
Wallace, Ian Hugh o.c.
Wallace, Lawrence J. o.c., c.v.o., o.b.c.
Wallace, Robert Thomas c.m.
Wallace, Ron c.m.
Wallin, Hon. Pamela o.c., s.o.m.
Wallis, Col. Hugh M. o.c., d.s.o., o.b.e.,
   M.C., V.D., C.D.
Wallot, Jean-Pierre o.c.
Walls, Annette c.m.
Walls, Bryan E. c.m., o.ont.
Walmsley, Norma E. o.c.
Walpole, Peggy Ann c.m.
Walsh, Anthony c.m.
Walsh, Frederick A. (Fred) c.m.
Walsh, Harry o.c., q.c.
Walsh, Mary c.m.
Walsh, Thomas Joseph c.m., A.O.E.
Walter, Arnold M. o.c.
Walters, Eric Robert c.m.
Walton, Alexander c.m.
Walton, Dorothy c.m.
Wani, Jagannath c.m.
Ward, Douglas c.m.
Ward, Harry c.m.
Ward, John Albert c.m.
Ward, Maxwell W. o.c., A.O.E.
Ward, Norman o.c.
Waridel, Laure c.m.
Warkentin, John o.c.
Warner, Garrett (Gary) A. c.m.
Warren, Capt. Gordon H. c.m.
Warren, Harry V. o.c., o.b.c.
Warren, J.C. Roger o.c., c.q.
Warren, Jake H. o.c.
Warren, Philip J. o.c.
Warren, Vi Milstead c.m.
Warren, Vincent c.m.
Warren, William J. c.m., q.c.
Warwick, O. Harold c.m.
Wasacase, Ida Carlotta c.m.
Washburn, Jon c.m.
Waskewitch, Gus c.m.
Wasserman, Dora c.m., c.q.
Watanabe, Mamoru o.c.
Waters, William Robert c.m.
Watier, Lise o.c., o.q.
Watkin, J. Fenwick (Fen) c.m.
Watsa, V. Prem c.m.
Watson, Alexander Gardner c.m.
Watson, J. Kenneth c.m.
Watson, Patrick c.c.
Watson, William c.m.
Watt, Gladys C. c.m.

Watt, Maud H. o.c.
Watt, Virginia J. c.m.
Watt-Cloutier, Sheila o.c.
Watts, Murray Edmund c.m.
Watts, Ronald L. c.c.
Waugh, Richard o.c.
Waxman, Albert Samuel c.m., o.ont.
Way, Ronald L. c.m.
Weatherill, Sheila c.m.
Weaver, Robert o.c.
Webb, Rev. John G. c.m.
Webb, Phyllis o.c.
Webber, Harvey Lewis c.m., q.c.
Weber, Richard c.m., m.s.m.
Webster, Elizabeth Jean c.m.
Webster, Rev. J. Harold c.m.
Webster, Jack c.m.
Webster, Lorne C. c.m.
Webster, Norman E. c.m.
Webster, P. David c.m.
Webster, R. Howard o.c.
Wedge, James Balfour c.m.
Wedge, John H. o.c.
Weider, Ben o.c., c.q.
Weiler, W.O. Wilhelm F. c.m., c.d.
Weintraub, William o.c.
Weinzweig, John o.c.
Weir, Bryce o.c.
Weir, Michael R. c.m., o.ont.
Weisgerber, Most Rev. V. James o.c., s.o.m.
Welch, Hon. Robert Stanley Kemp o.c., q.c.
Weldon, David Black c.m.
Welsh, Harry L. o.c.
Welsh, Kenneth c.m.
Wen, William P. c.m.
Wenaus, M. Constance c.m.
Wener, Jonathan c.m.
Werier, Val c.m., o.m.
West, Nellie H. o.c.
Westbury, Robert C.P. c.m., A.O.E.
Westcott, Clemens Alfred c.m.
Westeinde, Shirley c.m.
Weston, Hon. Hilary M. c.m., o.ont.
Weston, W. Galen o.c., o.ont.
Weston, W. Garfield o.c.
Wetmore, Donald c.m.
Wetston, Howard c.m.
Wettlaufer, Boyd N.D. c.m.
Wetzel, Edwina John c.m.
Wheeler, Dorothy Anne o.c.
Wheeler, Kenny o.c.
Wheeler-Vaughan, Lucile c.m.
Whelan, Col. Hon. Eugene F. P.C.,
   o.c., c.d.

Whelihan, Rev. James A. C.M.

Whitaker, Brig. Gen. W. Denis C.M., D.S.O., E.D., C.D.

White, Bob C.M.

White, Fawn Wilson C.M.

White, Howard C.M., O.B.C.

White, Jodi C.M.

White, Mary A. (Minnie) C.M.

White, Mary Anne O.C.

White, Capt. (N) Richard P. C.M., O.B.E., V.R.D.

White, Robert O.C.

White, William A. O.C.

Whitehead, Lewis D. C.M.

Whitehead, Pearl B. C.M.

Whitelaw, John C. C.M., Q.C.

Whiteside, Catharine C.M.

Whitman, George Andrew C.M.

Whitney, Rev. Norman J. C.M.

Whittaker, Herbert W. O.C.

Whittome, Irene F. O.C.

Whitton, Charlotte O.C., C.B.E.

Whyard, Florence E. C.M.

Whyte, Catharine Robb C.M.

Wickenheiser, Hayley O.C.

Wickett-Nesbitt, Beatrice E. C.M.

Wickman, Percy D. C.M.

Wicks, Ben C.M.

Wicks, Doreen Mary C.M., O.ONT.

Wiebe, Cornelius W. C.M.

Wiebe, Rudy O.C.

Wiegand, Frederick M. C.M.

Wieland, Joyce O.C.

Wieler, Anne H. C.M.

Wien, Frederic C.M.

Wiens, Edith O.C.

Wiesner, Karel O.C.

Wigdor, Blossom T. C.M.

Wigglesworth, Col. Armand Frederick C.M., B.E.M., C.D.

Wigle, E. Douglas O.C.

Wildi, Théodore C.M.

Wilgress, L. Dana C.C.

Wilk, Martin B. O.C.

Wilkins, Rick C.M.

Wilkinson, Mervyn C.M., O.B.C.

Wilkinson, Wilfrid C.M.

Will, Clara C.M.

Willan, Healey C.C.

Willcock, M. Elizabeth C.M.

Williams, Amy F. C.M.

Williams, Brian O.C.

Williams, Charles Melville C.M., S.O.M.

Williams, D. Ethel C.M.

Williams, Dafydd Rhys O.C.

Williams, Lt. Col. Edward Jeffery C.M., C.D.

Williams, Frederick Sidney C.M.

Williams, H. Bruce C.M.

Williams, Leonard E. C.M.

Williams, Lynn R. O.C.

Williams, Milton Donovan C.M.

Williams, Percy A. O.C.

Williams, Robert S.C. C.M.

Williams, Robin C.M.

Williamson, Moncreiff C.M.

Williamson, Robert G. C.M.

Willis, Austin C.M.

Willis, Norman C.M.

Willoughby, Charles Morley C.M.

Wills, Dorothy Abike C.M.

Willumsen, Lars C.M.

Wilson, Hon. Bertha C.C.

Wilson, Budge C.M., O.N.S.

Wilson, Cairine R.M. C.M.

Wilson, Carolyn Ruth C.M.

Wilson, David C. C.M.

Wilson, Donald R. O.C.

Wilson, Ethel O.C.

Wilson, Ian E. C.M.

Wilson, J. Tuzo C.C., O.B.E.

Wilson, Hon. John Owen O.C., Q.C.

Wilson, Very Rev. Hon. Lois M. C.C., O.ONT.

Wilson, Lynton Ronald O.C.

Wilson, Marie C.M.

Wilson, Hon. Michael H. P.C., C.C.

Wilson, Richard B. C.M.

Wilson, Sandra McDougall C.M.

Wilson, Tracy C.M.

Wilson, W. Brett C.M., S.O.M.

Wilton, Jean B. C.M.

Winberg, Mona C.M.

Winch, Rev. Gordon Ward C.M.

Winegard, Hon. William Charles P.C., O.C.

Wing, Peter C.M., O.B.C.

Winkler, Hon. Warren O.C., O.ONT.

Winkworth, Peter S. C.M.

Winsor, Hugh C.M.

Winspear, Francis G. O.C., A.O.E.

Winspear, Harriet C.M.

Winston, Miriam C.M.

Winter, Hon. Gordon Arnaud O.C.

Wipper, Kirk A.W. C.M.

Wise, Sydney Francis O.C.

Wiseman, Christopher C.M.

Wiseman, Gen. Clarence Dexter O.C.

Wishart, Arthur C.M., Q.C.

Withers, Vincent George C.M.

Withrow, William J. C.M., C.D.

Wittick, Milton C.M.

Wojcicki, Henry M. C.M.

Wolf, Anne Marchant C.M.

Wolfe, Bernard Rodolphe C.M.

Wolfe, Jeanne Mary C.M.

Wolfe, Lt. Col. J. Joel C.M., C.D.

Wolfe, Ray D. C.M.

Wolfe, Rose C.M., O.ONT.

Wonders, William Clare C.M., C.D.

Wong, Joseph Y.K. C.M.

Wong, Milton K. C.M., O.B.C.

Wong, Paul C.M.

Wong, Peter Bowah C.M.

Wonnacott, Ronald J. O.C.

Woo, Henry C.M.

Wood, Arthur W.S. C.M.

Wood, Lt. Col. Dennis C.M.

Wood, Edgar Allardyce C.M.

Wood, Marjorie M. C.M.

Wood, Walter R. C.M.

Woodcock, Frederick J.L. C.M.

Woods, Harry Douglas O.C.

Woods, William C. C.M.

Woodside, Donald Garth C.M.

Woodsworth, Jean Ross C.M.

Woodworth, John N. C.M.

Woolridge, Marie Jeannette C.M.

Worobetz, Hon. Stephen O.C., M.C., S.O.M.

Worrall, James O.C.

Worton, Ronald G. O.C.

Wosk, Ben C.M.

Wosk, Morris J. C.M., O.B.C.

Wright, Clifford O.C., S.O.M.

Wright, Donald J.A. C.M.

Wright, Douglas Tyndall O.C.

Wright, Esther Clark C.M.

Wright, Harold M. C.C.

Wright, James G. C.M.

Wright, Jeffrey Lawson Cameron C.M.

Wright, Richard B. C.M.

Wright, Robert James C.M., Q.C.

Wyant, Lt. Col. Hon. Gordon Michael O.C., C.D.

Wyatt, Harold Edmund C.M., A.O.E.

Wyatt, Rachel C.M.

Wybrow, Beverley C.M.

Wyczynski, Paul O.C.

Wylie, Betty Jane C.M.

Wyman, Max O.C.

Wyman, W. Robert C.M.

Wynands, John Earl O.C.

Wynne-Edwards, Hugh R. O.C.

Wynne-Jones, Tim O.C.

Y

Yabu, George O.C.

Yaffe, Leo O.C.

Yaffe, Martin C.M.

Yaffe, Phyllis C.M.

Yakimchuk, Clotilda Adessa C.M.

Yalden, Maxwell F. C.C.

Yanofsky, Daniel A. O.C., Q.C.

Yaroshevskaya, Kim C.M.

Yazer, Jack C.M., O.N.S.

Yeates, Glenda C.M.

Yeoman, Sylvia C.M.

Yesno, John C.M.

Yolles, Morden C.M.

Yoshihara, Toyoshi C.M.

Yost, Elwy C.M.

Young, Carol Davey C.M.

Young, David A. C.M.

Young, Donald Alcoe C.M.

Young, Kue C.M.

Young, Neil O.C., O.M.

Young, Noreen Isabel C.M.

Young, Robert Norman C.M.

Young, Victor L. O.C.

Young, William J. C.M.

Yukon, Isadore C.M.

Yusuf, Salim O.C.

Z

Zacks-Abramov, Ayala O.C.

Zadra, Modesto C. C.M.

Zahn, Catherine C.M.

Zajac, Melvin N. C.M.

Zakreski, Peter E. C.M.

Zarb, George A. C.M.

Zatzman, Joseph C.M.

Zeidler, Eberhard H. O.C., O.ONT.

Zeidler, Margaret Leona C.M.

Zemans, Joyce C.M.

Zemans, Mozah O.C.

Zimmerman, Adam Hartley O.C.

Zimmerman, Sr., Adam Hartley O.C.

Ziniak, Madeline C.M., O.ONT.

Zinman, Bernard C.M.

Zipursky, Alvin O.C.

Ziraldo, Donald J.P. C.M.

Zlotkin, Stanley H. C.M.

Zsolnay, Nicolas M. C.M.

Zuber, Hon. Thomas George C.M., Q.C.

Zucker, Irving C.M.

Zukerman, George B. O.C., O.B.C.

PATRONS OF THE 50TH ANNIVERSARY
OF THE ORDER OF CANADA

———+———

DONATEURS DU CINQUANTENAIRE
DE L'ORDRE DU CANADA

Mitchell A. Baran, c.m.

Lawrence S. Bloomberg, c.m.

Robert B. Bourne, c.m.

George A. Cohon, o.c.

Paul Desmarais, Jr./fils, o.c.

Michael G. DeGroote, o.c.

N. Murray Edwards, c.m.

Richard M. Ivey, c.c.

Stephen A. Jarislowsky, c.c.

Arthur S. Labatt, o.c.

Mike Lazaridis, o.c.

Allison McCain, c.m.

L. Jacques Ménard, c.c.

Eric P. Newell, o.c.

James A. Pattison, c.c.

Cecil H. Rorabeck, o.c.

Joseph L. Rotman, o.c.

Sandra Rotman, c.m.

Gerald W. Schwartz, o.c.

Calvin R. Stiller, o.c.

Lawrence M. Tanenbaum, o.c.

John M. Thompson, o.c.

ACKNOWLEDGEMENTS

A GREAT MANY PEOPLE had a hand in shaping this book. They include:

Claire Grady-Smith, the researcher extraordinaire who diligently and cheerfully tracked down extensive background material, video, audio, and books. She was the first reader of every first draft and offered smart and valuable (and, by turns, enthusiastic and forthright) feedback. She also hunted down all the photographs while securing rights and permissions. Claire, in turn, wishes to especially thank her contacts at Library and Archives Canada, who were, she says, "so kind, thorough, and speedy." The same could be said of Claire.

Sarah Brohman, the book's editor, brought great sensitivity and rigour to the task of ensuring that the narrative arc of each profile was the best it could be. Lesley Cameron, the book's copy editor, examined every sentence, every word, every punctuation mark with an oversized magnifying glass. Both editors spared me gaffes and I cannot say enough about the care they took and the professionalism they displayed.

As the book was nearing completion, and after I had been communicating for several months via email with acclaimed translator Daniel Poliquin (who translated this book from English to French), I was curious to read his latest work—a very fine novel called *The Angel's Jig*. That book, it so happens, was translated from French into English by my friend Wayne Grady, father of the aforementioned Claire.

The world of Canadian publishing is a small one. I worked with Chris Labonté on one of my own books (*A Year of Living Generously: Dispatches from the Front Lines of Philanthropy*) when he was a senior editor with another publishing house (where he had also published fiction by Daniel Poliquin). I was delighted to be reunited with Chris at Figure 1 Publishing, where he is publisher and president. As we sailed along to completion on this project, his hand was ever steady on the tiller.

One rainy day in the spring of 2016, I dropped in to Figure 1's Vancouver digs and had the pleasure of meeting some of those who worked on this book: managing editor Lara Smith, designer Jessica

REMERCIEMENTS

CE LIVRE EST l'œuvre de toute une équipe. Découvrons son visage.

Claire Grady-Smith est cette recherchiste émérite qui a consciencieusement, et dans la bonne humeur, réuni tout plein de documents de fonds, du matériel vidéo et audio et des livres. Elle a été la première lectrice de chaque mouture qu'elle a enrichie de ses commentaires intelligents et pertinents (dans l'enthousiasme et la franchise, disons-le). Elle a aussi retracé toutes les photos et acquis les droits et autorisations qui s'imposaient. De son côté, Claire tient à remercier ses correspondants à Bibliothèque et Archives Canada qui, dit-elle, ont été « d'une gentillesse à toute épreuve, méticuleux et empressés. » Tout le portrait de Claire quoi.

Sarah Brohman, l'éditrice responsable du livre, a vu à ce que la structure narrative de chaque vignette soit aussi parfaite que possible, déployant pour ce faire une sensibilité et une rigueur sans exemple. Lesley Cameron, la relectrice, a passé à la loupe la moindre phrase, le moindre mot, le moindre signe de ponctuation. Les deux m'ont épargné ma part de faux pas, et je ne peux que me féliciter du soin qu'elles ont apporté à la tâche, sans parler de leur conscience professionnelle.

Alors que notre projet tirait à sa fin, moi qui communiquais depuis quelques mois par courriel avec Daniel Poliquin, le traducteur de renom qui veillait sur la version française, j'ai été pris de curiosité pour sa dernière œuvre de fiction, un magnifique roman intitulé *Le Vol de l'ange*, et en anglais, *The Angel's Jig*. Il se trouve que c'est mon ami Wayne Grady, le père de Claire, qui en a assuré la traduction anglaise.

Le monde est petit, oui, et c'est bien le cas du milieu de l'édition au Canada anglais. J'ai ainsi travaillé avec Chris Labonté sur un de mes propres livres (*A Year of Living Generously: Dispatches from the Front Lines of Philanthropy*) à l'époque où il était éditeur principal dans une autre maison (où il avait également publié un roman de Daniel Poliquin). J'étais ravi de retrouver Chris chez Figure 1 Publishing, dont il est l'éditeur et le président. Avec un gouvernail entre si bonnes mains, rien d'étonnant à ce que le projet ait été mené à bon port.

Sullivan, and marketing manager Mark Redmayne. Authors know, of course, that publishing houses stagger deadlines so they can work on multiple titles simultaneously (some authors, to a lesser extent, do the same), so it's an illusion that only one book really matters. But that's the feeling I had as I worked on this book, that it took precedence. My sincere thanks, then, to the magicians at Figure 1.

Dr. Calvin Stiller and his distinguished team on the Order of Canada fiftieth anniversary committee—Michael Bliss, Raymond Chrétien, Elmer Hildebrand, Allison McCain, Stuart Mclean, and Shelagh Rogers—were intimately involved with the project from beginning to end. I am grateful for their insights, their wisdom, and their enthusiasm.

This book would not exist had Governor General David Johnston not issued the challenge that the anniversary be marked in a meaningful way. He set the tone and he set the bar high for this book about wave-makers and difference-makers, and, by his compassion and community service on a grand scale, he sets a terrific example of what it means to be "a caring Canadian."

Two people in particular helped me better understand the history of the Order of Canada: Christopher McCreery, author of *The Order of Canada: Its Origins, History and Development,* and former diplomat Robert Blackburn. Both men were extremely generous with their time.

Staff at the Chancellery of Honours, the branch of the Office of the Secretary to the Governor General that oversees the Order of Canada nominating process, were meticulous and careful readers. My heartfelt thanks to Kofi Kobia, Darcy DeMarsico, Jacqueline Barton, and Emmanuelle Sajous. My thanks as well to two individuals in that same office's Public Affairs section, Annabelle Cloutier and Marie-Pierre Bélanger.

My thanks, too, to Jackie Kaiser, my longtime friend and agent at Westwood Creative Artists.

Finally, writing this book gave me the opportunity to study the lives of many extraordinary Canadians—both alive and deceased—many of whom I have long admired. I thought I knew these individuals but the research invariably led me to fresh stories, and the challenge was always this one: how to do justice to an exemplary life in just a few hundred words. My task was to select the salient biographical detail, the telling quote, the turning point, the defining tale. Others can decide whether I succeeded, but I am grateful for the privilege of this work.

Those profiled in this book come from every imaginable field and from every corner of the country, but over and over again I was struck by what they shared: their genius for collaboration, their refusal to accept the status quo, their passion and compassion, their refusal to dream small. That's the one abiding lesson I took from my engagement in this book that honours so many honourable Canadians: dream big, enlist the help of others who share that dream, persist and persist and persist, and see where it takes you.

Par un jour pluvieux au printemps 2016, je suis allé faire un tour aux bureaux de Figure 1 à Vancouver pour avoir le plaisir de rencontrer quelques-uns de mes collaborateurs : la rédactrice principale Lara Smith, la graphiste Jessica Sullivan et le gestionnaire marketing Mark Redmayne. Les auteurs savent bien sûr que les maisons d'édition échelonnent les délais de manière à pouvoir travailler sur plusieurs titres simultanément (il y a aussi des auteurs qui en font autant, mais dans une moindre mesure), et c'est donner dans l'illusion de croire qu'il n'y a qu'un livre qui compte. Mais c'est pourtant le sentiment qui m'habitait quand je composais ce livre : que le mien avait préséance sur les autres. Mes remerciements les plus sincères, donc, aux magiciens de Figure 1.

Le Dr Calvin Stiller et sa prestigieuse équipe du comité du cinquantenaire de l'Ordre du Canada – Michael Bliss, Raymond Chrétien, Elmer Hildebrand, Allison McCain, Stuart Mclean et Shelagh Rogers – ont été intimement liés au projet du début à la fin. Je leur sais gré de leurs conseils, de leur sagesse, de leur enthousiasme.

Ce livre n'aurait jamais vu le jour si le gouverneur général David Johnston ne nous avait pas mis au défi de donner un éclat particulier à cet anniversaire. C'est lui qui a donné le ton et a fixé la barre haute lorsqu'il s'agissait de départager ceux qui font bouger les choses et ceux qui pèsent sur le cours des choses. Du fait de sa compassion et de la haute importance qu'il accorde au service à la collectivité, il incarne mieux que quiconque ce que c'est qu'un « Canadien qui veut le bien des siens ».

Je me dois de nommer deux personnes qui m'ont aidé à mieux comprendre l'histoire de l'Ordre du Canada : Christopher McCreery, l'auteur de *The Order of Canada: Its Origins, History and Development* et l'ancien diplomate Robert Blackburn. Les deux ont été très généreux de leur temps.

Le personnel à la Chancellerie des distinctions honorifiques, qui relève du Bureau du secrétaire du gouverneur général et voit au processus de nomination à l'Ordre du Canada, a fait une lecture méticuleuse du texte. Mes remerciements les plus sentis à Kofi Kobia, Darcy DeMarsico, Jacqueline Barton et Emmanuelle Sajous. Je tiens aussi à dire ma reconnaissance à deux personnes qui sont à l'emploi des Affaires publiques dans ce même service, Annabelle Cloutier et Marie-Pierre Bélanger.

Une pensée également pour Jackie Kaiser, amie de longue date et mon agente chez Westwood Creative Artists.

Enfin, la composition de ce livre m'a permis d'entrer dans la vie de nombreux grands Canadiens, toujours vivants ou décédés, dont bon nombre que j'admirais depuis longtemps. Je croyais connaître ces personnes, mais la recherche m'a invariablement conduit vers d'autres découvertes, et le défi restait chaque fois le même : comment rendre justice à une vie exemplaire en quelques centaines de mots. J'avais pour tâche de choisir le détail biographique qui ressortait entre tous, la citation la plus révélatrice, le point tournant, le récit déterminant. D'autres me diront si j'ai réussi ou non, mais chose certaine, ce fut pour moi un privilège que de faire ce livre.

Les personnes qui peuplent ce livre proviennent de tous les champs d'activité imaginables et de tous les coins du pays, mais ce qui m'a frappé dans chaque cas, c'était ce qu'ils avaient en commun : leur génie de la collaboration, leur aversion pour le *statu quo*, leur passion et leur compassion, leur refus de rêver petit. C'est la grande leçon que je retiens de ma participation à la facture de ce livre qui honore tant de Canadiens honorables : il faut rêver grand, faire appel à ceux et celles qui partagent votre rêve, s'entêter, persister et tenir bon, et vous aboutirez bien quelque part.

PERMISSIONS AND CREDITS

AUTORISATIONS ET CRÉDITS

Cataloguing data available from Library and Archives Canada
ISBN 978-1-927958-76-6 (hbk.)
ISBN 978-1-77327-006-7 (ebook)
ISBN 978-1-77327-005-0 (pdf)

Editing by Sarah Brohman
Copy editing and proofreading by Lesley Cameron

Design by Jessica Sullivan
Research by Claire Grady-Smith
Front cover photographs by Colin Boyd Shafer and Pete Ryan, Getty Images. Back cover photographs by stockstudioX, Getty Images and Gabriela Tulian, Getty Images.

Printed and bound in Canada by Friesens
Distributed in the U.S. by Publishers Group West

Figure 1 Publishing Inc.
Vancouver BC Canada
www.figure1pub.com

Données catalographiques disponibles auprès de Bibliothèque et Archives Canada
ISBN 978-1-927958-76-6 (livre cartonné)
ISBN 978-1-77327-006-7 (livre électronique)
ISBN 978-1-77327-005-0 (pdf)

Édition : Sarah Brohman
Rédaction et relecture : Lesley Cameron

Graphisme : Jessica Sullivan
Recherche : Claire Grady-Smith
Photographies de couverture : Colin Boyd Shafer et Pete Ryan, Getty Images. Photographies de couverture arrière: stockstudioX, Getty Images et Gabriela Tulian, Getty Images.

Impression et reliure au Canada : Friesens
Distribution aux États-Unis : Publishers Group West

Figure 1 Publishing Inc.
Vancouver C.-B. Canada
www.figure1pub.com